JN083532

どう
教える？

日本語教育

「読解・会話・
作文・聴解」
の授業

望月雅美　著

アルク

［はじめに］

読解や聴解は設問に答えられればいい？
会話の授業は会話文を覚えればOK？
作文の授業における教師の役目とは？

文型の教え方は何とかなるのですが、技能別の授業はどうしたらいいのか……

　そんな声を耳にすることがあります。
　技能別（読解・会話・作文・聴解）の教え方は養成講座でも取り上げる時間が少なく、いざ担当することになって途方に暮れる経験をした方、今まさに途方に暮れているという方は少なくないのではないでしょうか。

教材の"調理法"

　本書には、言わば「技能別教材の調理法」が載っています。人によって好みの調理法というのは異なりますし、どんなに良い食材を使っても毎回調理法が同じだと飽きてしまいます。教材も同じです。同じ教材でも調理法（＝授業の組み立て方）が変われば違うものが生まれます。学習者に合わせて、学習目的に合わせて、授業の組み立て方を少しずつでも変えることができれば授業のバリエーションは広がっていくはずです。

3つのステップで組み立てる技能別授業

　本書では、1つの授業を3つの段階（起こす→とり組む→つなげる）に分け、それぞれのバリエーションをできるだけたくさん紹介しています。さらに、それぞれのステップを実際に組み立てたらどんな授業ができるのか、複数の授業例も技能ごとに掲載しました。毎回授業の全てを変える必要はありません。3つのうち1つ変えてみるだけでも目新しい授業が生まれることと思います。

教える素材・教える力・リフレクション

　授業に必要なのは教える素材（教材）、それを教える力（教授法）、そして授業をより良くしていこうとする姿勢であり、その姿勢を養う手法として考えられるのがリフレクション（省察）です。本書では、私たち教える側の成長のために欠かせないリフレクションについても言及しました。慣れないうちは授業の準備のことで頭がいっぱいで、すぐにでも次の授業準備に取り掛かりたいことと思います。しかし、次の授業のヒントは今行った授業に隠れています。リフレクションを習慣づけて、教師としての成長につなげていただければと思います。

　初めて教壇に立つ人が技能別の授業に戸惑うことのないように、これなら授業が組み立てられるかも！　と思っていただけるように、願いを込めて作りました。本書が皆さんの授業を組み立てるヒントとなれば幸いです。さあ、技能別授業を一緒に組み立てていきましょう。

［本書の使い方］

　第1章では文型授業の基本的な流れをおさらいした後、技能別授業の組み立て方について説明しています。技能別授業に必要な「起こす」「とり組む」「つなげる」という3つのステップはどの技能にも共通した内容ですので、まず第1章に目を通してから技能別に分かれた各章へお進みください。また、第1章ではリフレクション（省察）とその手法についても紹介しています。一度行った授業を次に生かす方法を身に付けていきましょう。

　第2〜5章は、それぞれの技能の特徴と、3ステップのバリエーション、実際に組み立てた授業例を紹介しています。同じ教材でもステップの組み立て方はさまざまです。自身のクラスの目的やレベルに合った授業を組み立ててみてください。

時間配分について

　授業例にはあえて時間配分を記載していません。時間配分は、学習者の人数、レベル、教師の指示や発話の速さなどによって左右されることと思います。筆者は慣れない頃、教案を作って自分のクラスを想像しながらリハーサルして時間配分を考えていました。慣れてくると、だいたい5分でどのくらいのことができるかわかってきます。皆さんも自分のクラスを思い浮かべて、時間を体感してみてください。

　授業時間は教育機関によって異なります。日本語学校では1コマ45〜50分、大学では90分、オンラインレッスンでは25〜30分というところもあるでしょう。その中のどのぐらいの時間を技能別授業に充てられるかもまたそれぞれだと思います。

　その中で、「3ステップを入れる余裕はない」と考える方もいるかもしれません。大がかりなタスクを3つ行う必要はありません。あくまでメインは「とり組む」段階です。「起こす」「つなげる」には実際にやってみたら短時間で終わるタスクもあります。時間がかかりそうなら、授業をまたいで行ってもいいですし、どこか1つのステップを宿題にしてもいいと思います。その日の「つなげる」を次の日の「起こす」に使うこともできます。3つのステップの要素を意識しながら授業の流れを考えてみてください。

シャドーイング・チャンツ例の音声ダウンロードサービス

「聴解授業の作り方」のシャドーイング・チャンツ（p.186）の例を無料でダウンロードいただけます。（トラック1-2ことばと文のチャンツ、トラック3-8活用チャンツ、トラック9-13シャドーイング例、トラック14-16チャンツ用カラオケ）

ダウンロード方法

①スマートフォンにアプリ「booco」をインストールします。

②boocoのホーム画面の「さがす」から本書を検索します。（本書の商品コードは7021042）

※本サービス内容は、予告なく変更する場合がございます。あらかじめご了承ください。
※本データは『日本語教師の7つ道具シリーズ6　聴解授業の作り方編』の付録を基にしたものです。

［授業例の見方］

技能別授業の各章で、3ステップで組み立てた授業例を紹介しています。

❶ 使われている教材のおおよそのレベルが書かれています。学習者それぞれの技能別のレベル差なども考えて、初中級と書かれているものを初級後半クラスや上級クラスで扱ってもかまいません。

❷ この授業を受けることで、学習者にできるようになってほしいことを目標にしています。

❸ 各ステップでなぜこの方法を選び、このような流れにしたかという授業の流れを考えた経緯が書かれています。

❹ 各ステップ別の具体的な流れと、教師の発話例です。声の掛け方は、学習者のレベルに合わせて変えていってください。

❺ 授業を行う際の注意点やポイント、「授業の流れと教師の発話例」に載せきれなかった他の方法などを紹介しています。

授業例1-1　文型の定着をはかる「美術館」　**❶** 初級前半

『みんなの日本語初級Ⅰ 第2版 初級で読めるトピック25』「第10課 美術館」スリーエーネットワーク →別冊 p.2, 3

❷ **学習目標**：存在文の形や存在文が意味していることを正しく理解し、読み書きできるようになる。

❸ 🔧 **授業の組み立て**

　文型の定着をはかった授業例です。存在文を理解し、正しく読み取り・書き取りができるようになることを目標にしました。

起こす **やりとりで復習しながら**
　まず「起こす」では存在文の意味・文型をしっかり復習しておきます。

とり組む **精読（音読→内容確認→黙読）**
　「とり組む」では冒頭部分だけ音読して状況を理解した後、個々に黙読して答えを探す方法にしました。存在文をきちんと理解しているか1人1人のとり組みを見て確認したかったからです。

つなげる **ディクテーション**
　「つなげる」ではディクテーションを取り入れることで、最低限これだけは覚えてほしいという文の定着がはかれるようにしました。

❹ 📣 **授業の流れと教師の発話例**

起こす やりとりで 復習しながら	1）身の回りの物を見ながら、存在文で質問する。 　　T：L1さんの机の上に何がありますか。 　　T：L2さんの前に誰がいますか。 2）作り方を板書する。
とり組む 精読 　音読（冒頭） 　内容確認	1）本文1～2行目を音読する。 　　T：L1さん、読んでください。 2）1）の内容について質問する。 　　T：きのうどこへ行きましたか。誰と行きましたか。 　　　美術館に何がありましたか。 3）1（本文3～4行目）を音読する。 　　T：L2さん、1番を読んでください。「窓の……」 　　T：L2さん、どこに〇〇がありますか。／××に誰がいますか。
つなげる ディクテー ション	1）教科書を閉じてもらう。Tは本文の中から文を3つ選び、読み上げる。 　　T：文を言います。皆さんは、文を聞きます。そして、文を書きます。文は3つあります。 2）Lは1）を聞き取ってノートに書く。 3）クラスで答え合わせ。LがWBに答えを書き、それを添削する。 4）書き取った文をクラスで合唱する。

❺ ✋ **ポイント＆アドバイス**

　本文に入る前に、まずは「起こす」で学習者とやりとりしながら存在文「～があります／います」を復習します。筆者は初級クラスで板書するとき、場所、人、動物を示すのに板書例のようなアイコンを使って視覚的にもわかりやすくしています。いくつか質問をして「あります」「います」の使い分け、位置のことば（上、下、右、左、前、後ろ）を覚えているか、助詞の使い方は正しいか確認します。

［目次］

はじめに……………… 3
本書の使い方………… 4
授業例の見方………… 5

第1章　授業のキホン

文型授業の組み立て…………………………………… 10
技能別授業の組み立て………………………………… 11
授業が終わったら―リフレクション（省察）……… 15

第2章　読解授業の作り方

「読む」とは／読解授業で何を学ぶのか…………… 22
読解教材のレベル……………………………………… 24
読解授業を組み立てる………………………………… 25
ステップ別読解活動例………………………………… 26
　　起こす　…………………………………… 26
　　とり組む　………………………………… 29
　　つなげる　………………………………… 36
読解授業例～3ステップで授業を組み立てよう～ ……… 43

第3章　会話授業の作り方

「会話」とは／会話授業で何を学ぶのか…………… 66
会話の種類とレベル…………………………………… 68
会話授業を組み立てる………………………………… 69
ステップ別会話活動例………………………………… 70
　　起こす　…………………………………… 70
　　とり組む　………………………………… 75
　　つなげる　………………………………… 87
会話授業例～3ステップで授業を組み立てよう～ ……… 90

第4章　作文授業の作り方

「書く」とは／作文授業で何を学ぶのか…………… 116

作文の種類とテーマ選び………………………… 118

作文授業を組み立てる…………………………… 119

ステップ別作文活動例…………………………… 122

　起こす　……………………………………… 122

　とり組む　…………………………………… 127

　つなげる　…………………………………… 140

作文授業例〜3ステップで授業を組み立てよう〜 ……… 144

第5章　聴解授業の作り方

「聞く」とは／聴解授業で何を学ぶのか…………… 176

聴解教材の種類とレベル………………………… 178

聴解授業を組み立てる…………………………… 179

ステップ別聴解活動例…………………………… 180

　起こす　……………………………………… 180

　とり組む　…………………………………… 182

　つなげる　…………………………………… 189

聴解授業例〜3ステップで授業を組み立てよう〜 ……… 192

終わりに…………………………214

使用教材・参考文献一覧 ……215

column

コラム① 両面から見てみよう ………………20

コラム② 理解語彙と使用語彙／

　　　　ボトムアップとトップダウン ………42

コラム③ もっと！　読解 ………………64

コラム④ もっと！　会話 ………………114

コラム⑤ もっと！　作文 ………………143

コラム⑥ もっと！　聴解 ………………193

第 1 章

授業のキホン

文型授業の組み立てのキホン、技能別授業の組み立てのキホンを3ステップに分けて解説します。それぞれのステップを行う意味をつかみましょう。

授業が終わった後の「リフレクション」についても押さえましょう。

文型授業の組み立て

　ウォームアップやまとめの時間を除くと、文型の授業には大きく分けて「わかる」「覚える」「使う」という3つのステップがあります。

Step 1　わかる

　「日本語で何て言うの？」「この日本語はどんな意味？」など、学習者の頭の中は日本語の疑問であふれています。そんな学習者が教師の説明を聞くことによって「ああ、そういうことか！」とピンとくる。このように学習者の「？」を「！」に変えることが、「わかる」行程です。養成講座などで「導入」と言われるものがこれにあたります。

　「わかる」ためには、文法または語彙の説明、リピート、板書、確認という4つの段階が必要です。説明のしかたにはカードを見せたりジェスチャーしたり、やさしいことばで言い換えたりするなど、さまざまな方法があります。この段階では、教師が意味や文型、使い方を説明することによって学習者に「わかった！」と思ってもらうことを目指します。

Step 2　覚える

　導入でピンときても、そのまま放っておけばすぐに忘れてしまいます。皆さんは英単語や歴史の年号を覚えるとき、どうしていましたか。繰り返し書いたり、ぶつぶつと何度も唱えたりしたのではないでしょうか。

　「覚える」のキーワードは「繰り返し」です。養成講座などでドリル（機械練習）と言われるものがこれにあたります。代入ドリル、変形ドリル、結合ドリルなどいろいろありますが、これをテンポ良く、学習者のニーズにあった語彙を使って、できるだけたくさん行うことが必要です。

　そしてドリルの他にもう1つ、「覚える」作業にあたるのが、「定型会話」です。教科書に載っている会話例を繰り返し、一連の会話を丸ごと覚える練習です。これによって定型文を使った基本的な会話の流れを身に付けることができます。一見これは「覚える」というより発話して「使う」のようにも見えます。しかし、ここには学習者が考えてことばと文型を組み立てて発話するという機会はありません。これは会話のパターンを1つ「覚える」練習なのです。

　パターンを覚えることも大切ですが、それだけでは学習者が自分で日本語を運用する力が身に付かないと考えられます。そこで必要なのが次の「使う」行程です。

Step 3　使う

　学習者の頭の中には、これまで覚えた日本語が詰まっているはずです。その中から適当だと思われることばや表現を引き出し、その日に習ったことばや文型に加えて運用してみる、決められた日本語ではなく学習者が適当だと思った日本語を自ら選んで使う、これが「使う」行程です。学習者にとって自由度の高いこの「使う」行程は活動と呼ばれます。学習者はこの活動を通して日本語の運用力を高めていきます。

　導入によって理解し、ドリルや定型会話で記憶に落とし込み、培った日本語を適当な場面で引き出して運用する。この「わかる」「覚える」「使う」の3つのステップが一般的な文型授業の流れです。そして「使う」技能を1つに絞り、さらに運用力を高めていこうという目的で行うのが技能別授業です。

技能別授業の組み立て

　言語活動に必要な技能は、読む、話す、書く、聞くの4つに分けられます。これらは、音声言語に対する技能(話す、聞く)と文字言語に対する技能(読む、書く)とに分けて考えることもできますし、理解するのに必要なインプットの技能(読む、聞く)と、表現するために必要なアウトプットの技能(話す、書く)とに分けて考えることもできます。

　では、私たちがどんな授業を行えばそれぞれの技能の向上に結びついていくのでしょうか。技能別授業の組み立てをみていきましょう。

　技能別授業の前に私たちが考えなければならないことは2つあります。1つ目は授業の学習目標、2つ目は目標達成に向けた授業の組み立て方です。

■学習目標を設定する

　「教科書の〇ページを終わらせる」というのは教師側の進度目標です。「動詞の過去形が使えるようになる」というのは学習項目であって、これも学習目標とは言えません。学習目標とはその授業を受けることで「学習者は何ができるようになるか」ということです。「△△を使って、××ができるようになる」「△△について、××できる」などの形に当てはめて考えてみましょう。

　　目標例)　・動詞の過去形を使って、先週の連休の話ができるようになる
　　　　　　・「子どもにスマホを持たせるか」というテーマについて、自分の言いたいことを賛否
　　　　　　　両面から論じることができる

　学習目標は授業全体の目標でもいいですし、ステップごとに小さい目標を立ててもいいでしょう。学習目標が具体的であればあるほど、それを目指した授業が組み立てやすくなります。

　学習目標が明記されている教材もあります。使う予定の教材に目標が記載されているならそれを踏まえた上で、もしなければその教材で何ができるようになってほしいか自分なりに考えてみてください。学習者ができるようになったらうれしいこと、学習者ができるようになりたいと思っていることは何か想像してみましょう。

■３ステップで授業を組み立てる

　目標が決まったら、授業の流れを考えます。文型を教える授業に「わかる→覚える→使う」という３つのステップがあったように、技能別授業も大きく分けて「起こす→とり組む→つなげる」という３つのステップで組み立てることができます。

Step 1　起こす（動機づけの時間）

　運動を行う前に準備体操、料理の前に仕込みをするように、何かを円滑に進めるためには下準備が必要です。それは技能別授業でも同じことです。授業の最初に必要なこの下準備の段階をここでは「起こす」時間と呼んでいます。

　「はい、読んでください」「〇〇というタイトルで作文を書いてください」と唐突に指示されても学習者は戸惑ってしまいます。学習者が前向きに本題に取り組めるように、教師からの問いかけや学習者間のやりとりによって、学習者の頭の奥底に眠っている知識や意欲を呼び起こしておきましょう。「何をしたらいいかわからない」という状態から、「これならできそう」「やってみたい」という状態にもっていくわけです。

　本題に入る前のウォーミングアップやプレタスクと呼ばれるものは、知識や関心を「起こす」ために作られたものです。あらかじめプレタスクが付いている教材もありますが、プレタスクがなくても「起こす」ステップを作ることができます。

　例えば、「私の趣味」というテーマで作文授業をする場合、「私の趣味」というタイトルを使って、次のようなやりとりが考えられます。

例）　**教師**　（以下、**T**）：（「私の趣味」と板書する）〇〇さんの趣味は何ですか。
　　　学習者（以下、**L**）：私の趣味はジムへ行きます。
　　　　　　　　　T：ジムへ行く……？
　　　　　　　　　L：ジムへ行くことです。
　　　　　　　　　T：いいですね！　毎日ジムへ行きますか。
　　　　　　　　　L：いいえ、毎日じゃありません。
　　　　　　　　　T：週に何回ジムに行きますか。
　　　　　　　　　L：週に……たぶん２回。
　　　　　　　　　T：２回ぐらい？
　　　　　　　　　L：はい、２回ぐらい行きます。**気持ちいいです。ストレス、ない。**
　　　　　　　　　T：**ストレス解消**、ですね。（「**ストレス解消**」と板書する）
（以下、「どうして〇〇が好きですか」「どんな〇〇が好きですか」「いつから〇〇を始めましたか」など、これまでに習った文型を使って趣味に関する質問をいくつか投げかける）

　このようなやりとりによって、自分の趣味を語る上で必要なことばや文型、テーマにまつわる経験談などの眠っていた知識を呼び起こし、「これならできそう。やってみよう！」という意欲につなげていくわけです。

　上記の例では「起こす」ために作文のタイトルを使いましたが、「起こす」手法は１つではありません。学習目標や使用教材に合わせてどんな起こし方で授業を始めるか考えてみましょう。

> 「起こす」
> ・既知の日本語の知識を呼び起こす
> ・内容への興味・関心を呼び起こす
> ・未知の日本語への好奇心・挑戦する意欲を呼び起こす

Step 2　とり組む（本題の時間）

　「起こす」行程で学習者の頭の中が整い、これから行う内容がクラスの中で明確化したら、いよいよ実践です。本題の技能に「とり組む」時間です。呼び起こした日本語を使ってこれから何をするのか、まずはしっかり説明します。学習者の活動が始まったら、教師はそれが円滑に進むようにサポーター役に徹します。

　読解・聴解の場合、指示の出し方が大切です。何をどこまで行うのか学習者にわかるように指示を出します。慣れないうちはやさしいことばで指示を出すのは難しいものです。既習の文型や語彙を使い、初級はジェスチャーなども駆使して、わかりやすい指示を考えます。指示のしかたを考えたら、教案にセリフを記しておきましょう。

　作文・会話の場合は、学習者が書いている（話している）間の個別対応が必要になってきます。学習者の様子を見守り、思い通りのアウトプットとなるようにサポートしていきます。

　それぞれの技能の特徴を把握し、学習者の反応をよく見ながら臨機応変に対応できるようにしましょう。

> 「とり組む」
> ・読解・聴解（インプットの技能）　…指示をしっかりと。
> ・作文・会話（アウトプットの技能）…個別の対応を。
> 　教師はサポーター役に！

Step 3　つなげる（ものにする時間）

　「とり組む」で得られた知識やスキルも、その場限りでは定着しません。それを自分のものにするために大切なのが、最後のステップ「つなげる」時間です。

　学んだ日本語を記憶に落とし込むためには、形を変えてもう一度咀嚼する機会が必要です。そのためには同じ素材を、技能や活動方法を変えてもう一度学習するというのが1つの方法です（他技能・他活動と「つなげる」）。読んだ感想を書いてまとめたり、聞いた情報を他の人に話したりして、学んだ知識を違った形で使うことで理解を深め、定着をはかるわけです。

　また、自分の発表や教材の内容についてクラスメートや日本語母語話者のゲストの意見を聞き、人によって異なる考え方に刺激をもらうのもいいでしょう（他の人と自分を「つなげる」）。

　学びに対して自分と向き合うことも大切です。ぜひ振り返りの時間を設けましょう（学びと自分を「つなげる」）。例えば会話授業の場合、思い通りに話せたか、相手の発話に対応できたかなど、会話をしているときの自分を思い出し、振り返りシートに記入することなどが考えられます。自分

ができるようになったこと、できなかったことを振り返ることは次の授業への動機づけにつながっていきます。

　自分がものにした日本語は、次の学びに活用できます。「とり組む」が終わったら授業も終了、ではありません。1つの学びがどんどんつながっていくように、「つなげる」時間を設けましょう。

> 「つなげる」
> ・他技能・他活動と「つなげる」
> ・他の人と自分を「つなげる」
> ・学びと自分を「つなげる」　　⇒次の学びに「つなげる」

　まず「起こす」で学習者がやってみたくなるような動機づけを行い、「とり組む」でそれぞれの技能を磨く挑戦をする。そして最後は「つなげる」で自分の実践を見つめ直し、学んだことをものにした上で次の学びにつなげていく。技能別授業はこの3つのステップで進んでいきます。

　皆さんの授業で欠けている部分はありませんか。3つのステップが自分の授業にどのような形で組み込まれているか、意識してみてください。

授業が終わったら－リフレクション（省察）

　授業が終わりました。さて、どうだったでしょうか。やりっぱなしで終わらせる前に、授業を振り返ることは大切です。それも、ただ振り返って反省するだけでなく、自分の成長につながる見直し方—リフレクションをする癖をつけておきましょう。

　例えば、新人教師の授業後の感想にこんなものがあります。

・授業がどうだったか**わからない**けど、とりあえず終わってほっとしている。
・アドバイス通りに教案を作って授業をしたのに、全然うまくいかなかった。**最悪**。
・今日の授業は特に**問題はなかった**。スムーズに進めることができたと思う。

　この授業は誰にとって何が「最悪」の授業、「問題ない」授業だったのでしょう。これらの感想からは、授業の具体的な様子は見えてきません。経験の浅いうちは視野が狭くなりがちです。授業中は教案通りに進めることで頭がいっぱいになり、学習者や教室の様子が実は見えていなかったということはよくある話です。これらの感想は肝心な学習者を置きざりにしたものである可能性もあります。

　また、これらの感想には教師の考え方の傾向が影響している場合があります。私たちは人によって見方や感じ方が異なります。気付かないうちに偏った見方をして、結果として独りよがりの授業になったり、反対に過剰な反省で自分を追い詰めたりしてしまうことがあります。抽象的で偏った反省のまま終わらせないために、必要となってくるのが**リフレクション（省察）**です。リフレクションとは、1つのものごとをさまざまな視点から見て言語化していくことで、新たな気付きを得る行為です。1つの授業をさまざまな観点でとらえることで、次の授業での改善点に気付くことができます。

　リフレクションは対人援助職の各業界において多様な手法で取り入れられています。ここでは日本語の授業を行った際に筆者が行ってきた方法をいくつかご紹介します。

■自分で振り返る

　授業が終わったら、次の3つのことを思い起こしてみましょう。

①学習者の顔

　まず、1人1人の学習者の顔を思い出してみてください。そして、交わしたことばやその学習者の様子など、1人1人とのエピソードを記録します。1行でかまいません。「楽しそうだった」「難しそうだった」という主観には、どうしてそう思ったか理由も書くようにします。

　　例）　Aさんは楽しそうだった。（どうしてそう思った？）
　　　　　→AさんはBさんが言った冗談に対して笑いが止まらなくなっていた。

　すぐ思いつく顔もあれば、出席していたはずなのに全然思い出せない顔もあるのではないでしょうか。印象に残る学習者は人によって異なります。反応が良くて発言の多い学習者に目が行く人も

いれば、消極的な学習者、つまらなそうにしている学習者に気を取られる人もいます。毎回全員メモすることで、自分が何を注視し、どんな学習者に引っ張られる傾向があるか気付くはずです。

あまり思い出せない学習者がいたら、次の授業で注目してみます。やりとりした記憶のない学習者にはあえて声を掛けてみましょう。繰り返していくことで、クラス全体がまんべんなく見られるようになっていきます。

②学習者からの質問

学習者からどんな質問がありましたか。それに対して自分はどう答えたでしょうか。学習者とのやりとりを書き残す際は、できるだけ聞かれた通り、答えた通りの事実を書くことが大切です。ぼやかして書くと、つい自分の解釈が加わり、自分を正当化した良い文章に変わってしまいがちだからです。やりとりを記録したら、どう答えればよかったのか考えてみましょう。

③その他

下記の項目について思い出してみましょう。美化したり卑下したりする必要はありません。「どうしてそう思う？」という自分への問いかけを忘れずに振り返ってみましょう。

- ・事前の準備　　　（　良い・まあまあ・悪い　）　　　　　　　　どうしてそう思う？
- ・授業の流れ　　　（　遅すぎる・ちょうどいい・速すぎる　）　　どうしてそう思う？
- ・時間配分　　　　（　時間が足りない・ちょうどいい・余った　）　どうしてそう思う？
　　　　　　　　　　　　→　時間が足りない（余った）とき、どうやって対処した？
- ・学習目標　　　　（　達成できた・できなかった　）　　　　　　どうしてそう思う？
- ・今回の授業を採点すると100点満点で何点？　　　　　　それはどうして？

■ 自分を振り返る

次に、教師の言動を振り返っていきます。

①授業中の自分を思い出す

まず、下記の項目はどうだったか思い出してみましょう。

- ・教師の声の大きさ　　（　大きすぎる・ちょうどいい・小さすぎる　）どうしてそう思う？
- ・教師の話すスピード　（　速い・ちょうどいい・遅い　）　　　　　どうしてそう思う？
- ・語彙の選択　　　　　（　できた・できなかった　）
　　　　　　　　　　　　　→　使って理解させられなかったと思うものは？
- ・学習者の発言、質問に反応できたか　（　できた・できなかった　）どうしてそう思う？

②授業中の自分を録画する

①で授業中の自分の姿を思い返しました。さて、皆さんの姿は学習者からも同じように見えてい

たでしょうか。自分の振る舞いは自分ではわからないものです。定期的に自分にカメラを向けて授業を録画してみましょう。授業を行う自分を含め、授業全体の様子を客観的に学習者の目線から振り返ることができます。撮る前には学習者に了承を得ておきます。

さて、録画した自分と①で思い描いていた自分の姿は同じでしたか。話すスピードが遅いのは語尾だけで実はとても早口だった、実は同じ学習者ばかり指していたなどということが映し出されていないでしょうか。録画を見てはじめて、見えていなかった学習者の振る舞いや、何が書いてあるのかよくわからない板書に気付く人もいるでしょう。

録画で授業を客観的に見ることによって、新たな気付きが得られます。授業を俯瞰する視点を得るためにも、定期的に録画してみましょう。

■8つの視点で振り返る

ここまで授業を振り返った中で、特に気になるエピソードがあったら丁寧に深掘りしてみましょう。うまくいかなかった体験（「語彙の説明をしていたらAさんに苦笑いされた」「活動中Bさんが母語で話し出して止まらなかった」など）だけでなく、うまくいった体験（「今までで一番授業が盛り上がった」「Cさんに説明がわかりやすいと言われた」など）もじっくり味わってみてください。

下記は1つの状況を8つの視点から考えるトレーニングです。気になるエピソードについて、あなた（教師）側の視点だけでなく、学習者側の視点も想像し、それぞれの問いに答えてみましょう。

コルトハーヘンの8つの問い[1]

気になったエピソード（ ）	
その時、あなた（教師）は…	その時、学習者は…
1. 何をしたかった？ （要求 /WANT）	5. 何をしたかった？ （要求 /WANT）
2. 何をした？ （行動 /DO）	6. 何をした？ （行動 /DO）
3. 何を考えていた？ （思考 /THINK）	7. 何を考えていた？ （思考 /THINK）
4. どう感じていた？ （感情 /FEEL）	8. どう感じていた？ （感情 /FEEL）

8つの視点の中で答えやすい問いはどれでしたか。反対に、答えが浮かばない問いはなかったでしょうか。答えられなかった項目は、あまり意識を置いていなかった視点と言えます。次に、それぞれの視点を見比べてみてください。教師側の答えと学習者側の答えにズレがないでしょうか。ズレがなければ、目的に合ったバランスの良い授業となっているはずです。どこかにズレがあると、教師・学習者のどちらかにうまくいかなかったという意識が芽生えていたり、目的を満たした授業になっていなかったりする可能性があります。

---

1 これは、オランダの教師教育学者コルトハーヘンのリフレクションのモデル（ALACTモデル）における本質的な気付きを促す振り返りの質問です。表は『教師教育学』p.136図5-2をもとに加筆修正したものです。

意識していなかったこと、意識できていたこと、偏りや食い違いを振り返りメモします。そこから新たに気付いたことがあったら、それもメモしていきましょう。

例1)　**気になったエピソード:**（新しい練習方法に挑戦した。盛り上がって最高だった）
8つの問い(メモ書きの一部)

> 　学習者が喜ぶと思ったタスクを行った（3. 思考 -2. 行動）。
> 自分は楽しかった（4. 感情）。
> でも、学習者が何を考えてどう感じていたか（7. 思考 8. 感情）わからない。
> それは学習者が学びたかったこと（5. 要求）だったのだろうか。

　　　　新たな気付き:

> 　　　　　　授業は盛り上がったので成功したと思っていたけれど、
> 　　　　　　ただの自己満足だったかも……。定着したかどうか疑問。

　　　　次の授業へ:　　　今後は学習者側の視点を意識して組み立てていこう。
　　　　　　　　　　　　　　授業の最後にはしっかりまとめを行おう。

例2)　**気になったエピソード:**（授業中、L2さんの表情が険しい）
8つの問い(メモ書きの一部)

> 　ある学習者の険しい表情にドキドキして（4. 感情）、課題を変えようと思った
> （3. 思考）。しかし、学習者はしっかり課題をこなしていた（6. 行動）。レベルを
> 落とさなくてもやりたかったことはすべてできている。嫌がっていたのではなく
> （8. 感情）課題について真剣に考えていただけ（7. 思考）のようだ。

　　　　新たな気付き:

> 　　　　学習者の表情におじけづく必要はなかった。

　　　　次の授業へ:　　　次回はあの学習者に声を掛けてみよう。

■他者と振り返る

　以上の振り返りを授業後に1人で行うのも良いのですが、1人では考え方が偏ってしまいがちです。リフレクション仲間を作って、お互いの振り返りをサポートし合いましょう。

　　例）　8つの問いを使って3人で行う
　　　　①1人(T1)が自分の授業で起きたエピソード(p.17 表)について他のメンバー(T2、T3)に
　　　　　詳しく語る
　　　　②T2、T3は8つの質問を1つずつT1に問いかける。T1は答える
　　　　③T2、T3は②を聞いて気付いたこと(ズレがある、T1が意識していないと思われる点など)
　　　　　をT1に話す
　　　　④T1は③までのやりとりで新たに気付いたことを皆に話す

　リフレクション仲間は、職場の同僚や日本語教師同士だと話が早いですが、異業種でも学習者でもいいと思います。思いもよらない斬新な気付きが得られる可能性があります。批判や指導をするのではなく、フラットな立場で前向きに話し合える場を作っていきましょう。

　「起こす→とり組む→つなげる」という枠組みはどの技能別授業でも変わりません。その枠に何を入れるかは皆さん次第です。正解があるものではありません。実践とリフレクションを繰り返し、試行錯誤を重ねながらさまざまな授業を組み立てていってください。学習者とともに成長していきましょう。

両面から見てみよう

　リフレクションで紹介した8つの問いは、教師の視点だけでなく学習者の視点も考えるものでした。教師と学習者の両方の視点に思いをめぐらせることで、よりはっきりと現実的な課題に気付くことができます。

　同じように、授業の流れの中にもそれぞれ良い点と悪い点の2つの側面があります。一方向から良し悪しを判断する前に、それぞれのメリットとデメリットを考えてみましょう。例えば次の行為にはどんなメリットとデメリットがあるでしょうか。両面を知ることで、デメリットに気を付けメリットを生かし、より良い授業にしていくことができるでしょう。

1．すべてに母語訳を付ける

　わからない日本語にぶつかったとき、母語で意味がわかる安心感は何よりのメリットだと思います。特に抽象的な表現の場合、やさしい日本語で言い換えたり日本語で例を挙げたりするよりも早く意味を理解することができます。一方、意味がわかっただけで安心して使い方が身に付かない、母語の影響による誤用が出る、日本語でのやりとりや推測する機会が減るなどのデメリットが生じる可能性もあります。

2．語彙リストの作成

　読解などの語彙表は提出順に載っているので、読み進める上で便利です。対訳がついているリストなら辞書と同じ効果があります。どんな語彙をどのぐらい勉強したか一目瞭然で、予習復習にも活用できます。一方、学習者はリストをもらっただけで満足してしまうことがあります。提出順のリストは品詞や意味でまとまっているわけではないので、整理して覚えたい場合は不便とも言えます。学習者がリストの活用方法を知らなければ、語彙を増やし定着させる効果は得られません。

3．教科書を使って教える

　「教科書を使って教えるのは当たり前では？」と考える前に、なぜ教科書を使うのか考えてみましょう。教科書を使う場合にはどんなメリット、デメリットがあるでしょうか。使わないで毎回教師のオリジナル教材で教える場合はどうでしょうか。教育機関で使う教科書が決まっているのなら、なぜたくさんある教科書の中からその教科書が選ばれたのか考えてみましょう。教科書にはさまざまな特徴があります。手に取った教科書は、誰に向けてどんな意図で作られたものでしょうか。その教科書の良い点は最大限に生かし、足りない点があったら別の教材で捕捉したり教え方を変えたりして穴を埋めていきましょう。

第 2 章

読解授業の作り方

「読む」とはありふれた行為ですが、読解授業には日本語力を伸ばすためのさまざまな要素が詰まっています。
学習目標をしっかりと立て、教材の特徴をつかんで授業を組み立てていきましょう。

「読む」とは

　例えば、皆さんが朝起きて学校に行くまでを想像してみてください。その間に「読む」という行為をどんな形でどのぐらい行ったでしょうか。朝、新聞に目を通した人もいるでしょうし、電車の中でSNSをチェックしたり小説を読んだりした人もいるでしょう。文章だけではありません。道路の渋滞情報や道中の看板を確認したりするのも「読む」行為の1つです。学校に着くまでに誰とも話さなかった、何も書かなかったという人はいるかもしれませんが、何の情報にも触れなかった、という人はまずいないのではないかと思います。

　「読む」というのはそれほどありふれた行為です。私たちは何らかの目的のために日々自立的、自発的に「読む」行為を行っています。その日常的な行為が日本語でできるようになる、それが読解授業の大きなゴールと言えるのではないでしょうか。

　では、ゴールを目指して私たちはどのような読解授業を行っていけばいいのでしょうか。まずは読解授業の目的や教材のレベル、授業の組み立て方などを、一緒に考えていきましょう。

読解授業で何を学ぶのか

　文字から必要な情報を読み取る力を育てるために、私たちが行う読解授業の目的は大きく分けて次の2つです。

目的1 日本語の使い方を身に付ける

　読解文には、文型、表記、語彙・表現、発音・リズム、文の構造、文章の構成などのさまざまな要素が詰まっています。

　例えば初級では、学習した文型がたくさん使われている読み物を読むことで、文型の使い方をより深く理解することができます。また、誤読しやすい名詞修飾などの文の構造を学習したり、指示語が示すものや省略されている動作主を文脈から判断したりすることで、学習者にとってわかりにくい日本語の特徴を身に付けていくことができます。中上級では、文章全体の構成やそれに伴う接続詞の効果的な使い方も長い読み物から学習できます。起承転結や序論・本論・結論など、整った構成の文章を読むことは、日本語の上手な書き手になることにつながっていきます。

　また、さまざまな語彙に触れ、表現の幅を広げるという目的もあるでしょう。特に文型学習中心の教科書は文型の作り方や使い方に重点が置かれているため、必要最小限の語彙しか載っていないことがあります。そこで、教科書以外の読み物に挑戦することで、語彙の少ない教科書の弱点を補うことができます。新聞やネットニュースの見出しを利用すれば、時事表現を学ぶだけでなく「対米輸出前年同月比3％増」などと言う見出し特有の表記に触れることができます。

　さらに、読み物を音読することで日本語のリズムやイントネーションを学習することができます。読解教材を音読しながら発音やイントネーションをアドバイスしたり、範読に続いて読んでもらったりするのも1つの方法ですが、時には日本の詩や俳句を取り上げて、日本語のリズムを体感するのもいいでしょう。

このように、文型、表記、語彙・表現、発音・リズム、文の構造、文章の構成など、バラバラに学習してきたものが読解文には詰まっているのです。

目的2 読み取る力を身に付ける

目的1で習得を目指したものは、正解不正解がはっきりとわかる、いわば日本語の表面的な理解です。先ほど想像した日常行っているさまざまな「読み」を思い出してみてください。書いてある内容を文字面通り読んで終わり、ということばかりではないはずです。私たちはそこから自分なりに考え、解釈し、得た情報を生かして行動につなげています。例えば、書き手の意見をただ読み取るだけでなく、その内容に共感したり批判したりしながら読むこともあるでしょう。文面から得た情報を簡潔にまとめて他者に伝えることもあるでしょうし、そこに自分の感想を添えたり相手の意見を求めたりすることもあるでしょう。

そんな普段の「読み」に近づくためには、もう一歩進んだ「読む力」をトレーニングしていく必要があります。

吉田（2010）は、優れた読み手が使っている方法として、次の8つの方法[1]を挙げています。

①自分や、他の読み物や、世界とのつながりを見いだす。
②イメージを描き出す。
③質問をする。
④著者が書いていないことを考える（つまり、行間を読む）。
⑤何が大切かを見極め、他の人に説明する。
⑥様々な情報を整理・統合して、自分なりの解釈や活かし方を考える。
⑦自分の理解をチェックし、修正する。
⑧クリティカルに読む。

『「読む力」はこうしてつける』吉田新一郎（2010）新評論 p.1〜2

このことを踏まえて読解授業を振り返ってみましょう。設問の選択肢の中から正解（と呼ばれる代表的な解釈の1つ）を探すような、誰もが同じ答えに行きつく作業ばかりしていないでしょうか。読むときはいつも1人、教えるのはいつも教師、というパターンに縛られていないでしょうか。それでは自分なりに読み取る力は育たないように思います。

読み手はそれぞれに知識や考えを持っていて、それらを駆使して読んでいます。日本語のレベルも文化的背景も異なる学習者の解釈がそれぞれ異なってくるのは当然のことで、その違いもまた授業で活用することができます。本文にとり組む中で、あるいは「つなげる」の段階で、「私はこう読んだ」「私はこう思ったけど、あなたはどう思う？」というように自分の読みを自分のことばでまとめたりクラスで共有したりする機会を作りましょう。それはより深い読みや新たな読み物への挑戦につながっていきます。そして、日本語を使って読みを深めることは、他の技能の上達にもつながっていきます。

目的1、2のどの要素に焦点をあてるかによって習得できるものも変わってきます。皆さんは読解授業で学習者に何ができるようになってほしいですか。目指すものに合わせて授業を組み立てていきましょう。

1 これは『Strategies That Work（効果的な読み方の方法）』で紹介された①〜⑦に吉田が⑧を加えたものです。

読解教材のレベル

	易 ⟶ 難			
長さ	ことば　→　文　→　文章　→　段落			
加工度	多　　　　　　　→　　　　　少　　　　　→　　加工なし 分かち書き 振り仮名付き			
語彙・漢字数	少　　　　　　　　　　　→　　　　　　　　　　多			
文体	丁寧(デス・マス)体　→　普通(ダ・デアル)体　→　素材によって使い分 横書き　　　　　　　縦書き　　　　　　　　けられる			
内容	単純　　　　　　　　　　　　　複雑 日常的・身近な話題　　　　　多岐のジャンルにわたる話題 既習の語彙・文型で読める　→　文脈を読む 書いてある通りに読む　　　　書かれていないことも推測する			

　初級では既習の語彙・文型で読めるものを中心に、学習者にとって日常的で身近な話題を扱います。文型シラバスで作られた教科書の副教材として市販されている読解教材もあります。語彙数が少なく、レベルに合わせてひらがなで分かち書きされていたり、すべての漢字に振り仮名が振られていたりして、教材中の日本語がかなりコントロールされています。

　レベルが上がるにつれてその加工度が低くなり、より生教材に近いものが使われるようになります。丁寧体で統一されていた教材に普通体の文章が加わるようになり、縦書きの文章も出てきます。論文調の硬い表現、和語やオノマトペを使ったやわらかい表現など、素材によって異なる表現を使って、幅広い話題を扱っていきます。論理展開は徐々に複雑になり、文学的な文章では文面に直接表れない心情や文脈を理解することが求められていきます。

　最終的には生の読み物を1人で読みこなすことができるようになるのが読解授業の目標です。文型の定着と語彙を増やすことも大切ですが、実際の生活、実際の読み物にどうつながっていくのか初級のうちから意識して授業を設定しましょう。

読解授業を組み立てる

　次に、読解授業の作り方について考えていきましょう。読解授業では、読解の種類やレベルを考えて学習目標を決め、それに合わせて3ステップで授業の流れを組み立てていきます。

■ 学習目標の決め方

　その読み物を読む目的は何か、つまり、読むことによって学習者は何が得られるのかを考えます。テーマに関する知識を深めるため、文型を学習(復習)するため、語彙を学習(復習)するため、新しい表現を身に付けるため、速読力を身に付けるため、文脈を読み取る力を付けるため……いろいろな目的が考えられると思います。その中から学習目標を設定します。

■ 3ステップで授業の流れを考える

　学習目標が決まったら、3ステップで授業を組み立てていきます。
　まず、どんな教材をどのように「とり組む」か、「とり組む」方法を考えます。
　「とり組む」の流れが決まったら、そこに必要な知識や意欲をどうやって呼び起こすか、「起こす」を考えます。そして最後は「つなげる」です。「とり組む」で読んで得たものを次の学びにどう生かしていくのか考えます。

| 起こす | ・知識・意欲を呼び起こす　　（具体的な11種類の方法はp.26～） |

| とり組む | ・とり組み方を説明する　　（基本的な読み方はp.30～）
・読む　　　　　　　　　　（その他のさまざまな読み方はp.32～） |

| つなげる | ・他技能・他活動とつなげる／他者とつなげる
・自分自身とつなげる　　　（学びを深めるつなげ方はp.36～） |

　「とり組む」の内容や分量によっては、この3ステップを同じ授業時間内に行えない場合があります。全体をいくつかの授業に分けて行う方法、「起こす」「とり組む」を授業時間内に行い、「つなげる」を宿題にする方法などがあります。3つをつなげた授業例を参考に、組み立ててみてください。
　教育機関によっては授業内容があらかじめ決められている場合がありますが、学習目標と3ステップの要素がそろっているか意識して、1つの授業を作っていきましょう。

ステップ別読解活動例

　読解授業も「起こす→とり組む→つなげる」の3ステップで組み立てることができます。読む前にどうやって読解への意欲や知識を呼び「起こし」ますか。どんな読み方で「とり組み」ますか。読み終わったら何と「つなげて」学びを深めますか。それぞれのステップにはそれぞれの活動方法があります。どのように授業を組み立てていくか組み合わせを考えてみてください。

起こす

　ここでは、「起こす」ための11種類の方法を紹介します。

■ 既存のプレタスクを使って　　　　　　　　　　　　　　　　　　　　　（→授業例3-2）

　教材には本文の前に「はじめに」「読む前に」「ウォーミングアップ」というようなプレタスクが付いている場合があります。プレタスクの意図はさまざまで、テーマに関心を持たせるためのものや、語彙・文型を復習したり構成を導入したりするためのものなどがあります。

　プレタスクのやり方は、読んで1人を指名して答えさせるだけとは限りません。ペアで考えさせる、グループの考えをまとめて発表させる、学習者に答えを板書してもらうなど、学習者の動きを変えて行うことができます。

■ 教材内の絵や図表、写真をヒントに　　　　　　　　　　　　　（→授業例1-2、2-1）

　本文に添えてある挿絵や図表を使う方法です。挿絵を使って「どんな内容か推測する」「キーワードを抽出する」などの活動ができます。グラフが付いている読み物には「右肩上がり」「横ばい」など独特の表現が使われていることがあるので、そのようなことばをグラフを見ながら導入しておくことができます。絵や図表からどんなことばが導入できるのか、そのことばに導くためにはどんな質問を投げかければいいか考えてみましょう。挿絵や図表には本文を理解するためのヒントが詰まっています。

■ テーマ・タイトルを使って　　　　　　　　　　　　　　　　　（→授業例3-2、4-2）

　話が広げられそうなタイトルがついていたらぜひ取り上げてそれについて話し合ってみましょう。タイトルはいわば文章の顔です。内容を簡潔にまとめたもの、読み手の興味を引くもの、とても長かったり反対に何の縮約形なのか考えさせられる短さだったりしてそれ自体読み解くのが楽しいものもあります。挿絵と同様に、必要な語彙を導入したり想像力をかき立てて内容を推測したりすることができます。

■ 語彙リスト・キーワードを使って　　　　　　　　　　　　　　（→授業例3-1、6）

　読解教材に付いている本文の語彙リストを使う方法です。リストにあるすべてのことばをここで

取り上げる必要はありません。意味がわからなくても読解に影響のないことば、前後の文脈から意味が推測できることばがあるはずです。一方で、読み取る上で意味がわからないと進まない大切なキーワードもあるでしょう。「起こす」段階で取り上げたいのは後者です。読む前に必要最低限のことばを選んで定着をはかっておくと、その後のとり組みがスムーズになります。

■ 設問を使って （→授業案2-2）

　読解教材の本文中に付いている文章理解のための設問を「起こす」で使う方法です。ただ「本文を読んでください」と言われて読むより「本文から答えを見つけて読んでください」と言われて読むほうが読む目的がはっきりします。特定の情報を得るという目的を満たすために設問をあらかじめ読んでおき、「とり組む」につなげます。

2

読解授業の作り方

■ 本文の一部を使って （→授業例5）

　本文の1文（あるいは一部分）だけを見せて、どんな状況について書かれた文なのか、あるいはどんな人が、どんな目的で発したセリフなのか、登場人物の人物像や前後の話の流れを想像させる方法です。1文を深読みするトレーニングにもなります。主語がなくても人物像が想像できるような文や、役割語[2]が顕著に使われている文などを取り上げるといいでしょう。

■ 他の素材を使って （→授業例4-1）

視覚素材を使って

　絵や写真、動画などを使って、本文の内容に関連した情報を視覚的に見せておく方法です。特に初級から中級に上がると出てくる語彙が増え、読解文を急に難しく感じる学習者が増えてきます。文字への抵抗がある学習者には、教材のテーマに合った写真や実物を見せておくと、臨場感も出ますし読み物に対するハードルが下がります。

　絵や写真に余計な文字情報が入っていると、思いもよらない質問を受けて時間を取られてしまうことがあります。知識を呼び起こすことができればいいので、使用する素材の量にも注意しましょう。

他の文字情報を使って

　本文と同じテーマでよりやさしく身近な資料を紹介しておく方法です。社会問題などの読み物は、同じテーマの新聞の見出しや動画などを比較的簡単に集めることができます。本文に関するアンケートの調査結果や投書なども使えます。教材のデータが少し古いと感じたときは、学習者の現状に沿った新しいものを補足で見せると、読むことへのモチベーションが上がります。

■ やりとりで復習しながら （→授業例1-1、2-1）

　教師とのやりとりの中で文型などを簡単に復習して「とり組む」につなげる方法です。特に初級では次々と新しい文型を学習することが多いため、前に習った文型が定着していない（学習者が忘れてしまっている）可能性があります。そんなとき、既存のプレタスクがなくても教師とのやりと

2　例えば「わしが知っておる」と「ぼくが知ってるよ」ではイメージする人物像は異なります。このように特定の人物像を思い浮かべることができる特定の言葉遣いのことを「役割語」と言います。（金水（2011）参照）

りで簡単に復習しておけば「とり組む」段階でつまずくことが避けられます。ただ、ここで文型の復習に力を入れすぎて文型の授業になってしまっては困ります。既習の知識を思い出せればOKです。文型の作り方や使い方は必要に応じて「つなげる」段階で行いましょう。

■ 板書を活用して
（→授業例6）

　長文を見て途方に暮れる学習者に「これなら読めるかも」と思ってもらうために、読解文の構成を板書しておく方法です。A対Bなど複数の意見が書かれている文章、話が飛んで関連性がわかりにくくなっている文章などは、板書を使って全体の流れを視覚化することでハードルが下がります。

板書例1)

板書例2)

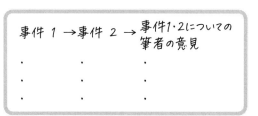

　最後まで板書を残しておけば、それを要約やディスカッションなどの「つなげる」タスクに活用できます。どんな板書がわかりやすいか板書計画をしっかり立てておきましょう。

■ 実演を通して（ロールプレイ）

　登場人物が多くて挿絵がない読み物は、状況を把握するのが困難です。これは、読む前に教師がナレーションで誘導しながら本文の状況を学習者に演じさせてみる方法です。状況設定が複雑なもの、動作の方向性がわかりにくい読み物なども、読む前に学習者が演じてどこに誰がいたのか、そこで何が起きたのか視覚的に、立体的に見せることでわかりやすくなります。また、心情を理解することが苦手なクラスでは、各登場人物になりきってもらうことで、心情について想像しやすい状態を作ることができます。このとき、教師は演出家です。どんな役を誰に当てるか、状況がわかりやすいように考えておきましょう。

■ あえて何も行わずに

　あえて「起こす」タスクを行わずに読み始める方法です。テストのようにいきなり読み始めてどれだけ対応できるか、学習者が自分の限界を知ることで新しい知識習得へのモチベーションにつなげます。「起こす」を行わない場合、「とり組む」後の解説は丁寧に。自分と学びをつなげるステップも忘れずに行いたいものです。

とり組む

　意欲や知識を呼び起こしたら、さあ、読み始めましょう。ただ読むといってもいろいろな方法があります。

　声を出さずに読む**黙読**に対して、声に出して読むことを**音読**、教師が学習者に向けて音読して聞かせることを**範読**と言います。範読の代わりに教科書付属の音声を使うこともあります。これらの読み方を駆使して、「とり組む」を進めていきます。以下、少し詳しく説明します。

▣ 音読

　学習者に交代で音読してもらうときは、1文ずつ交代してもいいですし、段落ごとに読み手を替えてもいいです。前者の場合緊張感が得られますし、細かく内容を確認していくことができます。後者の場合はまとめて音読することで内容が頭に入りやすくなります。教師は学習者の音読を聞きながら、発音や漢字の読み方、イントネーションなどを指導していきます。

▣ 黙読

　自分のペースで読み進めるには黙読が最適です。黙読の前には、何分間で、何ページのどこまで読むか、どんな目的で読むか（設問の答えを探す、わからない表現をチェックする、筆者の意見が書かれている部分を見つけるなど）伝えてから始めます。

　学習者が黙読している間は個別対応するチャンスです。教師は教室を回って、学習者の質問に答えたり集中力が途切れている学習者に声掛けしたりするなどの対応をします。

▣ 範読

　教師が学習者に向けて音読して聞かせることを範読と言います。声に出して読み聞かせることで、学習者は漢字やカタカナ語の読み方、文章の発音を確認することができます。また、目と耳で内容を確認できるため、読解の苦手な学習者の理解を助けることができます。学習者には、範読を聞きながらわからない部分に印をつけたり漢字に読み仮名を振ったりするように指示します。

声掛け例）　**私が読みます。皆さんは聞いてください。**
　　　　　　わからない漢字にはひらがなを書いてください。
　　　　　　わからないことばには〇をつけて、後で質問してください。

　発音重視の授業なら、範読に続いて音読するように学習者に指示します。範読は学習者が音読（または黙読）する前に聞かせることが多いですが、全体のまとめとして範読を聞かせることもあります。

■基本的な読み方

■精読　　　　　　　　　　　　　（→授業例1-1、1-2、2-1、3-1、3-2、4-2、5、6）

　音読・黙読・範読を駆使し、正しく理解することを目指して１文１文を少しずつ丁寧に読み進めていく方法を**精読**と言います。読解は教科書に沿って行うことが多いため、読解授業と言えば精読をイメージする人も多いでしょう。

　精読で行うことは、主に音読と内容確認です。少しずつ区切って学習者に読んでもらい、その内容について質問し、理解しているか確認しながら進めていきます。精読の授業は目的に合わせてここに範読や黙読を組み合わせて展開します。

　精読の際は、数行〜１段落読んだら、そこまでの理解度を確認する質問を投げかけ内容確認を行います。必要に応じて板書や画像を使って捕足説明し、終わったら次の行（段落）へ進みます。

　短く区切って読み進め、全部読み終わったら全体の内容について質問をします。教師が口頭で質問してもいいですし、教科書の設問を読んで答えを記入し、答え合わせをするという方法もあります。

　内容確認の際には次のような質問を投げかけて、学習者の理解度を確認します。

・ことばの質問（漢字の読み方、意味など）
　　例）　「用が足りる」というのはどういう意味ですか。
　　　　　「社交的な人」というのはどんな人のことですか。
・文法の質問
　　例）　「待たせた」というのは誰が待ちましたか。
　　　　　「（10％）に過ぎない」というのはどういう意味ですか。他にどんな言い方がありますか。
・答えが書いてある内容質問
　　例）　「彼」はどうしてそこへ行きましたか。どこに（答えが）書いてありましたか。
・答えが書いていない内容質問（文脈から判断できる状況や心情など）
　　例）　「夕方というにはまだ早い」というのは、何時ごろだと思いますか。
　　　　　どうしてその時「彼」は足を止めたのだと思いますか。

　設問の答え合わせをするときは、合っているかどうかだけでなく、どこからその答えがわかったか、どうしてその選択肢を選んだか、その答えに至った理由も説明してもらいましょう。

精読授業の流れ

　　例１）　まずは自分のペースで読み進めたい
　　　　　　①黙読　　②少しずつ区切って音読／内容確認　　③全体の内容確認　　④範読
　　例２）　全体を把握してから読み進めたい
　　　　　　①範読　　②少しずつ区切って音読／内容確認　　③全体の内容確認
　　例３）　例１、２の折衷案
　　　　　　①範読　　②黙読　　③少しずつ区切って音読／内容確認　　④全体の内容確認
　　例４）　積み上げたものを最後に確認したい
　　　　　　①少しずつ区切って音読／内容確認　　②範読または黙読　　③全体の内容確認
　　例５）　発音重視で読み進めたい
　　　　　　①少しずつ区切って範読または音読／内容確認　　②全体の内容確認

■ 速読 （→授業例2-2、3-2）

　精読が1文1文を少しずつ丁寧に読み進めていくのに対し、目的に合わせて適宜読み飛ばし、要点を把握していく方法を**速読**と言います。

　速読にはざっと読んでおおまかな内容を理解する**スキミング（大意取り）**と、たくさんの情報の中から必要な情報をキャッチする**スキャニング（情報探し）**の2つの種類があります。

　速読を行う際は、速読に慣れていない学習者が混乱しないように、次のような注意点を事前にしっかり伝えます。

　　・これは必要な情報だけを読み取るトレーニングなので、全部理解できなくてもよい
　　・指定した時間内に読んで設問に答える
　　・推測しながら読むことが大切なので、辞書は使わない

　速読の場合、「起こす」活動は最低限にとどめます。読み取る情報のヒントを与えすぎないようにするためです。設問に答えるための必要最低限の語彙を導入したり、テーマについて軽く触れたりする程度でいいでしょう。必要最低限の語彙とは、隠して読んだら設問に答えることができなくなってしまうことばのことです。推測で読めるものは導入せず、もし全部理解したがる学習者がいたら次のように声を掛けましょう。

声掛け例）　**わからないことばがあったら印をつけておいてください。
　　　　　　答え合わせのときに説明します。今は速読（設問の答えを見つけること）に集中しましょう。**

速読授業の流れ

例）　①（初回の授業で）速読の注意点を伝える
　　　②読み終える時間を指定して速読開始
　　　③指定した時間になったら作業を止める。ペアで答え合わせ
　　　④クラス全体で答え合わせ

2

読解授業の作り方

■ その他のさまざまな読み方

■ 仲間と読む（プロセス・リーディング）　　　　　　　　　　　　　　（→授業例1-2）

　クラスメートとやりとりを重ねながら1つの読み物を読み進めていく、プロセス・リーディングの手法を使います。段落が細かく区切られている文章は、このようなグループワークに適しています。要点を見極め、質問を作れるようになるためのトレーニングになります。

活動例）　①事前に教師（以下、T）は段落がいくつあるか確認しておく
　　　　　②3人（A・B・C）1組になる
　　　　　③グループで次のようなタスクを行うように指示する
　　　　　・Aは1段落音読する
　　　　　・Bはその段落の内容について、2つ質問をする
　　　　　・AとCはBの作った質問に答える
　　　　　・終わったらA〜Cの担当を交代し、次の段落に進む
　　　　　④クラス全体で精読。その際、各グループで出ていた質問をクラスで共有する

　グループワーク中にわからないことがあったらまずはグループの仲間に聞くこと、それでもわからなかったら教師を呼ぶこと、というルールを徹底しておきます。

■ 仲間と読む（ジグソー・リーディング）　　　　　　　　　　　　　（→授業例4-2）

　複数に切り分けた読み物をグループごとに読んだ後、お互いに欠けた情報を教え合って共有する手法をジグソー・リーディングと言います。どれか1つでも情報が欠けると完成しないので、学習者は普段よりも集中して読み込みます。

　起承転結のあるものではなく、複数に切り分けてもそれぞれのシートごとに完結して意味が読み取れる素材がジグソー・リーディングに適しています。例えば起きてから寝るまでを書いた日記などは時系列で区切りやすく、初級でも行うことが可能です。

　切り分け方によって難易度に差をつけ、レベルの高い学習者に長めで新出語彙の多い段落を、そうでない学習者に短めで負担の少ない段落を分担させることもできます。内容確認をするために設問シートを作成しますが、設問シートの問題でも難易度に差をつけることができます。

活動例）　①設問シートを配布する
　　　　　②Tは読み物のテーマを紹介し、それが何枚かに切り分けられていることを説明する
　　　　　③切り分けた本文シートと同じ数のグループにクラスを分け、グループごとにそれぞれ異なる本文シートを配る
　　　　　④グループごとにわからないところは相談しながら、決められた本文シートを読み、設問シートの担当部分を埋めるように指示する
　　　　　⑤各グループから1人ずつ出て、新たなグループを作る
　　　　　⑥自分が読んできた部分を説明し、設問シートを埋める
　　　　　⑦クラス全体で設問シートの答え合わせ
　　　　　⑧クラス全体で全文を精読する

■ 切り分けた挿絵を使った速読（スキミング）

複数の絵を使って大意をつかむ、スキミングの練習です。起承転結のある物語などに使えます。

活動例）　①学習者（以下、L）1人1人に複数の挿絵カードを配る

②Lは決められた時間内に本文を素早く読み、複数の挿絵カードを内容の順番に並べる

③カードの順序が合っているかペアで答え合わせ

④クラス全体で答え合わせ。わからないことばをTが説明し、必要なことばは板書する

「起こす」段階で絵の説明を多くすればするほど難易度は下がり、カードを並べやすくなります。並べ終わった段階で全体の大意は取れているので、その後の精読ではより細かい部分を掘り下げて読めるようになります。

ストーリーの長さにもよりますが、絵の数は8枚くらいが適当です。ランダムにアルファベットか数字を書き込んでおくと「A→C→E……の順です」などと答え合わせするときに便利です。

■ 朗読劇

他の読解は文章を読み解くという目的があるのに対し、これは気持ちを込めて読むという音読を主眼に置いた練習です。感情を込めてきれいな発音で読めるようになれば、会話への自信にもつながっていきます。「気持ちを込めて読む」が目標ですから、教師はしっかり発音指導しましょう。セリフを読む際は、どんな気持ちか推測させてから読みます。棒読みと感情を込めた読み方を両方聞かせて違いに気付かせる方法もあります。大人数の場合はグループに分かれ、少人数の場合は1人複数役担当して人数調整します。

意味の理解に時間を割かれないように、内容はクラスのレベルより低いものか、対訳のついているもの、あるいはすでに一度精読し終わった教材を選びます。担当を決めたら、教師は個々に発音指導にまわります。複数の登場人物のやりとりがあるような読み物が適していますが、セリフがないものでも、段落ごとに担当を決めて行うことができます。

活動例）　大人数の場合

①最初にTが読み聞かせる。わからないことばには印をつけるように指示する

②わからないことばについて質問を受ける（または辞書を引く）

③音読する。Tは発音指導をする

④グループに分かれ、担当（登場人物数人とナレーター1人）を決めて練習する

⑤Tはグループを回って発音指導をする

⑥発表する（または録音して提出する）

■ 展開予測　（→授業例6）

長めの読み物を扱う場合、学習者の集中力を維持するのが難しくなってきます。これは、長文をいくつかに区切ってそれまでの展開を確認し、今後の展開をグループ（またはクラス）で予測しながら進めていく方法です。グループではなく、個々にメモでまとめてもいいです。

活動例）　①本文を2〜3つに分けた本文シートを配布（または、区切った部分を口頭で指示）し、Lは最初のブロックを読む

②Tは読んだ部分について内容確認。Lはその後のストーリー展開についてグループで
　話し合う
③次のブロックを読む
④読んだ部分について内容確認
⑤②で話し合ったストーリー展開が予測通りだったかグループで話し合い、発表する

　本文をさらに分けた場合は、その後のブロックについても同様に「展開予測→読む→予測との
相違を話す」を繰り返します。

- -

▣ 多読の要素を使って （→授業例4-1）

　多読は、各自のペースで複数の読み物を読んでいく方法です。自分の好みで選んだやさしい読
み物から次々に読み進めていくうちに、読み物のレベルも自分の日本語力も向上していきます。
　NPO多言語多読では、読み方のルールとして次の4つを紹介しています。

　・やさしいレベルから読む

　・辞書を引かないで読む

　・わからないところは飛ばして読む

　・進まなくなったら、他の本を読む

参考：NPO多言語多読（https://tadoku.org/japanese/what-is-tadoku/）

　この原則のもと、多読の要素を授業に取り入れていきます。レベル別の教材をそろえることが
難しい環境でも、「各自のペースで」「好きな量だけ」読むという読み方は授業に取り入れることが
できます。例えば、自分に合っているもの（人・こと）を探すという目的で、たくさんの自己紹介カー
ドの中から自分に合いそうな人を探して読み進めていったり、不動産情報から物件を、求人情報
からアルバイトを見つけたりする方法です。切り分けた複数の読み物を各自で読み進め、タスクシー
トにコメント（この場合、自分に合っているかどうか）を入れながらゴールを目指す「タスク達成型」
の授業が展開できます。

活動例）　①多読の4つのルール（上記）をLに伝える
　　　　　②好きな読み物をLがそれぞれ選び、読む。Tは文中の語彙や文型の解説はしない。
　　　　　　質問がきたら、挿絵やヒントになりそうな部分を示して推測する手助けをする
　　　　　③読んだら読後カードまたはタスクシートに記録し、次の読み物を選んで読む

- -

▣ 比べて読む（自国の言語と）

　翻訳のある読み物を使って、日本語に訳したり日本語版と読み比べたりする読み方です。共通
の母語を持つ学習者がいるクラスで、学習者の母語に対応した外国語版を用意して行います。初
級のうちは正しく直訳できるだけでもうれしいものですが、レベルが上がると同じ母語話者でも
訳し方がそれぞれに異なってくる面白さがあります。特に文学的文章では、その言語特有のリズ
ムや表現を大切にして作られていますので、大胆な意訳が見られます。文学的文章を訳し翻訳家
と自分の訳との違いを分析するというのはかなりレベルの高い作業になります。絵本などの短い
ストーリーを取り上げたり、長いストーリーの一部分だけ翻訳に挑戦したりするのも1つの方法

です。他の言語で書かれたものと日本語で書かれたものを読み比べることで、日本語の特徴や他言語との違いに気付くことができます。

活動例[3]）　①Lは1人で外国語版の日本語訳に挑戦する
　　　　　　②グループで訳文を比較する
　　　　　　③Tは日本語版を読み聞かせる
　　　　　　④自分たちの日本語訳と日本語版との違いについて話し合う

▨ 比べて読む（自国の文化と）

　　自国との共通点と相違点をできるだけたくさん見つけるという読み方です。読解教材の中には、日本の伝統文化や習慣を題材にした読み物があります。読みながら、自分の国と共通している点や全く違う点に気付くことがあるでしょう。どこが違うのか、どこが同じなのか、どの文からそう思ったのかタスクシートにまとめながら読み進めると、読んだ後で共有しやすくなります。

活動例）　①「日本と同じ点」「日本と違う点」「どこに書いてあるか」の3点をまとめるタスクシートを
　　　　　　配布する
　　　　　②読んで、タスクシートにまとめる
　　　　　③グループになって、タスクシートに書いたことを発表する
　　　　　④グループで出た相違点、共通点をクラスで発表する

　　比べ読みは自国と日本の比較以外でも使えます。昔のことが書かれているなら現在との比較を、書き手の主張が書かれているなら自分の考えや意見と比較しながら読んでみましょう。

3 これは小松（2016）を参考に国内の授業で行った活動例です。

つなげる

　読み終わったら授業終了、ではなく、「つなげる」時間を設けましょう。「つなげる」時間とは、その時間のとり組みで得られたことをもう一度咀嚼する時間です。得られた知識を運用することで、理解を深め、定着をはかります。

■ 他技能・他活動と「つなげる」／他の人と自分を「つなげる」

■ 読む→話す①　短文Q&A　　　　　　　　　　　　　　　　　　　　　（→授業例1-2）

　書くよりも話したいというクラスでは、読み物に出てきた文型や語彙を使って質問文を作ってみましょう。ペアやグループで質問し合うタスクを行うことができます。

活動例）　①Tは読み物に出てきた文型・語彙の中で特に覚えてほしいものをいくつか板書する
　　　　　②グループ（またはペア）になる
　　　　　③1人が①を使った質問文を作り、グループメンバーに質問する
　　　　　④答えられたら交代。別の語彙を使って質問を作り、グループメンバーに質問する
　　　　　⑤クラスで発表。その際はグループ外の相手とやりとりしてもらう

■ 読む→話す②　ストーリーテリング

　習ったことばや読んだ話の内容を忘れないうちに、どんな話だったか内容を他者に伝える練習です。普段の生活でも、面白い本を読んだり映画を見たりしたら、どんなストーリーだったか他の人に話したくなりますね。覚えたことばを使う練習、内容をまとめて簡潔に話す練習になりますので、本文は見ないように指示しましょう。

活動例）　①Tは段落ごとのキーワードを板書する
　　　　　②ペアになる
　　　　　③L1は①のキーワードを使って、L2に向けてその段落のストーリーを口頭で再現する
　　　　　④終わったら交代し、L2が次の段落のストーリーを再現する。交互に続ける

■ 読む→話す③　インタビュー（クラスメートに・登場人物を想定して）　（→授業例3-2）

　読んだ内容についてクラスメートにインタビューする方法です。読みの多様性に出合えるタスクです。インタビューには2つの方法があります。1つ目は本文の内容についてどう思うかクラスメートに意見を求める方法です。自分の意見と照らし合わせてその後作文にまとめてもいいと思います。

　2つ目は、登場人物になりきった相手にインタビューする方法です（下記①〜③）。一人称で書かれている読み物などに使えます。本文が読み込めていないと質問することも答えることもできない活動です。想定外の質問が出てくることもあります。正解があるものではありません。

　質問を作るのが苦手なクラスであれば事前に質問を作る時間を取ってもいいでしょう。ペアで行ってもいいですし、複数の登場人物をインタビュイーに設定したり登場人物1人に対して複数のインタビュアーを設定したりして、グループで行うこともできます。

活動例）　グループの場合
　　　　　①３人１組になり、１人が登場人物役、２人はインタビュアー役になる
　　　　　②インタビュアーは、登場人物にインタビューする。登場人物役のLは、なりきって
　　　　　　インタビューに答える
　　　　　③インタビュー結果をクラスで報告し合う

■ 読む→話す④　ディスカッション　　　　　　　　　　　　　　（→授業例2-2）

　　筆者の主張に対して、あるいは本文の内容について読み手の意見が分かれそうなときは、グループで意見交換してみましょう。ディスカッションのやり方は１つではありません（→会話授業「ディスカッション」p.79）。次の例はＫＪ法という思考整理の方法をヒントに考案した、付箋を使ったディスカッションの例です。付箋で意見をまとめておくことで、すべての意見を把握して発表することができます。

活動例）　＊用意するもの　・付箋（１枚に１文書けるぐらいの大きさのもの）
　　　　　①Tはディスカッションのテーマを板書する
　　　　　②自分の意見を付箋に書く。１枚に意見を１つ。１人５枚程度の付箋を使って書く
　　　　　③グループになる。それぞれの意見を、付箋を見せながら発表する。似ている意見の
　　　　　　付箋は重ねておく
　　　　　④意見の違いについて話し合う
　　　　　⑤クラスで発表する。グループの代表者が立ち、どのような意見が多かったか、対立
　　　　　　する意見にどのようなものがあったか付箋を見ながら報告する

■ 読む→話す⑤　プレゼンテーション（プレゼン）　　　　　　　（→授業例4-2）

　　読解教材と同じテーマ（あるいは関連するテーマ）で関心を持ったことについて、調べて発表します。例えば、社会問題をテーマにした読み物の場合、自分の国や身近な場面で起きている同じような問題やそれに対するとり組みを調べ、発表することができるでしょう。本文を読み解いて終わりではなく、そこからさらに情報を集めて知識や考えを深めることができます。

　　発表の際は、プレゼンテーションソフトを使って写真や動画を見せながら発表してもいいでしょう。その場合は、ホームページなどの情報をそのままコピーして使わないこと、原稿は発表する前に必ず教師の添削を受けることなどをルールとして伝えておきましょう。発表者が自身の発表資料を読めない、理解していないという事態になるのを避けるためです。また、文字ばかりのスライドは見にくいですし、読み上げるだけの発表になってしまいます。スライドに書く文字は最小限にしてできるだけ口頭で発表すること、原稿は見ないで発表できるようにすることなどもルールに加えておくといいと思います。

活動例）　①本文からプレゼンに使えそうなトピックを板書しておく
　　　　　②トピックについてさらにクラスで意見交換を行う
　　　　　③プレゼンについての注意点（テーマ、構成、発表手段、持ち時間、資料作成上の注意など）
　　　　　　を話す
　　　　　④プレゼン資料と原稿を作成する（あるいは期限を定めて宿題にする）
　　　　　⑤クラスで発表する

■ 読む→朗読を発表する

　正しいイントネーションで正しいところを区切って読むことを目標に、朗読発表会を行いましょう。

　ゲストに発表する機会があることがわかっていれば、学習者のモチベーションが上がります。ゲストを招く場合、日本人ゲストでなくてもかまいません。他クラスの学生など、普段と異なる顔ぶれの前で発表するだけでも達成感が得られます。「とり組む」で練習した朗読劇を発表するだけでなく、日本語母語話者を交えて朗読する、それらを録音して作品として残すという方法も考えられます。(→「朗読劇」p.33)

朗読発表会

活動例）　①クラスにゲストを招く

　　　　　②役柄で自己紹介する

　　　　　③朗読を発表する

　　　　　④ゲストに聞いた感想を言ってもらう

　　　　　⑤自分で発表した感想を書く

録音発表会

活動例）　①練習した朗読を録音する

　　　　　②クラスで録音した音声を聞く（またはTが聞いてコメントを記す）

　　　　　③録音した感想を書く

■ 読む→書く①　短文作成 　　　　　　　　　　　　　　　（→授業例2-1、3-1）

　読み物に出てきた文型や語彙を使って短文作成をすることで、学んだ文型や語彙の定着をはかる方法です。読んで使い方を理解するだけではなく、例えば自分のことに置き換えて文を作ることで、記録にも記憶にも残すことができます。お題を選ぶ際は、汎用性の高いもの、学習者が使えるようになったら今後役立つと思われるものを選びます。

活動例）　①読み物に出てきた文型・語彙の中で、特に覚えてほしいものをいくつか板書する

　　　　　②Lは①を使って短文を作成する

　　　　　③できたら添削する

　　　　　④よくできた文はLに板書で発表してもらう

■ 読む→書く②　内容についての作文 　　　　　　　　　　　　（→授業例5）

　読んだ内容やそれに関連することについて作文を書く方法です。読み終わった後は内容に関する知識も語彙も広がっていますので、それを運用することができます。原稿用紙半分ほどのミニ作文にも小論文にも成り得ます。宿題にする方法もあります。その場合は、1人でも書けるように分量や構成を忘れずに指示しましょう。

　読解の「つなげる」としてよく使われる要約文と感想文については、別途紹介します。

活動例）　①読み物の内容を改めて振り返る

　　　　　②①を踏まえて作文のテーマを板書する

　　　　　③構成と分量、必要に応じて締め切りを指示して作文開始

④書けたら添削し、返却。良い作品はクラスで共有する

■ 読む→書く③　要約する（物語文）

　「読んだものを要約する」というタスクはよく見受けられます。物語文は5W1Hがうまく取り出せればまとめやすくなります。

　要約でよくある失敗は2つあります。1つは本文を丸写ししてしまって短くならないという長さの問題です。もう1つは本文の内容に自分の意見や感想を加えてしまう情報過多の問題です。文を短くまとめ直すこと、個人的な解釈を含めた感想文にならないようにすることを指導しましょう。

　次の例は、グループまたはクラスで要約を考えるタスクです。慣れないうちは、④の作業は教師を交えて行うといいでしょう。

活動例）　①Tはホワイトボード
　　　　　（以下、WB）に1〜4を書く

> 1　いつ・どこで（場面）
> 2　誰が（登場人物）
> 3　何をして／何が起きて（エピソード）
> 4　どうなった（結末）

②クラス（またはグループ）で1〜4を出していく
③②で出たものを板書する。グループの場合、1グループ1枚の紙にまとめる
④無駄な情報（セリフ・具体的な情報）は相談して消していく
⑤残ったことばを使って、要約する

■ 読む→書く④　要約する（説明文）

　説明文を要約してまとめます。物語文と違い、説明文の要約は5W1Hとはいきません。自分でポイントがおさえられるようになったらグループワークではなく1人で要約に挑戦してみましょう。

　要約を書くまでの流れは物語文を要約するときと同じで、主観的な意見を含めないという注意点は変わりません。筆者の主張に対して賛否があってもそれを書かないように気を付けましょう。

活動例）　1人で行う場合
　　　　　①TはWBに1〜3を書く

> 1　何についての文章か
> 2　それを考えるきっかけは？
> 3　筆者の意見は何か

②Lは1〜3についてキーワードを探して、発表する
③②で出たものを板書する
④無駄な情報（本筋とは関係ないエピソードや具体例）は相談して消していく
⑤残ったことばを使って、要約する

■ 読む→書く⑤　感想文 （→授業例6）

　いわゆる読書感想文を書く活動です。書かせて添削して返却、ではなく、書く前に内容について質問を投げかけてクラスでやりとりしてみましょう。他の人の意見に触発されて自分の意見に気が付いたり、自分の感想を口に出して言うことでまとめやすくなったりします。内容の質問は「どうでしたか」とざっくり聞くよりも自分の国や自分自身を投影できるような質問をしてみましょう。

質問例）　**日本では〇〇でしたが、皆さんの国ではどうですか。**

　　　　　主人公は最後に××しましたが、Lさんならどうしますか。それはどうしてですか。

　　　　　△△という問題について、Lさんはどうすべきだと思いますか。

よくまとまった感想文があったらクラスで共有しましょう。

活動例）　①内容についてどう思ったかLに質問する

　　　　　②感想文の構成を指示する

　　　　　③Lは感想を書く。書き終わったらTが添削する

　　　　　④添削して内容の良かったものを次の授業で発表する。発表を聞いたLはコメントを書く。
　　　　　　コメントはTが添削した後、発表者に渡す

■ 読む→書き取る　ディクテーション （→授業例1-1）

　本文の中で覚えておいてほしいと思う文がある場合は、読み上げてディクテーションを行います。文型シラバスに対応した読解文なら、本文で学んだ語彙も含めた文型の復習になります。「とり組む」で黙読が中心だった場合には、別の技能で本文をとらえる良い機会になります。

活動例）　①「（3問行う場合）1、2、3」と板書する

　　　　　②板書の「1」を指しながら、そこに書き取る1番の問題を読み上げる。Lはそれを聞いてノートに書き取る

　　　　　③Lの様子を見回りながら、最初は自然な速さで1回、次にゆっくり1回読む
　　　　　　同様に2、3番も行う

　　　　　④最後に1～3番を通して自然な速さで読み上げる

　　　　　⑤答え合わせ

　最初に問題数を板書するのは、初級の学習者にも何問あるのかゴールが伝わるようにするためです。文は書き取りやすいように短めのものを選ぶか、短くしたものを使います。

■ 読む→聞く・読む・視聴する　生教材

　読解教材を読んだ後で、同じテーマの生教材(日本語学習用に加工されていないもの)にとり組む方法です。

　社会問題なら、実際の新聞の見出しだけ見せてもいいですし、物語なら映像を楽しむだけでもいいでしょう。

活動例）　①読解で使った読み物と同じテーマの生教材を視聴する、あるいは読む
　　　　　②読解で使った読み物との共通点、相違点についてグループで話し合う
　　　　　③クラスで発表する

■ 学びと自分を「つなげる」

■ 振り返りシート （→授業例4-1）

　　授業中の自分を学習者自身に振り返ってもらう方法です。小さいメモでもかまいません。その日学んだ自分のまとめにもなりますし、次の授業への動機づけにもなるので、毎回習慣化してもいいでしょう。期末にすべてを読み返すと、授業の雰囲気とともに忘れかけていた日本語を思い出すことができるでしょう。

活動例）　①下記のような質問の書かれた振り返りシートを渡す（または、質問項目をメールやチャットで送る）
　　　　　②Lはシートに記入し、提出（または返信）する
　　　　　③Tは②にコメントを添えて返却する

振り返り例）　・今日の読解のテーマはどんなテーマでしたか。
　　　　　　　・自分にとって身近なテーマでしたか。知らないテーマでしたか。
　　　　　　　・本文の内容は理解できましたか。
　　　　　　　・読めなかった（なかなか理解できなかった）文はありましたか。
　　　　　　　・音読はどうでしたか。
　　　　　　　・登場人物で一番印象に残ったのは誰でしたか。それはどうしてですか。
　　　　　　　・設問に正しく答えられましたか。
　　　　　　　・今日の授業で印象に残ったの何ですか。
　　　　　　　・今日の授業で覚えたことばを３つ書きましょう。

理解語彙と使用語彙

　学習者に新出語彙を全部覚えるように言うのは簡単ですが、学習者にとっては大きな負担です。そして、ただ意味を覚えるだけでは使えるようになりません。

　語彙には「理解語彙」と「使用語彙」の2種類があります。前者は見て意味がわかる語彙、後者は読み、書き、発音、使い方までしっかり覚えてその後も使える語彙です。使用語彙を増やすためには文型同様に折に触れて練習する機会を持つことが大切です。

　1つの授業でたくさんの新出語彙を扱わなければならないとき、筆者はまずその中から覚えておくと役に立つ、使い方まで定着させたいことば、つまり使用語彙にしたいことばを選びます。学習者がどんな語彙を必要としているか想像しながら行う作業です。そしてそれを学習者にも伝え、それらのことばは授業が終わってもことあるごとに話題にのせたり復習に使ったりしていきます。

　たくさんの語彙に溺れて結局使えるのは初級の語彙だけということのないように、使用語彙を増やすにはどうしたらいいか考えていきましょう。

ボトムアップとトップダウン

　私たちは読解や聴解のとき、インプットした情報を処理するのに大きく分けて2つの方法を使っています。

　1つは、1音→1語→1文……というように、小さい理解を少しずつ積み上げて最終的に1つのまとまった文章を理解していく「ボトムアップ」の方法です。読解の場合は、少しずつ区切ってわからないことばがあれば意味を調べ、内容を確認しながら読み進めていきます。聴解の場合は、スクリプトで文字を追いながら、あるいは少しずつ音声を止めながら細かいところまで正確に聞き取っていきます。

　もう1つはそれとは反対の「トップダウン」と呼ばれる方法です。自分のすでに持っている知識を総動員し、まずはわかる部分を手掛かりにおおよその内容を推測・予測し、そこからそれが合っているかどうか見ていきます。

　私たちは普段の生活で、ボトムアップとトップダウンの両方の読み方を駆使しています。例えば、新聞の見出しからその日のニュースをざっと把握し（トップダウン）、難しいけれども理解したい記事があれば1文1文じっくり読み進めるでしょう（ボトムアップ）。皆さんの授業でとり組むのは、どんな読み方（聞き方）ですか。考えてみましょう。

読解授業例 ~3ステップで授業を組み立てよう~

　3つのステップ「起こす」「とり組む」「つなげる」を組み合わせることで、1つの読解授業が生まれます。その組み合わせ方はさまざまです。1つのステップに複数の方法を使ってもかまいません。レベル別[4]にいくつか例をご紹介しましょう。

初級前半

- **文型の定着をはかる**
  1-1「美術館」　やりとりで復習しながら→精読→ディクテーション
- **文型を使える楽しさを味わう**
  1-2「美術館」　教材内の絵をヒントに→精読／仲間と読む（プロセス・リーディング）→短文Q&A

初級後半〜初中級

- **じっくり読む**
  2-1「たすきをつなぐ」　やりとりで復習しながら／教材内の写真をヒントに→精読→短文作成
- **ざっと要点をつかむ**
  2-2「たすきをつなぐ」　設問を使って→速読→ディスカッション
- **アウトプットにも時間をかける**
  3-1「もったいない」　語彙リストを使って→精読→設問・短文作成
- **速読から深読みまで**
  3-2「もったいない」　既存のプレタスクを使って／タイトルを使って→速読／精読→インタビュー
- **自分のペースで読み進める**
  4-1「今度行くならこんなとこ！」　他の素材を使って→多読の要素を使って→振り返りシート
- **仲間と一緒に読み進める**
  4-2「今度行くならこんなとこ！」
  　　タイトルを使って→仲間と読む（ジグソー・リーディング）／精読→プレゼンテーション

中上級〜上級

- **1文から内容を予測する**
  5「大根を半分」　本文の一部を使って→精読→内容についての作文
- **要約と予測を繰り返しながら読む**
  6「隣人訴訟事件」　キーワードを使って／板書を活用して→精読Ⅰ／展開予測／精読Ⅱ→感想文

4 レベルはあくまで目安です。

授業例1-1　文型の定着をはかる「美術館」

『みんなの日本語初級Ⅰ 第2版 初級で読めるトピック25』「第10課 美術館」スリーエーネットワーク →別冊 p.2、3

> **学習目標**：存在文の形や存在文が意味していることを正しく理解し、読み書きできるようになる。

授業の組み立て

　文型の定着をはかった授業例です。存在文を理解し、正しく読み取り・書き取りができるようになることを目標にしました。

起こす　**やりとりで復習しながら**
　まず「起こす」では存在文の意味・文型をしっかり復習しておきます。

とり組む　**精読（音読→内容確認→黙読）**
　「とり組む」では冒頭部分だけ音読して状況を理解した後、個々に黙読して答えを探す方法にしました。存在文をきちんと理解しているか1人1人のとり組みを見て確認したかったからです。

つなげる　**ディクテーション**
　「つなげる」ではディクテーションを取り入れることで、最低限これだけは覚えてほしいという文の定着がはかれるようにしました。

授業の流れと教師の発話例

起こす やりとりで 復習しながら	1）身の回りの物を見ながら、存在文で質問する。 　　Ｔ：L1 さんの机の上に何がありますか。 　　Ｔ：L2 さんの前に誰がいますか。 2）作り方を板書する。 　板書例） 　　🏛 に　Ｎが　あります。 　　🏛 に　😊／🐶　が　います。
とり組む **精読** 　音読（冒頭） 　内容確認 　やり方説明	1）本文1〜2行目を音読する。 　　Ｔ：L1 さん、読んでください。 2）1）の内容について質問する。 　　Ｔ：きのうどこへ行きましたか。誰と行きましたか。 　　　美術館に何がありましたか。 3）1（本文3〜4行目）を音読する。 　　Ｔ：L2 さん、1番を読んでください。「窓の……」 4）教科書 p.17 の例の絵を示しながら問題のやり方を説明する。 　　Ｔ：（例の絵を指して）この絵を見てください。 　　　窓の近くに誰がいますか。女の人のうしろに何がありますか。

	どこの地図ですか。…… この絵は1番の絵です。（カッコをさして）ここに「1」、書きます。 では、（2番の文章を指しながら）2番の絵はAですか。Bですか。 読んで、番号を書きます。
黙読	5）2〜5（本文5行目〜最後）を黙読し、A〜Eの絵に合った文を選んで 番号を書く。
答え合わせ	T：では、2から5まで読んで番号を書いてください。
	6）ペアで答え合わせ。
内容確認	T：終わりましたか。隣の人と同じですか。
	7）クラスで答え合わせ。絵を見ながら音読し、新出語彙や文の内容を確 認する。 T：L2さん、2番の絵はどれですか。Dですか。では、2番を読みましょう。 （Dの絵と照らし合わせながら1文ずつ音読してもらう） T：L2さん、どこに〇〇がありますか。／××に誰がいますか。
つなげる ディクテー ション	1）教科書を閉じてもらう。Tは本文の中から文を3つ選び、読み上げる。 T：文を言います。皆さんは、文を聞きます。そして、文を書きます。文は 3つあります。 2）Lは1）を聞き取ってノートに書く。 3）クラスで答え合わせ。LがWBに答えを書き、それを添削する。 4）書き取った文をクラスで合唱する。

 ## ポイント＆アドバイス

　本文に入る前に、まずは「起こす」で学習者とやりとりしながら存在文「〜があります／います」を復習します。筆者は初級クラスで板書するとき、場所、人、動物を示すのに板書例のようなアイコンを使って視覚的にもわかりやすくしています。いくつか質問をして「あります」「います」の使い分け、位置のことば（上、下、右、左、前、後ろ）を覚えているか、助詞の使い方は正しいか確認します。

　「とり組む」4）では例を使ってどうやってやり方を説明するか、学習者を想定しながら考えておきましょう。このレベルでは使える日本語が限られていますので、ジェスチャーを使いながらやさしいことばで説明します。黙読中は、解き方がわからない学習者がいないか教室を回って確認します。内容を確認する際は「どこに〇〇がありますか」「××に何がありますか」など目標である存在文で質問します。学習者にも単語ではなく存在文で答えるように促します。

例）T：Lさん、女の人のそばに何がいますか。　　L：ねこ。
　　T：そうですね。ねこが……？　　　　　　　L：ねこがいます。

　ディクテーション（書き取り）には基本的であまり長くない文を選びます。カタカナ表記が苦手な学習者が多ければあえてカタカナ語が含まれている文を選んでもいいでしょう。早く終わった学習者に前に出てWBに書いておいてもらい、それを使って答え合わせをします。最後に書いた文を合唱して終わると、1つの文を読み、聞き、書き取り、声に出すというまとめができます。

授業例1-2　文型を使える楽しさを味わう「美術館」／初級前半

『みんなの日本語初級Ⅰ 第 2 版 初級で読めるトピック25』「第10課 美術館」スリーエーネットワーク →別冊p.2、3

> **学習目標：** 存在文を読んでどこに何が描かれているか理解し、それについて他者とやりとりすることができる。

 授業の組み立て

　授業例1-1では文型の定着を目指したのに対し、これはもう少し進んで、存在文については皆が理解していることを前提に、その運用に力を入れました。覚えた文型を使って読んだり話したりすることを目指した授業例です。

起こす　**教材内の絵をヒントに**
わかりやすい挿絵がたくさんついているので、これを活用して挿絵を見ながら状況設定の確認をします。

とり組む　**精読（音読→内容確認）／仲間と読む（プロセス・リーディング）**
やり方を説明した後、グループで読み合う方法をとりました。絵がたくさん使われている教科書なので、わからないことばを教え合うという作業が初級でもしやすく、グループワークに適していると考えたからです。

つなげる　**短文 Q ＆ A**
この授業の後、存在文を使ったやりとりが自然に口をついて出てくるよう、「つなげる」もできるだけたくさん存在文を使ったやりとりができるように徹しました。

 授業の流れと教師の発話例

起こす **教材内の絵を ヒントに**	1）教科書 p.17 の挿絵からわかることを質問する。 　　T：ここはどこですか。 　　　　美術館で何をしますか。
とり組む **精読** 　音読 　内容確認 　やり方説明	1）本文 1 ～ 2 行目を音読する。 　　T：L1 さん、読んでください。 2）1）の内容について質問する。 　　T：きのうどこへ行きましたか。誰と行きましたか。 　　　　美術館に何がありましたか。 3）1（本文 3 ～ 4 行目）を音読する。 　　T：L2 さん、1番を読んでください。「窓の……」 4）教科書 p.17 の例の絵を示して、絵と文が合っていることを説明する。 　　T：（例の絵を指して）この絵を見てください。 　　　　窓の近くに誰がいますか。女の人のうしろに何がありますか。どこの地図 　　　　ですか。…… 　　　　この絵は 1 番の絵です。（カッコをさして）ここに「1」、書きます。 　　　　では、（2番の文章を指しながら）2番の絵はＡですか。Ｂですか。

	読んで、番号を書きます。
仲間と読む **(プロセス・** **リーディング)** 答え合わせ	5）3人1組になる。順番に音読し、A〜Eの絵に合った文を選んで番号を書く。 　　T：グループで読みます。L1さん、文を読みます。L2さん、次の文を読みます。 　　　　ことばがわかりません→グループの人に聞きます。グループの人もわかり 　　　　ません→私（T）に聞きます。では、2から5までグループで読みましょう。 6）クラスで答え合わせ。絵を見ながら、文を音読して内容を確認する。
つなげる **短文 Q&A** やり方説明 ペアワーク 発表	1）本文を隠して、Lに絵だけ見せる。 2）存在文を使って、絵について質問する。 　　T：Aを見てください。ピアノの前に誰がいますか。 　　　　ピアノの上に何がありますか。女の人のそばに何がいますか。 3）質問文を板書する。 　　板書例） 　　　　Q1（　　　）に　なにが　ありますか。 　　　　Q2（　　　）に　だれが　いますか。 　　　　Q3（　　　）に　なにが　いますか。 4）ペアになって、絵について質問し合う。 　　T：AからEまで、ペアで聞きましょう。 5）クラスで発表してもらう。 　　T：L3さん、L4さんに聞いてください。

☝ ポイント＆アドバイス

　「起こす」では挿絵を見て「美術館」「絵」ということばを覚えているか確認します。位置のことば(上、下、右、左、前、後ろ)と存在文がわかれば問題は解けると思いますので、新出語彙をここですべて取り上げる必要はありません。

　グループで読み合わせを行うときは、わからないことばがあったら、まずグループ内で質問し合い、それでもわからなかったら教師に聞くように指示します。

　「つなげる」の活動でうまく質問が作れない学習者がいたら、すぐに正解を教えるのではなく、少しずつヒントを出して正解を自分で作れるように声掛けします。

例）L1：女の人のそばに何がありますか。
　　T：「ありますか」ですか。
　　L1：あ、「いますか」。
　　T：そうですね。ではもう一度質問お願いします。
　　L1：女の人のそばに何がいますか。
　　L2：ねこがいます。

授業例2-1　じっくり読む「たすきをつなぐ」　初級後半～

『Reading Road 多様な日本を読む』「Chapter1 Lesson1 たすきをつなぐ」くろしお出版 →別冊p.4〜8

> **学習目標：**既習文型の入った文を理解し、使いこなせるようになる。

授業の組み立て

　主要文型を復習し、必要な語彙を事前に導入した上で、段落ごとに丁寧にゆっくり読み進めていく授業例です。

起こす　やりとりで復習しながら／教材内の写真をヒントに

　この教科書には文型を練習するグラマーノートというページがあります。それを使う前に、学習者がどの程度文型を覚えていて、それを使ってやりとりができるのか確認しておこうと考えました。語彙導入には写真を使います。「駅伝」というスポーツを知らない人には絵やことばによる説明よりも実際の駅伝の写真を見せたほうがわかりやすいし、話が広がると考えたからです。

とり組む　精読（音読→内容確認→範読）

　「とり組む」は段落ごとに区切って内容確認をしながら少しずつ読み進めていく方法にしました。少しずつ切ると全体像が見えにくくなるので、最後に教師が全文を読んで聞かせる（範読する）ことでその問題を解消しようと考えました。

つなげる　短文作成

　「つなげる」は文作りです。「起こす」で復習し、「とり組む」で読めた文型を使って自分のことが書けたら、目標達成と言えるのではないかと考えました。

授業の流れと教師の発話例

起こす やりとりで 復習しながら	1）既習文型「〜ながら」「〜というN」を使って質問する。 　　T：皆さんは朝ごはんを食べながらテレビを見ますか。 　　　　勉強するとき、何かしながら勉強をしますか。 　　　　箱根という町に行ったことがありますか。 2）教科書p.7のグラマーノートを読んで意味と作り方を復習する。 3）1）でうまく答えられなかった質問があれば、ここでもう一度質問する。
教材内の写真 をヒントに	4）教科書p.3の写真を見せながら質問する。 　　T：これは何というスポーツの写真ですか。選手は何をしていますか。 　　　　駅伝というスポーツを知っていますか。 　　　　箱根駅伝を見たことがありますか。 5）4）で出てきたことば（「（箱根）駅伝」「たすき」など）を板書する。

とり組む **精読** 　音読 　内容確認 　答え合わせ 　範読	1）Lは1人ずつ段落ごとに音読する。Tは発音や漢字の読み方を教える。 2）1段落読んだら内容について質問する。 　　**T：ではお正月に何が行われますか。** 　　　**駅伝はどうやって見られていますか。…** 3）最後の段落まで1）2）を繰り返す。 4）教科書 p.6 の設問Ⅰと Ⅱをクラスで読み、各自答えを記入する。 5）ペアで答え合わせ。 6）クラスで答え合わせ。 7）最後にまとめとして範読する。
つなげる **短文作成**	1）板書を示し、「〜ながら」「〜というN」を使った文作りをする。 　　**T：私（T）はよくコーヒーを飲みながら勉強しています。皆さんはどうですか。** 　　　**書いてください。** 　板書例） 　　　・私は（　　　）ながら、勉強します。 　　　・私の国には（　　　）という＜　　　＞があります。 2）Tは添削しながらクラスを見回り、良い文を書いたLや早く終わった 　　Lを指名して答えを板書してもらう。 3）板書の答えを添削する。

ポイント＆アドバイス

　「起こす」の文型の復習では、教師の質問に対し文で答えてもらい、形や使い方が間違っていたら説明します。説明後にもう一度同じ質問をして、正しく答えられるか確認しましょう。

　写真を使っての語彙導入では「駅伝というスポーツを知っていますか」という質問に対し、知っていたら「どんなスポーツですか」と質問を重ねて知っていることを話してもらいます。知らなかったら写真を見せて「どんなスポーツだと思いますか」と想像させます。教師から一方的に導入するのではなく、やりとりしていく中で本文に出てくる「駅伝」「たすき」「つなぐ」「走る」「応援する」などのことばが出てきたら板書しておきましょう。

　「とり組む」4）では読み書きが遅い人とそうでない人の差が出るかもしれません。もし早く終わってしまった人がいたら、「起こす」5）で板書したことばで文作りをさせるなど、別の課題を与えてもいいでしょう。

　「つなげる」の短文作成で1文丸ごと作るのが難しそうな場合は、板書例のように穴埋め式にすると難易度が下がります。さらにいくつか例文を紹介すると学習者はイメージしやすいようです。

授業例2-2　ざっと要点をつかむ「たすきをつなぐ」／初級後半〜

『Reading Road 多様な日本を読む』「Chapter1 Lesson1 たすきをつなぐ」くろしお出版 →別冊p.4〜8

> **学習目標：** 情報を素早く読み取ることができる。
> 　　　　　　 読んだ内容について意見交換ができる。

 授業の組み立て

　授業例2-1ではすべてを理解できるように段落ごとにじっくり読み進めたのに対し、これはおおまかな要旨を素早く読み取る速読練習を目的とした授業例です。

起こす　設問を使って

「とり組む」段階でつまずいてしまわないように、ここで設問をしっかり理解してもらいます。それだけでなく、設問のことばを使って内容に興味を持たせたり語彙を導入したりしたいと考えました。

とり組む　速読

「とり組む」は速読です。設問の答えを見つける方法で、要点をつかんでいきます。わからないことばがあったら読み飛ばして、とにかく制限時間内に○か×かすべて記入することを目指します。

つなげる　ディスカッション

「とり組む」で集中して読んだ後は、読んだ内容をもとに、好きなスポーツについて自由に話し合う時間にしました。

 授業の流れと教師の発話例

起こす 設問を使って	1）設問1を読みながらことばの意味を確認する。 　　T：1をL1さん読んでください。 　　　　皆さんは箱根駅伝を知っていますか。 　　　　駅伝というのはどんなスポーツですか。 　　　　大学生と高校生が一緒に走るというなら○。大学生だけ、高校生だけで走ります、というなら×です。どうでしょうか。 2）必要に応じて読み方も確認する。 　　T：では、2をL2さん読んでください。42.195kmの「.」は「てん」、「km」は「キロメートル」または「キロ」と言います。駅伝では1人何キロ走るでしょうか。 3）わかりにくい質問は板書で図解する。 　　T：では、5をL3さん読んでください。「おうふく」というのはどういう意味ですか。 　　L3：行きます。そして、帰ります。 　　T：そうですね。（図を描きながら）東京から箱根へ行きます。箱根から東京へ行きます。東京と箱根を往復します。2日間かかります。○ですか。×ですか。読んでみましょう。

板書例）	 東京 ←——————— 箱根 2 日間?
とり組む **速読** やり方説明 答え合わせ	1）指定した時間内に設問 I の正誤問題 1 ～ 5 を解くように指示する。 　　**T：今から×時×分まで時間を取ります。本文を読んで 1 ～ 5 の答えを見つけ** 　　**てください。わからないことばがあったら印をつけておいてください。後** 　　**で説明します。** 2）速読開始。 3）T は指定した時間になったら作業を止める。ペアで答え合わせ。 4）クラスで答え合わせ。L から質問があったら受ける。
つなげる **ディスカッ** **ション** 発表	1）ディスカッションのテーマを板書する。 　　板書例） 　　　1人でするスポーツとチームスポーツと、どちらが好きですか。 　　　それはどうしてですか。 2）ペアで 1）について話し合う。 3）クラスで発表する。

ポイント＆アドバイス

　設問に〇か×かで答える正誤問題は、本文中の表現が盛り込まれており、内容が凝縮されているので、要点をつかむのに役立ちます。1問ずつ読みながら、語彙の意味や読み方、設問の意味を確認しましょう。どういう場合は〇で、どういう場合は×なのか例を示すと答えやすくなります。1～5の答えが見つかればいいので、その他にわからないことばがあっても気にしないで時間内に答えを探すように促します。答え合わせでは「〇ですか。×ですか」「それはどうしてですか」というように、答えを選んだ理由まで言ってもらいます。「〇ページの〇×行目に～と書いてあるからです」など、きちんとした文で答えてもらいましょう。

　「つなげる」では教科書p.6の設問 II -3をそのまま話し合いのテーマにしました。クラスで発表する際は「私たちは2人とも～を選びました。理由は…からです」「私は～が好きですが、〇〇さんは…が好きだそうです。理由は…」というように、発表する型を板書などで示しておくと、発表者は報告しやすくなります。

授業例3-1　アウトプットにも時間をかける「もったいない」／初級後半〜

『Reading Road 多様な日本を読む』「Chapter 2 Lesson1 もったいない」くろしお出版 →別冊p.9〜13

> **学習目標：**本文で学んだことをアウトプット（話す・書く）に活用できるようになる。

授業の組み立て

「起こす」「とり組む」にペアワークを取り入れるなどして、読むだけでなくアウトプットにも時間をかけた授業例です。

起こす　語彙リストを使って

読むために必要な最低限の語彙を選んでみたところ、普段の会話でも使えそうな語彙が多かったので、運用練習まで行うことにしました。

とり組む　精読（音読→内容確認→ペアワーク）

いつも教師から学習者に向けて質問をしているので、今回は内容確認の質問を各自で考え、ペアで質問し合うことにしました。質問を考えることが本文の理解につながるはずです。「起こす」でたくさん話し合っているので、その流れで円滑にペアワークが進むのではないかと考えました。

つなげる　設問・短文作成

本文のまとめとして設問を解くと同時に、学習したことばで短文作りをしてもらうことにしました。「起こす」「とり組む」で使ったことばを書きとめることで、記憶に残るのではないかと考えたからです。

授業の流れと教師の発話例

用意するもの　・まとめシート

起こす **語彙リストを使って**	1）語彙リストの中からいくつか選び、そのことばを使った質問文を板書する。 板書例） もったいない　捨てる　とっておく　地球の資源　ペットボトル Q1　どんなとき、もったいないと思いますか。 Q2　あなたはどちらですか。 　　　A なんでもすぐに捨てる／B なんでもとっておく Q3　地球の資源……例えばどんなものですか。 Q4　あなたの部屋にペットボトルがありますか。 　　　何のペットボトルですか。 2）板書のことばを見ながらLとやりとりし、ことばの使い方を紹介する。 　　T：「捨てる」。何を？　　L：ゴミ。ペットボトル。いらないもの。 　　T：文でお願いします。ゴミを……？　　L2：ゴミを捨てます。
ペアワーク	3）質問文を見ながらペアで質問し合う。 　　T：ペアになってください。Q1〜4を質問しましょう。 4）クラスで発表する。

	5）語彙リストを確認する。 　T：教科書の語彙リストを見てください。Q1〜4のことばに〇をつけてください。 　他に、知っていることばがあったら✓をしてください。
とり組む **精読** 　音読 　内容確認 　ペアワーク 　発表	1）本文を1、2文ずつ音読する。 2）Lはわからないことばや表現があれば質問する。 3）内容確認する。 　T：（最初の1文について）「子どものころ」の「ころ」というのはどういう意 　味ですか。／「私」「祖母」というのは誰のことですか。／おばあさんは「私」 　が鉛筆を捨てたとき、何と言いましたか。それはどうしてですか。 4）1）〜3）を繰り返す。 5）全部読み終わったら、ペア（またはグループ）になる。 6）1人が本文について3つ質問し、相手（グループの場合は残りの人）は 　本文を読んで答える。終わったら交代する。 7）クラスで発表する。L1が他のLを指名して、質問に答えてもらう。
つなげる **設問・** **短文作成** 　答え合わせ	1）まとめシートに記入してもらう。 　シート例） 　┌─────────────────────────┐ 　│①設問Ⅰ、Ⅱに答えなさい。　　　　　　　　　　│ 　│②次のことばを使って文を作りなさい。　　　　　│ 　│「もったいない」「とっておく」「ペットボトル」　　│ 　└─────────────────────────┘ 2）クラスを見回り、早く終わったLを指名して②の答えを板書してもらう。 3）①の答え合わせ。②はTが板書の答えを添削する。他のLにもどんな 　文を書いたか口頭で発表してもらう。

 ## ポイント＆アドバイス

　読む前に語彙リストから選んでおいたことばと質問文を板書しておきます。板書している間、学習者にはその中でわからないことばがあったら調べておくように伝えます。「起こす」3）ではペアワークを行いました。運用練習に時間を割きたい、割ける場合はペアで、読む時間を多く取りたい場合は教師が質問する形で行います。「起こす」5）ではそれぞれ知っていることばに印をつけてもらいます。読解中、印のないことばは語彙表に頼ってもいいですが、まずは頼らずに文脈から推測しながら読むように促しましょう。

　全部読み終わったら、学習者同士で内容確認の質問をします。質問を作るという作業は慣れないとなかなか難しいものです。ペアワークの前に質問文を考える時間を取ってもいいでしょう。ペアワーク中、教師は教室を回りながらクラス発表で誰に質問を投げてもらうか考えておきます。

　まとめシートの短文作りのお題を選ぶ際には汎用性の高いことばを選びます。「ペットボトル」ということばはカタカナ対策として入れました。「もったいない」という1語に絞り、次のような構成でミニ作文を書く方法もあります。他技能の授業に発展させてじっくり扱ってもいいでしょう。

ミニ作文構成案）　1（自分の意見）私は〜がもったいないと思う。
　　　　　　　　　2（具体例）例えば……
　　　　　　　　　3（どうしたらいい？）〜たらいいと思う。／〜なければならないと思う。

授業例3-2　速読から深読みまで「もったいない」　/ 初中級

『Reading Road 多様な日本を読む』「Chapter 2 Lesson1 もったいない」くろしお出版 →別冊p.9〜13

> **学習目標：**本文の内容を素早く読み取ることができる。
> 　　　　　　登場人物の心情を推測しながら読めるようになる。

 授業の組み立て

　授業例3-1はアウトプットに力を入れていましたが、これは速読練習に精読も加えた授業例です。さらに、登場人物について深く考えるタスクを設け、さまざまな読み方を試みています。

起こす　**既存のプレタスクを使って／タイトルを使って**

　この教材には関連知識を呼び起こしたり内容を予測したりするためのプレタスクがついています。1人で読み進めるには内容に興味を持ってもらうことが不可欠と考えました。そこで、「起こす」ではプレタスクとタイトルを使って発話する機会をたくさん作り、興味を持つきっかけ作りをしたいと考えました。

とり組む　**速読／精読（音読→内容確認）**

　ざっくり大意を取る練習をしたいのですが、本文には確認したい文法や覚えてほしい語彙が入っていたので、速読練習の後ゆっくり読む練習を入れることにしました。

つなげる　**インタビュー**

　さらに本文の理解を深めるため登場人物を想定してインタビューを行うことにしました。さまざまな視点から本文を読み込むことができ、また理解した内容を発話する機会が作れると考えました。

 授業の流れと教師の発話例

起こす 既存の プレタスクを 使って	1）教科書 p.27 のプレタスクの写真やコメントについて質問する。 　T：この人が誰か知っていますか。 　　　このマークの意味を知っていますか。 　　　（マータイのコメントを読んで）「何かをかえようとしたら……」この「何か」 　　　とは例えばどんなことだと思いますか。 　　　（ウッディのコメントを読んで）ウッディが「すごい」と思ったのはどうし 　　　てだと思いますか。 　　　（さくらのコメントを読んで）3R の「R」の意味を知っていますか。 2）答えの中で、その後の読解に使えそうなことばは板書しておく。
タイトルを 使って	3）タイトル「もったいない」を板書する。 4）タイトルから質問する。 　T：「もったいない」ということばを聞いたことがありますか。 　　　「もったいない」というのはどんな意味ですか。 　　　例えば、どんなとき「もったいない」と思いますか。 5）答えの中で、その後の読解に使えそうなことばは板書しておく。

とり組む **速読** 　やり方説明 　答え合わせ	1）設問Ⅰを解くように指示する。時間を指定して、Lは速読開始。 　　T：今から×時×分まで時間を取ります。本文を読んで問題の答えを見つけて 　　　　ください。後でもう一度ゆっくり読みますから、わからないことばがあった 　　　　ら印をつけておいてください。後で説明します。 2）ペアで答え合わせ。 3）クラスで答え合わせ。 　　T：（設問Ⅰの1について）L1さん、1番は〇ですか、×ですか。どうして×で 　　　　すか。鉛筆を捨てたのは誰ですか。どこに書いてありましたか。
精読 　音読 　内容確認 　答え合わせ	4）段落ごとに音読する。 5）わからないことがあればLに質問してもらう。 6）Tが口頭でその段落について簡単に内容確認をする。Lから質問がなけ 　　れば次に進む。 　　T：（最初の段落について）「私」はどんな鉛筆を捨てましたか。 　　　　「祖母」というのは誰のことですか。 　　　　短くなった鉛筆の他に、おばあさんはどんなものをとっておきましたか。 7）Lは設問Ⅱを読んで、答えを書く。 8）クラスで答え合わせ。
つなげる **インタビュー**	〈ペアの場合〉 1）ペアになり、1人がマータイさん役、1人はインタビュアー役になる。 2）インタビュアーは、マータイさんにインタビューする。マータイさん 　　役の学習者は、マータイさんになりきってインタビューに答える。 3）役を交代して行う。 4）インタビュー結果をクラスで報告し合う。 〈3人1組の場合〉 1）3人グループになり、マータイさん役、祖母役、現代の日本人役を決める。 2）まず、マータイさん役に他の2人がインタビューする（2〜3分）。 3）2）と同様に、時間を区切って祖母役、現代の日本人役にインタビューす 　　る。 4）インタビュー結果をクラスで報告し合う。

 ポイント＆アドバイス

　さまざまな読み方を試みるため授業例3-1より難易度が上がると判断し、同じ教材ですがこちらは初中級の授業例として紹介しました。

　このプレタスクを行う際は、学習者からどんな答えが出るか想像しながら質問のしかたを考えておきます。「つなげる」のインタビューは、さまざまな視点から本文を読み込む練習でもあります。マータイさん役には「ノーベル賞をもらったとき、どんな気持ちでしたか」、祖母役には「今の日本人をどう思いますか」など、登場人物を想像しながらさまざまな質問をしていきます。教師がインタビュアーとなって例を見せてから始めてもいいと思います。答える側の人には、役になりきって答えてもらいましょう。質問は敬語でするというルールを加えれば敬語の練習にもなります。

授業例4-1　自分のペースで読み進める「今度行くならこんなとこ！」 初中級

『できる日本語準拠 たのしい読みもの55 初級＆初中級』「第1部 日本で暮らす26 今度行くならこんなとこ！」アルク →別冊p.14〜17

学習目標: 自分のペースで読み進め、その内容の一部を他者に紹介できるようになる。

 授業の組み立て

この教材は4つの地域のどこから読んでも支障がない作りになっています。そこで、好きなところから、自分のペースで読み進める時間にしました。

起こす **他の素材を使って**
日本の観光地について興味を持っている学習者が多いので、日本を紹介する実際の写真やパンフレットを見せることで動機づけができると考えました。

とり組む **多読の要素を使って**
読むスピードに差があるクラスなので、興味のある項目から読み進めることにしました。1項目読んだらコメントシートに記入していきます。

つなげる **振り返りシート**
自分が読んだ項目の中から一番興味を持った項目について発表してもらいます。このレベルのうちから、読んだ内容を他者に伝える練習に慣れておいてほしいと考えたからです。クラスメートの発表を聞いて、自分が読めなかった項目に興味を持ってくれるのではないかという期待もあります。

 授業の流れと教師の発話例

用意するもの　・国内旅行のチラシやパンフレット　・コメントシート　・振り返りシート

起こす 他の素材を 使って	1）国内旅行のチラシやパンフレットを見ながら、旅行についての話を深める。 　T:（教科書 p.50 の地図を指しながら）この中で、どこか行ったことがありますか。ここからどのぐらいかかりますか。何で行きましたか。 　（チラシやパンフレットを見せながら）日本の観光地でどこが有名だと思いますか。そこは何で有名ですか（名所、行事、料理など）。 2）本文に出てくる4つの地域名を板書し、そこについて知っている情報があれば教えてもらう。
とり組む 多読の要素を 使って やり方説明	1）本文の12の小見出しを板書する。 2）読み方のルールを説明する。 　・好きなトピックから読み始めること 　・指定した時間内に読めるだけ読むこと。全部読むのが理想だが、自分のペースで読み進めてかまわない 　・読んだらコメントシートに記入すること 　・読んだ後で興味を持った話を1つ選んで発表すること 　T:全部読まなくてもいいです。好きなトピックから読んでください。食べ物が好きな人は食べ物のトピックから読んでもいいです。写真を見て、行きたい

	と思った所から読んでもいいです。 T：（コメントシートを示しながら）1つ読んだらここにメモしてください。話を読んで、内容に興味を持ちましたか。それはどうしてですか。そして、話の中で新しく覚えたことばがあったらここに書いてください。長い文を書かなくてもいいです。面白いと思ったこと、印象に残ったキーワードをメモしておいてください。 T：読んだ後で、一番興味を持った話について1つ発表してください。 3）Lは小見出し1つを読んだらコメントシート（1）に記入する。
つなげる 振り返り シート	1）Lはコメントシート（2）の部分を書く。 2）一番興味を持った項目について発表する。 　　T：どの話が一番面白かったですか。発表してください。

☝ ポイント＆アドバイス

　まずは日本地図を見て国内全体の話、そして本文にある4つの地域の話について話を絞っていきます。学習者が読んでいる間、教師は教室を回って質問を適宜受けます。読むのが遅い学習者は全部読めなくてもかまいません。早く読み終わった学習者には、別の課題を考えておくといいでしょう。例えば、「起こす」で見せたパンフレットを渡して別の地域についてコメントをまとめさせたり、自分が一番興味を持った項目について長めに作文を書いてもらったりするなど、その場にあるものを広げていく方法があります。最後の発表は、ひな型を板書しておくと、話を簡潔にまとめるヒントとなります。

板書例）

> 私が一番興味を持ったのは、＿＿＿＿＿＿＿。
> （どうして？→）＿＿＿＿＿＿＿からです。
> 覚えたことばは＿＿＿＿＿です。以上です。

コメントシート例）
（1）読んだら書きましょう。

				どうして？	覚えたことば
秋田	竿灯まつり	（興味を）持った　まあまあ　あまり…			
	かまくら祭り	（興味を）持った　まあまあ　あまり…			
	白神山地	（興味を）持った　まあまあ　あまり…			
	横手やきそば	（興味を）持った　まあまあ　あまり…			
金沢					

（2）授業の最後に書きましょう。
　・一番興味があった話はどれですか。
　・たくさん読めましたか。　　読めた　　まあまあ　　読めなかった
　　　　　　　　　　　　　　　それはどうして？
　・難しかったですか。　　　　やさしかった　　まあまあ　　難しかった
　　　　　　　　　　　　　　　それはどうして？

授業例4-2　仲間と一緒に読み進める「今度行くならこんなとこ！」　初中級

『できる日本語準拠 たのしい読みもの55 初級＆初中級』「第Ⅰ部 日本で暮らす26 今度行くならこんなとこ！」アルク →別冊p.14〜17

> **学習目標：**自分の読んだものを相手に説明できる。
> 　　　　　本文の構成を参考に自分の行きたいところを紹介できる。

 授業の組み立て

　授業例4-1では各自好きなペースで読む授業でしたが、これはクラスメートと力を合わせて1つの読み物を読み解いていく方法です。

起こす　**タイトルを使って**
　くだけた言い方のタイトルが学習者の興味を引くのではないかと思い、タイトルから話を膨らませていくことにしました。

とり組む　**仲間と読む（ジグソー・リーディング）／精読**
　長文に慣れていないクラスだったので、4つの地域のどこから読んでも支障がないこの教材の特性を生かし、本文を5つに分けてジグソー・リーディングを行うことにしました。その後全体で精読することで、細かな部分を読み取っていきたいと考えました。

つなげる　**プレゼンテーション**
　各地域の説明を読んだので、同じように他の地域を紹介する活動ができるのではないかと考えました。

 授業の流れと教師の発話例

用意するもの　・本文シート（本文をA秋田①・B秋田②・C金沢・D高松・E鹿児島に切り分けたもの）
　　　　　　　・タスクシート→別冊p.53

起こす **タイトルを使って**	1）タイトル「今度行くならこんなとこ！」を板書する。 2）タイトルを踏まえて質問する。 　　T：「とこ」とはどんな意味ですか。 　　　今度行くなら「どんなとこ」がいいですか。 　　　日本国内ならどこがいいと思いますか。そこで何がしたいですか。
とり組む **仲間と読む** **（ジグソー・** **リーディング）** やり方説明	1）タスクシートを配布する。 2）読み物のテーマを紹介し、それがA〜E（秋田①・秋田②・金沢・高松・鹿児島）の5つに分けられていることを説明する。 3）クラスをABCDEの5グループに分け、AグループにはAの本文シート、BCDEグループにもそれぞれの本文シートを配る。 4）グループごとにわからないことは相談しながら、決められた本文シートを読み、タスクシートを埋めるように指示する。 　　T：Aグループはаの文を読みます。漢字の読み方、意味がわからなかったら、グループの人に聞いてください。グループの人もわからなかったら私（T）に聞いてください。

	後でグループをチェンジします。（Ａのシートを見せながらＡグループのＬに）皆さんはＡの文の先生になります。Ａについて全部わかるようにしておいてください。
	5）読み終わったら全員立って、他のグループの人とペアになる。お互いに自分が読んできた部分を説明し、タスクシートがすべて埋まったら着席する。 Ｔ：立ってください。他のグループの人を探して、ペアになってください。そして、質問の答えを聞いて、書いてください。４つのグループの人に話を聞けたら、座ってください。
精読	6）クラスでタスクシートの答え合わせをしながら教科書の全文を精読（5つに区切って音読しながら答え合わせ→シート以外の内容確認）。
つなげる **プレゼンテーション**	1）Ｌは本文を読んで、4つの地域についてどんな情報が書かれていたか確認する。ＴはＬから出てきたトピックを板書する。 板書例） ・季節の行事　　・観光地　　　　・ツアー ・祭り　　　　　・ご当地グルメ　・特産品 2）4つの地域の中で行ってみたいところ、他の地域でも行ってよかったところなどをクラスで話し合う。 3）日本国内の観光地を1つ選んでその地域の情報を調べ、クラスメートが行きたくなるようなプレゼンを各自で考える。
発表	4）クラスで発表する。

ポイント＆アドバイス

　読む前のやりとりの中で「観光地」「伝統文化」「温泉」「景色」などのことばが出てきたら板書しておきます。読み物を切り分ける際、この授業例では少し長い秋田の部分を2つに分け、全部で5つに分けました。分け方に決まりはありません。シートによって難易度に差をつけ、長めで新出語彙の多い段落をよく読める学習者、短めで負担の少ない段落をそうでない学習者に分担させてもいいでしょう。別冊p.53のタスクシート例で高松だけ正誤問題になっているのもそのシートだけ難易度を下げたためです。

　ジグソー・リーディングはどれか1つでも情報が欠けると完成しないので、学習者は普段よりも集中して読み込みます。他者に内容を説明しなければならないということは、読むモチベーションをあげるようです。他の人に説明に行くとき、本文シートを持って行って本文をそのまま読み上げてしまう学習者がいます。切り分けたシートは、やりとりの前に回収してしまってもいいでしょう。タスクシートも見せ合わないで口頭で質問するように指示します。また、「とり組む」6）は音読の代わりに付属の音声を活用してもいいと思います。「つなげる」は国内限定にしましたが、自分の国や出身地を紹介するなど、クラスに合わせてテーマを広げてみましょう。時間が割けない場合は発表のひな型を決めて、その場で調べたことを簡潔に発表してもらいます。今回は個々での発表としましたが、グループで1つ地域を選んで発表してもいいです。時間があったら、プレゼンテーションソフトを使ってプレゼン資料の作成に発展させてもいいでしょう。

授業例5　1文から内容を予測する「大根を半分」 　中上級〜

『中上級学習者向け日本語教材 日本文化を読む』「7 大根を半分 沢木耕太郎」アルク →別冊p.18〜23

> **学習目標：** 1文を深く読み取れるようになる。
> 　　　　　　本文の内容を理解し、自分に置き換えて考えられるようになる。

 授業の組み立て

　全体像がざっくり把握できればOKという読み方とは対照的に、1文を切り取って話者の人物像や全体を想像して行く方法です。1文についてじっくり話し合った後、実際はどうなのか読んで検証していきます。

起こす **本文の一部を使って**
　登場人物の様子が想像しやすいセリフがあったので、それを切り取り、どんな人物がどんな状況で発したことばなのか、想像を膨らませてから読み始めることにしました。

とり組む **精読（音声→音読→内容確認）**
　話の流れをできるだけ止めないように、例を挙げたり例文を作らせたりして話がそれてしまう恐れのある語彙表現の確認は後にして、内容の確認と分けて行うことにしました。

つなげる **内容についての作文**
　「老人の一人暮らし」というテーマは自分のこととしてもとらえやすいと思ったので「つなげる」では自分に置き換えて考える時間を作りました。

 授業の流れと教師の発話例

起こす **本文の一部を 使って**	1）本文中の1文「これ、もらっていただけませんか」を板書する。 2）上記の1文をかみ砕いていく。 　　**T：** 誰に向けて、どんな状況で言ったことばだと思いますか。 　　　「いただけませんか」は敬語だから、相手は目上の人かもしれませんね。 　　　例えば、どんな人だと思いますか。…… 3）会話の状況設定を明かす。 　　**T：** これは、バスの中で1人のおばあさんが隣に座っている若い母親に言ったことばです。 4）登場人物を整理する。 　　**T：** 本文には、おばあさんと若い母親、その娘、そしておばあさんと若い母親の話を聞いている「彼」が出てきます。 5）疑問点を整理する。 　　**T：** この文のタイトルは何ですか。 　　　おばあさんは母親にバスの中で大根を半分あげようとします。その時に言ったのがこのことばです。 　　**T：** どうしてバスの中で初めて会った人に大根……なのでしょう？
とり組む	＊I〜IIIに分けて、1）〜5）を行う。

精読	（Ⅰ：最初〜 p.33 10 行目／Ⅱ：〜p.35 7 行目／Ⅲ：〜最後）
音声	1）音声を聞く。わからないことばをチェックする。
音読	2）少しずつ区切って音読。セリフが続く部分は若い母親役、老女役、地の文を読む役と分担して読む。セリフの文は気持ちを想像して読むように指示する。 T：（若い母親の）「いえ、でも……」はどんな感じで言ったと思いますか。……
内容確認	3）Tは本文下の設問、語彙リストを参考に、内容、文法・語彙表現についての質問をする。 T：「夕方というには少し間がある時刻」とは何時ごろだと思いますか。…… 4）状況設定や表情などは実際に動いてみるか、板書で図解する。 T：「席を立っても相手が素直に座ってくれずバツの悪い思いをする」はどんな状況ですか。ちょっとやってみましょう。 　　例えば、ここはバスの中です。L1〜L3 さんはバスで座っています（席に座わらせる）。L1 さんは親切な人役をお願いします。L1 さんも座っていました。そこに老人（T）がバスに乗ってきました。L1 さん、どうしますか。（TはL1の前に立つ。L1が席を譲る）。（Tは老人風の声で）大丈夫ですよ。（と言ってかたくなに席を拒否して見せる）。L1 さん、どんな気持ちですか。老人に席を譲らなかった L2、L3 さんはどんな気持ちですか（と演じて見せる）。 5）わからないことがあれば、Lから質問を受ける。覚えてほしい語彙表現は、Tから例を挙げて提示する。
つなげる 内容についての作文	1）本文の「彼」は母親に対してどう思っているのか。数人に挙げてもらう。 2）老人の一人暮らしについて、2つの視点から考え、グループで話し合う。 板書例） ・もし自分が老人で一人暮らしすることになったら ・もし自分の親が一人暮らしすることになったら 3）2）の意見を踏まえ、それについての感想や自分の意見を作文に書く。

 ## ポイント＆アドバイス

　同じ状況でも「これ、もらってくれない？」と「これ、もらっていただけませんか」では相手との関係性が異なるのがわかります。初対面とはいえ若い母親に対しても敬語を使うおばあさん。このひと言でそんなおばあさんの人柄まで想像できるでしょう。ここは1文からでもさまざまなことが想像できるという楽しさに気付いてもらいたいところです。状況設定を少しずつ紹介しながら、セリフについての質問を重ねていくといいでしょう。

　音読は段落ごとに行うようにしましたが、セリフの部分は配役を決めてもいいと思います。「おばあさんの声でお願いします」『うれしそうに言った』ですよ。うれしそうに言ってください」というように、役になりきって読むように促しましょう。「とり組む」4）では実際に動く例を載せました。セリフに感情を込めたり実際に動いたりすることで、心情描写の読み取りが苦手な学習者にとって想像しやすい状況を作ります。バスの座席などを板書で図解し、状況を説明してもいいでしょう。

　「つなげる」は「彼」の状況を自分に置き換えて書く作文にしました。家庭環境が複雑な学習者もいますので、配慮しながら設定しましょう。

授業例6 要約と予測を繰り返しながら読む「隣人訴訟事件」 上級

『中上級学習者向け日本語教材 日本文化を読む』「8 隣人訴訟事件 後藤昭」アルク →別冊p.24〜27

> **学習目標：** 筆者の主張を考えながら読み進めることができる。
> 段落ごとに内容をまとめることができる。

 授業の組み立て

少しずつ要約しながら進めていく読み方です。途中で話し合いの場を設け、前半のまとめと後半の展開予測を行います。

起こす **キーワードを使って／板書を活用して**
裁判用語は難しいので、最初に裁判について知っていることを挙げてもらった後、本文に出てくる用語を板書で説明しておくことにしました。

とり組む **精読Ⅰ（黙読→音読→内容確認→要約）／展開予測**
／精読Ⅱ（音読→内容確認→要約）
「事件→裁判→その後の展開→筆者の主張」という話の流れを整理しながら読み進めます。筆者の主張に入る前に学習者とも話し合いを持ちたいと考え、精読を前半後半に分けて行うことにしました。

つなげる **感想文**
筆者の主張や匿名の嫌がらせについてそれぞれ考えることがあると思ったので最後は感想文にしました。

 授業の流れと教師の発話例

起こす **キーワードを使って**	1)「裁判」についてイメージを膨らませてもらう。 　T：「裁判」と聞いて何をイメージしますか。　どんな人が裁判を受けますか。…… 　　　今日はある事件の裁判についての話です。 　　　読む前に、少し裁判のことばを整理しておきましょう。
板書を活用して	2) 教科書 p.41 枠内の「被告」「原告」「損害賠償」「控訴」「訴えの取り下げ」 「裁判を受ける権利」などのことばを図を交えて板書し、説明する。 板書例） 　　　訴えを起こす　　被告 ☼ 原告 　　　　　　　　　　　　　↓ 　　　　　　　　　　　裁判所 　　　第一審 → 判決　損害賠償 　　　控訴する
とり組む **精読Ⅰ** 黙読／音読	（Ⅰ：最初〜 p.40 2行目／Ⅱ：〜最後） 1) Ⅰを黙読。わからないところは各自Tに質問する。 2) 少しずつ区切って音読する。

内容確認 要約	3）Ｔは段落ごとに内容について質問する（設問を使用）。 4）段落ごとに要約する。 　　Ｔ：この段落の内容を要約してください。何が起きたか短くまとめてください。 　　Ｔ：（第一段落の場合）Ａさんは何をして、その結果どうなりましたか。 　　　「親しい」「頼む」ということばを使って説明してみましょう。 　　Ｔ：（第二段落の場合）Ａさん夫婦は何をして、その結果どうなりましたか。 　　　「損害賠償の訴え」「判決」ということばで説明してみましょう。
展開予測	5）グループで話し合う。 　　・Ｉの内容（事件のあらすじ）についてどう思ったか。 　　・筆者がこの事件から一番言いたいことは何だと思うか。 6）話し合った内容を発表。発表した内容は板書して残しておく。
精読Ⅱ 　黙読／音読 　内容確認 　要約	7）Ⅱを黙読。わからないところは各自Ｔに質問する。 8）少しずつ区切って音読する。 9）Ｔは段落ごとに内容について質問する（設問を使用）。 10）段落ごとに要約する。
つなげる 感想文	1）筆者の一番言いたいことは何だったのか質問する。 2）1）についてどう思うか、感想を書く。

ポイント＆アドバイス

　裁判のしくみがわからないと関連することばを理解するのは難しいので、図で説明します。板書を残しておけば、本文中の裁判の流れを説明する際にも使うことができます。

　本文には、友達の子どもを預かりながら死なせてしまったＢ夫婦、Ｂ夫婦を訴えるＡ夫婦、Ｂ夫婦に損害賠償の支払いを命じる裁判所、Ａ夫婦を非難する人たちなど、多くの人物が登場しました。登場人物が多くて混乱しそうな場合は、学習者が登場人物になりきって本文の内容を演じてみるというのも１つの方法です。教師は「はい、Ａ夫婦、裁判所に行ってください」と指示を出し、「Ａ夫婦は裁判所にどんなことを言うと思いますか」「裁判の結果はどうなると思いますか」と先を推測させたり、「Ｂ子は今、どんな気持ち？」と本文にはない登場人物の気持ちを推測させたりします。

　本文の前半はある事件の概要、後半はそれに対する筆者の主張が書かれています。後半に入る前に、筆者の主張を推測する時間を設けます。後半を読む動機づけになりますし、筆者の主張について感想を書く際の材料にもなります。要約に慣れないうちは、「とり組む」4）のようにキーワードや主語を示してどんなことばを使って誰の視点で言えばいいのかヒントを出します。最近はＳＮＳなどで匿名による誹謗中傷が取りざたされています。本文の例だけでなく、「匿名の嫌がらせ」というテーマから身近な問題に置き換えて作文を書いてもいいでしょう。

もっと！　読解

教科書以外の素材に挑戦

　難易度がはかりにくい生教材は、はじめは扱いにくいかもしれません。何がわかって何がわからないのか、学習者のだいたいのレベルが把握できたら、ぜひさまざまな生教材を使って授業をしてみてください。教科書はその性質上普遍的なテーマを取り上げていますが、学習者が情報として知りたいのは、日本の今現在の話や学習者が日ごろ興味や関心を持っていることについてです。新聞やネットニュースの見出しなら、初級でも使えるものがたくさんあります。学習者のニーズに合わせて授業に持ち込んでみましょう。

　電子書籍も活用したい素材です。青空文庫（https://www.aozora.gr.jp/）には、著作権の消滅した作品や著作権者が許可した作品が電子化してそろえられており、そこからダウンロードして利用することができます。

　読解に使えるものは読み物だけではありません。歌の歌詞や俳句などは日本語のリズムや文化的な背景を知る上でも使える素材です。漫画やアニメ、ゲームをきっかけに日本語に興味を持つ人も増えました。これらの一部を学習素材として取り入れてみるのもいいでしょう。詳しい学習者に概要を説明してもらうのもいいですね。

第3章

会話授業の作り方

「うまく話せるようになりたい」という学習者の願いをサポートできるのは会話授業です。相手との1対1の会話から、スピーチ、プレゼンテーションまで含めた、会話の授業を活性化する組み立て方を見ていきましょう。

「会話」とは

　「ペラペラ話せるようになりたい」「日本人¹みたいに話せるようになりたい」―４技能の中でも特に会話の上達を願う学習者は多いのではないでしょうか。

　「会話」とは、聞き手と話し手の双方が口頭でやりとりする行為です。簡単なあいさつや自己紹介に始まり、誰に聞いても答えが同じになるような内容から、何か１つの話題について深く意見を交わし、人によって答えが分かれる正解のない内容もあります。いずれにしても、相手の発話を理解してそれに反応する、その繰り返しで会話は成り立っているわけです。

　ここで扱う「会話の授業」は、そういった相互的な「会話」に限らず、口頭で何かを伝えるという「話す」行為全般の向上を目指して行われます。例えば、1人で不特定多数に向けて行うスピーチやプレゼンテーション、文字や文章が読めない人にその内容を口頭で説明したり、外国語を通訳したりするという行為がそれにあたります。

　話せるようになるために必要なのは、文法的な正しさばかりではありません。私たちは普段からいろいろなことに気を付けて話しているはずです。聞き手にきちんと聞こえているか、聞き取りやすいか、伝えたい情報を正しく、わかりやすく伝えられているか、発言や態度によって聞き手に失礼な印象を与えていないか―それらも考慮してはじめて「日本語ペラペラ」への道は開けてくるように思います。

　では、私たちはどんな会話授業を展開すればよいのでしょうか。

会話授業で何を学ぶのか

　口頭でやりとりする力を育てるために、私たちが行う会話授業の目的は大きく分けて次の3つです。

目的1　正しく伝える力を身に付ける

　文型やことばの正確さは作文授業でも求められます。それに加え、口頭で伝える会話の中で欠かせないのが発音の正確さです。会話の授業では、正しく伝わる発音を目指して指導していきます。日々トレーニングするために発音指導用の教材やシャドーイング教材を使うことも1つの方法ですが、発音に特化した授業でなくても、教師は学習者の発話をよく聞いて、適宜指導していく必要があります。1音1音正確に発音することも大切ですし、会話中はイントネーション1つで意味が変わることにも気を配る必要があります。例えば「そうですか」はいろいろな状況で使える便利なことばですが、安心したという気持ちで言うとき、悲しい気持ちで言うときなど、状況によってその言い方はかなり違うはずです。

　意図せずに違った意味にとられて思わぬ誤解を生まないように、文法的な間違いだけでなく、こういったイントネーションにも耳を傾けて適宜指導しましょう。

---

1 この「日本人」は日本語母語話者を意味しています。

目的2 相手の発話に対応する瞬発力を身に付ける

　会話はキャッチボールと同じで、話すことと聞くことが両方できないと成立しません。相手の話を理解したら、それに対する自分の意見をまとめて反応する。想定外の答えがきたら、自分の聞きたい情報が得られるようにアプローチを変えてもう一度発話する。会話授業ではその繰り返しができるようになることを目指します。

　教科書に載っている定型会話にはセリフが書かれているので、自分が言った後に相手がどう反応するかすべてわかります。しかし、実際の会話の中ではそのように流れが決まっていることはなく、どこにボールが飛んでくるのかわからないものです。教科書の会話例を覚えることも大切ですが、そこで終わらせず、相手から何が出てくるかわからない会話の状況も練習していきましょう。

目的3 使い分けを身に付ける

■関係性による使い分け

　役割によって変わることば、やわらかい表現と硬い表現の違いなど、私たちは立場や状況によってより細かくことばを使い分けています。一方で、特に漢字圏の学習者は会話にはあまり使われない漢字熟語を多用する傾向があります。また、独学してきた学習者がフランクな日本語しか知らず、初級で学習する「デス・マス体」を知らなかったということもありました。偏った日本語では、意図していることが伝わりにくく、誤解が生じてしまう可能性があります。さまざまな使い分けができるようになれば、日本語でのコミュニケーションが円滑に、そして楽しいものになります。

　一般的な初級の教科書では、「食べます」「おいしいです」という丁寧形を学習してから「食べる」「おいしい」という普通形を、そして初級後半になって敬語（尊敬語・謙譲語）を学習します。親しい関係では普通体、初対面や目上の人とは敬語を使って丁寧体というように、関係性によって使い分けることを学んでいきます。

　さらに、初級の後半では「忘れちゃった」「勉強しなくちゃ」「雨、降ってる？」などの親しい人たちとの間で使う短縮形を学習します。年上には絶対に敬語を使うという国もありますが、日本語は年齢よりも同じグループかそうでないかというウチの関係とソトの関係を重んじる傾向があります。誰に、どんな状況で使うかを会話授業で学んでいきます。

■書き言葉との使い分け
　例1）　あの人は歌手だ。しかし、あまり上手ではない。
　例2）　朝食中に地震が発生した。／朝ごはんを食べているときに、地震が起きた。

　例1の「しかし」や「〜ではない」は書き言葉です。日常会話の中では「でも」や「〜じゃない」が使われるのではないでしょうか。例2はどうでしょう。「朝食」や「発生」のような漢字熟語は、漢字を見れば意味がわかりやすいのですが、日本語には同音異義語が多いこともあり、音だけでは伝わりにくい場合があります。後者のほうが話し言葉としてわかりやすいのではないでしょうか。

　会話授業では、ロールプレイやドラマ作りによってTPOに合わせた使い分けができるようになることを目指します。

会話の種類とレベル

■会話の種類

　初級のうちは文型シラバスにのっとって、教科書の会話例をもとに会話授業を行うことが多いのではないかと思います(→授業例1-1、1-2)。他にも、主に次のようなものが会話授業で扱われます。それぞれの特徴と「とり組む」上での注意点は「とり組む(p.75)」で紹介します。

- ・文型シラバスにのっとった初級会話
- ・インフォメーションギャップを使った会話
- ・ディベート的な話し合い
- ・インタビュー

- ・ロールプレイ
- ・ディスカッション
- ・スピーチ・プレゼンテーション

■会話のレベル

	易 →→→ 難			
長さ	決まり文句【あいさつ】 →	簡単なやりとり【文】 →	まとまりのある会話【段落】 →	説得力のある会話
内容	日常的で身近	→	多岐にわたる	
スピード	ゆっくり	→	流暢　・　自然	
文体	デス・マス体 →	友達ことば →	敬語に反応できる →	臨機応変に使い分けられる

　会話授業では、まずあいさつなどの決まり文句に始まり、既習の語彙・文型を使った簡単なやりとりを扱います。話題は学習者にとって日常的で身近なものを扱い、反論されたり詳細を語ったりすることはありません。話すスピードはゆっくりで、文体はデス・マス体で統一されています。

　レベルがあがるにつれてやりとりする文が長くなり、最終的には段落を持って接続詞を駆使して一人語りができるようになることを目指します。より具体的に正確に、根拠をもって意見を述べたり、反論や説得をしたりします。どんな分野でも何らかの反応ができるように、扱う話題は多岐にわたります。また、臨機応変に使い分けられるように、親しい間柄に使う短縮形や敬語、役割語を学習します。話すスピードはなめらかで、会話の間で自然な相づちを打てるようにしていきます。

会話授業を組み立てる

　次に、会話授業の作り方について考えていきましょう。会話授業では、会話の種類、レベルを考えて学習目標を決め、それに合わせて3ステップで授業の流れを組み立てていきます。

■ 学習目標の決め方

　学習者はどんな会話を学び、話すことによって何が得られるでしょうか。決まり文句を覚える、さまざまな文体を使い分けられる、より流暢により正確に自分で会話が組み立てられるようになる、根拠を持って自分の意見をわかりやすく伝えられるようになる……いろいろ考えられると思います。その中から学習目標を設定します。あらかじめ教材に学習目標が設定されている場合でも、授業を受けた後で学習者は何が得られるのか、教師は何ができるようになってほしいのか。学習者のニーズに教材、授業時間なども考慮した上で自分なりの学習目標を設定しましょう。

■ 3ステップで授業の流れを考える

　学習目標が決まったら、3ステップで授業を組み立てていきます。

　まず、どんな内容をどのように「とり組む」か、「とり組む」方法を考えます。特に会話授業では、誰とどのように話すか、組み方や状況設定を決め、どうやって指示をするかも考えておく必要があります。「とり組む」の流れが決まったら、そこに必要な知識や意欲をどうやって呼び起こすか、「起こす」を考えます。そして最後は「つなげる」です。「とり組む」で話して得たものを次の学びにどう生かしていくのか考えます。

起こす　・知識・意欲を呼び起こす（具体的な10種類の方法はp.70〜）

とり組む　・とり組み方を説明する
　　　　　・誰とどのように話すか、組み方や状況設定を指示する
　　　　　　　　　　　　　　　（会話活動の環境づくりはp.75〜）
　　　　　・話す　　　　　　　（さまざまな会話の手法はp.77〜）

つなげる　・他技能・他活動とつなげる／他者とつなげる
　　　　　・自分自身とつなげる　　　（学びを深めるつなげ方はp.87〜）

　「とり組む」の内容や分量によっては、この3ステップを同じ授業時間内に行えない場合があります。全体をいくつかの授業に分けて行う方法、どこかの行程を宿題にしたり次の授業に回したりする方法などもあります。3つをつなげた授業例を参考に、組み立ててみてください。

教育機関によっては授業内容があらかじめ決められている場合がありますが、学習目標と3ステップの要素がそろっているか意識して、1つの授業を作っていきましょう。

ステップ別会話活動例

　会話授業も「起こす→とり組む→つなげる」の3つのステップで組み立てることができます。どうやって話す意欲や話すための知識を呼び「起こし」ますか。誰と、どんな方法で話しますか。話し終わったら何と「つなげて」学びを深めますか。それぞれのステップにはそれぞれの活動方法があります。どのように授業を組み立てていくか組み合わせを考えてみてください。

起こす

　ここでは、「起こす」ための10種類の方法を紹介します。

■ テーマ・タイトルを使って　　　　　　　　　　　　　　　　　　　（→授業例2、8）

　掲げたテーマから話を膨らませていく方法です。

　会話授業では、「旅行」「誘う」「予約する」「漢字の勉強法」「65歳定年制への賛否」など、掲げられたテーマをもとに会話作りやディベートなどを行う場合があります。そこで、まずテーマにちなんだ質問をしてテーマについて興味や関心を持ってもらうと同時に、「とり組む」で必要なことばを引き出しておきます。

　漠然としたテーマのとき、または学習者にとって縁遠いと思われるテーマのときは、それについて具体的で身近な例に置き換えた質問を投げかけ、「とり組む」前に自分のこととしてとらえるきっかけを作ります。

■ 教材内の絵や図表、写真をヒントに　　　　　　　　　　　　　　　（→授業例3）

　教材にはテーマにちなんだ絵や写真、図表がついている場合があります。それを使って会話に必要な語彙を導入したり、文型を復習したりする方法です。初級の会話の場合、文型練習に使った教材の挿絵などは、文型の復習に使えます。絵や写真の内容について質問を重ね、それをことばで表現していく方法もありますし、絵や写真をきっかけにどんどん話を広げていく方法もあります。後者の場合、例えば犬の絵をもとに「ペットを飼っているか」「どこで買ったか」という個人的な話題から、ペット産業や多頭飼育崩壊などの社会的な話題へと広げていくことができます。素材からどんな話に広げていきたいか、そのためにはどんな質問をすればいいか考えてみましょう。

■ 語彙リスト・キーワードを使って

話すのに必要なことばをまとめておき、確認しておく方法です。

例えば病院での会話なら病状を示すことばが必要ですし、アパートを探すなら不動産屋で使われることばが必要です。テーマによって、会話に必要なことばがある程度想定できる場合、最低限のことばをリストアップしておくと「とり組む」段階でのつまずきを減らすことができます。語彙導入に時間がかかりそうな場合は事前に予習教材として語彙リストを渡しておき、授業ではことばの確認から入れるようにしておくといいでしょう。

また、特に漢字圏の学習者は漢字語彙を多用することがあります。会話では「嘔吐した」「発熱した」より「吐いた」「熱が出た」という方が伝わりやすいということを伝え、使い分けができるようにしていきましょう。

レベル別の例としては、初級では、語彙リストのわからないことばに〇をつけてもらうことで、教師は学習者がどの程度把握できているかを知ることができ、説明してもらう際も、わかる学習者を中心にお願いすることが可能です。中上級では、まずテーマに関連する語彙を挙げてもらいます。挙げられた語彙を板書し、話し言葉として適当か（「咽頭痛」より「のどが痛い」など）確認したり、より詳しく説明するにはどんな語彙が必要か（ヒリヒリ痛い、ズキズキ痛いなど）を導入したりするといいでしょう。

■ 文型を復習しながら　　　　　　　　　　　　　　　　　　　　（→授業例3）

会話に使えそうな文型を復習しておく方法です。

既習文型を適切に使って話せるようになるという目標を掲げた場合、まずはターゲットの文型を理解しているか、覚えているかを「起こす」段階で確認しておきます。事前に復習しておくことで、「とり組む」段階でつまずくことを避けることができます。

特に初級では次々と新しい文型を学習していることが多いため、前に習った文型を学習者が忘れてしまっている可能性があります。まず、文型を使って答えられるような質問をしてみましょう。文型がうまく使えていないようなら板書で復習し、簡単にドリル練習などを行います。「とり組む」で使ってほしいことばや文型は板書に残しておくと、会話中にも役に立ちます。

■ 会話文（会話の1文）を使って　　　　　　　　　　　（→授業例1-1、1-2、7）

「とり組む」に備えて教科書に載っている会話文を覚えておく、または会話の1文（一部分）から話を広げる方法です。

例えば会話例の後に絵を見て下線部を入れ替える練習問題がついている場合、絵を見ながらパターン練習を繰り返すことで、この会話例を覚えることができるでしょう。これを使って、「とり組む」では自分のことに置き換えた会話を作ることができます。

また、中上級になると、会話の1文（一部分）だけを紹介し、その文が発せられた背景を想像させるという方法があります。「とり組む」ではさらに、1文の前後を考えて一連の会話を作ったり、1文をきっかけに話を膨らませてドラマを作ったりすることができます。

■ 他の素材を使って （→授業例2、4、5、8）

　「とり組む」で必要な情報を得るために、話したいテーマに合った素材を見たり聞いたりしておく方法です。読解（聴解）授業などですでに学習した素材を活用することもできます。

他技能の授業内容をもとにして

　読解などの授業で学習したテーマを使う場合、まずは教師の質問によって授業の内容を思い出してもらいます。その後、その内容を自分のこととして置き換えてもう一度考えてもらい、「とり組む」での意見交換に備えます。すでに学習した教材をもとにしているので必要な語彙や情報を導入する必要がなく、「とり組む」に時間を多く割くことができます。個々に意見や感想が分かれ、時間をかけて話し合いたいような他技能の教材があったら会話授業に持ってきましょう。

視覚素材を使って

　テーマにちなんだ絵や写真、図表などから教科書にない情報を加える方法です。会話の糸口となるほか、話を広げたり臨場感を持たせたりすることができます。「旅行」をテーマにした場合、地図を見せながら知っている所や行ったことがある所について質問する方法や、観光スポットの人気ランキングの資料を見せてその順位について意見を求める方法などが考えられます。日本の文化や習慣を扱った動画を使って、日本の文化的な背景を学び、学習者の国や地域を紹介する発話意欲につなげることもできるでしょう。また、社会の状況や他者の意見に関する数値的なデータは、ディスカッションやディベートで客観的に意見を述べるための材料となります。

　素材を使って足りない語彙や表現を導入することもできます。参考資料としてグラフを見せる場合、そこから読み取れることを1つずつ学習者に発表してもらいましょう（「これは〇〇についてのグラフです」「××が一番多いです」「××が〇％います」など）。箇条書きで書かれている資料の文言を話し言葉に直すトレーニングになります。

　例）　売上前年比10％減→「売り上げが前の年に比べて10％減ったと書かれています」

　また、ポスターや標語、新聞の見出しなどの生教材をきっかけにして会話授業を展開することもできます。例えばはやっているもののポスターを見せ、見たことがあるか、どこで見たか、それについてどう思うかなど話を広げていきます。新聞の投書や人生相談などの「生の声」を読み取って意見交換につなげていく方法もあります。会話のきっかけ作りなので、学習者にとってやさしめのもの、短めのものを選びましょう。初級でも時事ネタは興味を持たれる素材です。難しいことばが含まれているようなら、教師が簡単に要旨を説明し、話したい意欲を呼び起こしていきます。

■ 過去の例を紹介して （→授業例9）

　参考となりそうな過去の映像や授業例を見せて動機づけをする方法です。

スピーチコンテストの映像を見せる

　留学生のスピーチの映像は動画サイトでも見ることができます。原稿を見ないで身振り手振りを使ってスピーチする様子や、目線の配り方、間の取り方など参考になるところを紹介しましょう。

過去のディスカッションやディベートでどんな意見が出たか例を挙げる

　第三者の意見に触発されていろいろな意見が出ることがあります。「例えば前のクラスでは××

という意見がありましたよ」「○○という意見に賛成する人が多かったです。皆さんはどう思いますか」などと声を掛けてみましょう。前例がなく初めて行う場合は教師個人の意見やネット上での意見を参考例として挙げてもよいと思います。

■ 自分自身を振り返って 　　　　　　　　　　　　　　　　　　　　　　（→授業例4、9）

　質問シートで自分を見つめ直してから会話に進む方法です。

　自分のこととはいえ、いきなり質問されてはすぐに答えられないこともあるでしょう。自分のことを話し、相手のことを理解するという目的で会話活動に「とり組む」には、「起こす」の段階で自分自身について考える時間を設けておきましょう。質問シートに答えていくことで自分についてあらためて考えることができますし、他の人はどうなのか聞きたい気持ちにつながります。

■ 悪い例を使って 　　　　　　　　　　　　　　　　　　　　　　　　　（→授業例6-2）

　良くない会話例を見て自分の会話を振り返るきっかけにする方法です。

　会話は目に見えないので、間違いに気付かないまま流れていってしまいます。何が悪いのか問題の所在を意識させ、適切な会話がどんなものか考え、「とり組む」につなげていきます。

　初級の場合は主に文法の間違いですが、レベルが上がるにつれて、文法的には間違っていないけれども角が立つ、悪気がないのに失礼な振る舞いと受け取られてしまう、という例が出てきます。よりよい会話を「とり組む」で学習者自らが作成できるように、このような問題があることにまず気付かせ、考えるきっかけを作りましょう。

文法や語彙の間違いを改める

活動例）　A:きれいな写真ですね。　　　B:ああ、これは富士山で撮ったの写真です。

　　　　①教師（以下、Ｔ）は、間違った例を学習者（以下、Ｌ）に見せ、間違いがどこか考えてもらう

　　　　T:AさんとBさんが話しています。Bさんの文は良くないです。どこが良くないですか。

　　　　②間違いを訂正して、復習する（例の場合、名詞修飾の接続を復習する）

　　　　T:「撮った」は動詞ですね。動詞のとき、「の」は要りますか。……要りませんね。

　　　　T:それはどこで撮った写真ですか。これは富士山で……？（Lに正しい文を言ってもらう）

　　　　③間違いに気を付けて「とり組む」へ

角が立つ表現を改める

　文法的には合っているけれど、言い方ひとつで失礼な印象を与えてしまうことがあります。そんな例を挙げ、どうしたらいいか改善案をクラスで考える方法です。

■ あえて何も行わずに 　　　　　　　　　　　　　　　　　　　　　　（→授業例6-1）

　あえて事前に会話例などを提示せず、これまで習った文型を使っていきなり会話を始める方法です。状況や人によって会話のパターンは変わります。いきなり始まる教師の問いかけに応じる（または応じているクラスメートを見る）ことで、自分だったらどう振る舞うか、さまざまな発話パターンを思い起こすきっかけとなります。展開が見えないやりとりは、何が起こるのかというやりとりへの関心と緊張感を呼び起こす上でも有効です。

文型の復習を目標とした会話練習、ロールプレイの前に行ってみましょう。いきなり行ってうまくできなかったときが忘れていた（あるいはこれから覚えてほしい）表現を定着させるチャンスです。

初級活動例）「道で会った人との会話」
　①Lを指名する
　　T:L1さん、来てください。ここへどうぞ。（Tから少し離れた場所を指示する）
　②テーマに合わせた質問をいくつか畳みかける。質問するたびに番号を板書する
　　T:（L1に歩み寄りながら）L1さん、こんにちは。お元気ですか（「1」と板書）。
　　　いい天気ですね（「2」と板書）。……どこへ行きますか（「3」と板書）。
　　　何をしますか（「4」と板書）。じゃあまた！（「5」と板書。Tは走り去る）
　　T:L1さん、ありがとうございました。（拍手。L1は席に戻る）
　③いきなり行った会話を振り返る
　　T:私（T）は「こんにちは」。L1さんは（何と言いましたか）？
　　　1は？　そうですね。「お元気ですか」。L1さんは？
　　　2は？　（わからなかったら空を指して）いい……？　そうですね。「いい天気ですね」。
　　　L1さんは？……（以下、セリフを振り返る）
　④「とり組む」へ

　番号を書いたのは、それぞれの発話を思い出してもらうためです。文を板書する必要はありません。学習者（L1）がうまく答えられなかったら、教師がこっそり耳打ちするなどして助け船を出しましょう。

中上級活動例）「人に何かをすすめる」
　①L1〜2人に前に出てもらう
　②テーマに合わせた質問をいくつか畳みかける
　　T:（2枚の服の写真を見せながら）L1さん、私、服を買おうと思っているんです。
　　　どっちが似合うと思いますか。……う〜ん、こっちはちょっと安っぽくないですか。
　　　L2さんはどう思いますか。……
　③いきなり行った会話を振り返る
　　T:どちらがいいか迷っている私に対して、L1さんは何と言いましたか。L1さんのアドバイス
　　　に対して、私は何と答えましたか。
　④良かった点、改善点などをクラスで話す。適したフレーズは板書する
　　T:私はL2さんのアドバイス通りに服を選びました。でも、従いたくないときもありますよね。
　　　そんなときは何と言えばいいと思いますか。
　⑤「とり組む」へ

とり組む

　意欲や知識を呼び起こしたら、実際に話してみましょう。会話に「とり組む」には学習者が話しやすい場を整えなければなりません。ここではまず、ペア（グループ）の組み方や状況設定などの環境づくりについて、そして次にさまざまな会話の手法について紹介します。どのように場を整え、どのような方法で「とり組む」か考えてみてください。

■ペア（グループ）の組み方

　学習者同士の活動は他の技能でも行われますが、会話の活動には欠かせないものです。ペアで行うか、グループで行うか決めたら、その指示の出し方を練習しておきましょう。

■ペアワーク

　ペアワークとは2人1組になって互いに質問し合う方法です。ペアワークは、初級の最初の段階から行われる基本的な形です。とり組む方法についての説明が終わったら、2人1組になるように指示します。まだ日本語がほとんどわからずペアワークをやったことがないクラスには、身振り手振りで丁寧に指示を出しましょう。

初めてペアワークを行う初級クラスへの指示の出し方
　①AとBの会話例を見せる
　②Lを2人ずつ指して、AとBがペアだということを手で示していく
　　T:Aさん、Bさん、ペアです。（次の2人を示して）Aさん、Bさん、ペアです。
　③自分の担当を理解しているか確認する
　　T:Aさん！（手を挙げさせる）Bさん！（手を挙げさせる）
　　T:はい、Aさん、Bさんに質問しましょう。どうぞ。

　学習者が奇数だったら3人1組になるか、1人が教師と組むように指示します。早く終わったペアがいたら、教師の前でやってみせてもらいます。早く終わって余裕があるペアにはさらにお題を与えるか、前で発表してもらうのでもう一度練習するように促すなどしましょう。

■グループワーク

　3人以上のグループでとり組む方法です。3人以上での会話練習やディスカッションの際には、グループになって行います。ペアワーク同様、初めて行う初級のクラスではジェスチャーでどこからどこまでが1つのグループか手で示していきます。

　　T:（3人ずつ示しながら）1、2、3、ここがグループです。

　大人数のグループの場合、とり組む内容によってはリーダーや書記、発表者を決めておきます。学習者同士で決めてもらってもいいでしょう。
　初級の場合、1人の学習者が教師役となってそれ以外が答えるという「プチクラス形式」にするのも1つの方法です。教師役になることで、質問文を作る練習になります。

プチクラス形式の指示の出し方（3人1組の場合）

T：1人が先生（役）です。2人は学生（役）です。先生（役の人）は学生（役の人）に質問してください。学生（役の人）は答えてください。終わったら、先生（役）をチェンジしてください。

　ペアやグループを作る際は、近くにいる学習者同士で組んでもらうのが一番手軽で簡単ですが、活動内容によっては教師が組み合わせを考えて指示する方法もあります。

・よく理解している学習者同士（そうでない学習者同士）を組ませる
　　…課題の量や質を変えたり、集中してサポートに入ったりすることができます。
・よく理解している学習者とそうでない学習者を組ませる
　　…よく理解している学習者にサポート役になってもらい、教えることで学んでもらう方法です。
・同じ国籍同士で組ませる
　　…母語と日本語を対照させて行う通訳（翻訳）のタスクや、自国の情報をクラスで発表してもらうときなどに使えます。
・国籍がバラバラになるように組ませる
　　…グループ内でそれぞれの地域差について話し合うことができます。また、共通言語が日本語だけという状態を作って母語でのおしゃべりを減らすという効果もあります。
・共通点のある学習者同士で組ませる
　　…共通の趣味や職業、好きなものなど、似た立場の者同士を組ませる方法です。

■ 状況設定・場面設定のしかた

　会話活動を行う際には臨場感のある設定にすることで活動が盛り上がります。初級の場合はことばによる指示より動いて見せたほうがわかりやすいです。教師が配置通りに座って例を見せ、学習者に同じように移動してもらいましょう。

■ 絵や写真を使って

　レストランや病院の受付など会話の場面に合わせて写真を1枚貼るだけで臨場感がわきます。道に迷っている人の絵やレストランで困っている人の絵など、人物の状況がわかる絵を添えれば状況が理解しやすく、感情を込めた会話練習につなげることができます。

■ 机やいすの配置を変えて

　人の配置は意外と重要です。また、どこで、どんな状況で行う会話なのか視覚的にわかると感情移入もしやすくなります。会話が始まったら教科書や会話例ばかり見ないで、相手を見て話すように声掛けをしましょう。

さまざまな配置例）
・電話の会話　…少し背を向けて話す
・面接の会話　…机をはさんで、2人が向き合って座る
・レストランの会話
　　…机をはさんで、2人が向き合って座る。店員と客の会話なら、店員役は立って話す

・ディスカッション

　　…机を片づけ（または書記用だけ1つ残し）、グループごとに円になって座る。机が動かせない場合は、できるだけグループメンバーが顔を合わせて座るように指示する

・インタビューなど、不特定多数の人とやりとりしたいとき

　　…全員起立。机やいすから離れて行うことで、席の遠い人にも話し掛けやすくなる。

・プレゼンテーションやスピーチ

　　…発表者と聞き手のメリハリがつくように、発表者は教室の前に立ち、聞き手は全員前を向いて座れるようにコの字型か教室型に座る。

■さまざまな会話の手法

ここでは会話でよく使われる「とり組む」手法をいくつかご紹介します。

■ペア（グループ）ワーク　　　　　　　　　　　　（→授業例1-1、1-2、2、3、4、6-2）

　　ペアワークは2人1組で、グループワークは3人以上のグループで行う方法です。教師対学習者ではなく学習者同士でやりとりすることで、より多くの、そしてより自発的な発話の機会を作ることができます。ペアで行えば発話の機会が多くとれますし、グループにすればより多様な意見を出し合うことができます。ペア（グループ）ワークは次のようなときに使うといいでしょう。

・習った語彙や文型を使って質問文を作り、QA練習をする
・定型会話を応用した会話を作る
・知っている知識や情報、自分の経験を共有する
・テーマについての意見や感想を共有する

　　学習者が戸惑うことのないように、最初の説明は丁寧に行います。必要であれば教師の相手役として学習者1人に前に出てもらい、2人で例を示します。ワークを開始してからクラスの様子を見回り、もし多くの学習者がうまくとり組めていないようなら、もう一度説明し直してもかまいません。いったんワークを止め、全員前を向いてもらい、仕切り直して再開しましょう。

活動例）　①ペア（またはグループ）でどんな活動をするか説明する。Lから質問があったら受ける
　　　　　②ペア（またはグループ）を組む
　　　　　③ペア（グループ）ワーク開始。Tはクラスを回り、会話が滞っているところのサポートをする

■実演を通して（ロールプレイ・ドラマ作り）　　　（授業例4、6-1、6-2、7）
ロールプレイ

　　ロールプレイとは、例のように役割や状況が書かれたロールカードを読み、役（role）になりきって、課題を演じる活動のことです。ロールプレイに慣れていない学習者の場合、ロールカードを互いに読み上げて終わりにしてしまうことがあります。内容を確認した後、ロールカードを回収するか、カードを伏せて見ないよう指示しましょう。

ロールカード例)

A: あなたは朝から熱があります。今日はテストですが、学校を休みたいです。
テストは来週受けたいです。先生に電話をしてください。

B: あなたはAさんの先生です。Aさんから電話がありました。話を聞いてください。
Aさんのテストの日時を決めてください。

活動例)　①ペア（またはグループ）を指示する
　　　　　②ロールカードを読む
　　　　　③それぞれの役割と状況を確認する
　　　　　④必要な表現（使ってほしい表現）や感情の込め方などを指示する
　　　　　⑤ロールカードを回収する
　　　　　⑥それぞれの役割と話す内容を最終確認して、ロールプレイ開始

ドラマ作り

　ロールプレイではロールカードによって役割や状況が設定されていたのに対し、ドラマ作りでは登場人物から場面設定まですべて学習者が決めて作り上げます。教師からは大まかなテーマ、ドラマの長さ、登場人物の人数を指示しておきます。1つの授業時間内に終わらない場合は、いつまでに完成させてどこで発表するのか今後の流れを知らせておきましょう。

テーマ例)　敬語を使って／最悪な一日／ありがとう／こんなとき、皆さんならどうしますか／……

　短いドラマの場合は配役を決めていきなり実演に入るのもいいですが、時間をかけて行う場合は台本作りから始めます。グループで相談して1つの台本が書けたら教師が添削し、動きの練習に入ります。教師はグループを回って不自然な会話がないように添削、提案していきましょう。

活動例)　①グループを作る
　　　　　②活動内容を説明する
　　　　　③グループごとにドラマ作り開始（テーマ、配役決め、台本作り、実演練習）
　　　　　④発表する

■インフォメーションギャップを使った会話

　情報を知っている人と知らない人とでやりとりしながら、双方の情報の差（information gap）を埋めていく活動です。
　ペアの片方だけに情報を与えたり、それぞれに異なる情報を与えたりすることで、知らないことを聞く活動が行えます。情報の内容によって難易度が変わるので、どのレベルでも行うことができます。
　どの活動もお互いに自分が持っている情報を見せ合わないようにすることが大切です。学習者がどのような日本語で相手に情報を伝えることができるか、教師は1つ1つの情報を確認しながら展開される会話を想定しておきましょう。

1　情報の異なるシートを使って

①Aさん役(LA)、Bさん役(LB)を指示する

②Aさん役にAの地図、Bさん役にBの地図を渡す

③1問やってみせる

T:(Aの地図にない情報を聞く)LBさん、
　　本屋はどこにありますか。

LB:(自分の地図を見ながら)本屋は駅の前にあります。

④ペアになって活動開始

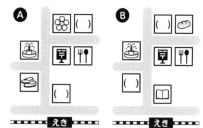

・本屋　・パン屋　・花屋　・くつ屋

2　片方にだけ情報を与えて(描写する)

①ペアになる

②絵カード数枚を表が見えないように机に置く

③1人が絵カードを1枚引く。引いた絵カードは相手に見せないこと

④絵を見た人は、その絵をできるだけ詳しく描写する。相手はそれを聞いて絵を描く

⑤説明が終わったら、絵カードと描いた絵を見比べ、違いについて話し合う

3　片方にだけ情報を与えて(3ヒントクイズ)

①〜③は2と同じ

④絵を見た人は、その絵について3つヒントを出す。相手はそれを答える

L1:学校にいます。教える人です。今、このクラスに1人います

L2:それは「先生」ですか

L1:はい、そうです

⑤(「つなげる」として)クラスで発表。L1がペアワーク中に作った中からヒントを1つ出す。わかった人は挙手をして答える

■ディスカッション　　　　　　　　　　　　　　　　　　　　(→授業例5)

　ここでは話し合いのことを指します。1つのテーマに沿って情報や意見を交換します。

　相手をよく理解するため、情報や意見を共有するため、グループで何かを決めるためなど、ディスカッションの目的はさまざまです。

　まず、学習目標を踏まえてテーマを設定します。社会的なテーマは難しいという印象がありますが、学習者が身近に感じている内容なら話し合いは活発化します。習得してほしい語彙や文型を洗い出し、それらがたくさん使えそうな話題をテーマにするというのも1つの方法です。上級クラスでは、テーマ設定からすべて学習者に任せるという方法もあります。

　ディスカッションをうまく進めるポイントは2つあります。まず、始める前にディスカッションの論点と使ってほしい表現をきちんと示すこと。これをしないと雑談で終わってしまいます。さまざまな表現を会話中に取り込むのは難しいので、慣れないうちは質問カードや、ディスカッションで使うフレーズが書かれたディスカッションカードを使うのも1つの方法です。

　そしてもう1つのポイントは、「とり組む」の後の発表方法を決めておくことです。板書で発表のひな形を示しておくと、発表しやすくなります。

　活動中、教師はグループを回り、滞っているグループに声を掛けたり、質問を受けたりします。進行を学習者に任せる場合は、進行の補助をしたりことばに詰まった発表者の真意を汲み取って、適宜助け舟を出したりします。

質問カードを使って情報交換をする

初級活動例）　テーマ「夏休みの予定」

　①テーマについて説明する

　②グループを作る。各グループに疑問詞（どこ、いつ、何、どうやって、誰と、どんな）が１つ
　　ずつ書いてある質問カードを渡す

　③やり方を説明する

　　・話し手を１人決め、それ以外の人が質問者になり、質問者は順番に質問カードの疑問詞を使っ
　　　て質問する。

　　・１人３つずつ質問したら、話し手を交代する

　④使ってほしい表現（「起こす」で呼び起こした情報）を確認し、活動を始める

　⑤終盤になったら発表のしかたを指示する

　⑥発表する

１つに決める

初中級活動例）　テーマ「プレゼントを決める」

　①テーマについて状況を説明する

　　・予算は税込み3000円でＡさんの誕生日プレゼントを買いたい

　　・グループで話し合って何を買うか決める

　②話し合ってほしいポイント（論点）を示す

　　・どこで何を買うか。その理由

　③使ってほしい表現（「起こす」で呼び起こした情報）を確認する

　　・提案するときの表現／賛否を表すことば　など

　④グループを作って、複数のチラシを渡す。活動を始める

　⑤終盤になったら発表方法を指示する

　⑥発表する

付箋を使って意見を整理する[2]

中級活動例）　テーマ「あなたにとって大切な時間とは」

＊用意するもの　付箋（１枚に１文書けるぐらいの大きさのもの）

　①ディスカッションのテーマを板書する

　②自分の意見を付箋に書く。意見は付箋１枚につき１つ、１人３～５枚の付箋を使って書く

　③グループになり、それぞれの意見を、付箋を見せながら発表する。似ている意見の付箋は重
　　ねておく

　④意見の違いについて話し合う

　⑤グループの代表者が立ち、どのような意見が多かったか、対立する意見にどのようなものがあっ
　　たか付箋を見ながら報告する

すべて学習者に委ねる

＊初回の授業は教師がテーマを決め、一連の流れを見せ、次の担当者を決めておく

　①担当者がクラスで話し合いたいテーマについて１分ほどで発表する

---

2 これはKJ法という思考整理の方法をヒントに考案した付箋を使ったディスカッションの例です。

・最近気になっていること

・自分の悩みやおすすめの学習法　など

②①で挙げたテーマについて1人1つ以上担当者に質問する

（ここでは質問のみ。意見は言わないこと）

③②の回答を踏まえて、1人1つ以上意見（またはアドバイス）を言う

④テーマを決めた担当者は③の意見を聞いた中での気付きを発表し、授業全体をまとめる

■ディベート的な話し合い

（→授業例8）

　ディベートとはある特定のテーマについて、賛成・反対の2つの立場に分かれて、第三者を説得する形で議論を行うことです。試合形式のディベートならば、第三者（ジャッジ）を説得した側が勝者となります。本書では勝敗を競う形をとっていないので「ディベート的な話し合い」としました。

　ディベートのテーマ例は検索するとたくさん出てきますが、学習者にとってイメージしにくい日本の慣習（学校の制服への賛否など）や宗教や思想が大きく影響するテーマは避けたほうがいいでしょう。テーマを決める際は学習者の日本語レベルを想定しながら、両者の意見をどのぐらい出せるか考えて決めます。

活動例）　①クラスをランダムに2チームに分け、Aを賛成チーム、Bを反対チームとする

　　　　　②チーム内での話し合い1回目。それぞれ賛成（反対）理由をグループで話し合う

　　　　　③発表1回目。Aの発表、質疑応答→Bの発表、質疑応答

　　　　　④意見交換。③を踏まえて反論し合う

　　　　　⑤チーム内での話し合い2回目。④で出された相手からの反論について話し合う

　　　　　⑥発表2回目。Aの発表、質疑応答→Bの発表、質疑応答

　　　　　⑦意見交換。⑥を踏まえて反論し合う

■スピーチ・プレゼンテーション（プレゼン）

　スピーチは1人が登壇して、自分の主張を不特定多数の人に話します。プレゼンテーションはスピーチにさまざまな資料や実演を加えて情報を伝えます。

　母語話者がスピーチをする際は1分間に300字程度の分量が最適と言われています。学習者のレベルに合わせてもう少し少なめに設定するといいでしょう。発表の際は、原稿を読み上げる朗読になってしまわないように注意しておきましょう。

　スピーチやプレゼンは学習者それぞれの主張ですので、特に教師側からテーマを指定することはありません。もしテーマ決めに困っている学習者がいたら、いくつか具体例を紹介するか、「私の好きな○○」「日本に来て思ったこと」などあまり固定されないテーマを提案するといいでしょう。

　スピーチ・プレゼンは話す側の勉強だけでなく、聞く側の勉強にもなります。コメント係を作ったり感想シートに記入させたりするのは、発表をしっかり聞くためのしかけです。

　教師は発表の中で難しいことばが出てきたら板書しておき、発表後に補足説明をします。発表者自身に説明させてもいいでしょう。

活動例）　①スピーチ原稿、プレゼン資料を作成する（→作文授業「スピーチ・プレゼンテーション原稿」p.133）
　　　　②①を添削して返却。Lは原稿を見ないで発表できるように練習する
　　　　③発表順を決める。人数が多いときは発表順を板書しておく
　　　　④感想シートを配布。聞き手に記入のしかたを説明する
　　　　⑤ルールを説明する。質問があれば受ける
　　　　　・発表は1人3分間。終了（30秒）前と終了時間にベルを鳴らす
　　　　　・板書に示した順に発表する。発表者の2つ先の人はコメント担当となり、発表が
　　　　　　終わったら、発表について感想を述べること
　　　　　・1人発表が終わってコメントを言ったら、聞き手全員が感想シートに感想を書く。
　　　　　　「こうしたほうがいい」というアドバイスはいいが、失礼なコメントはしないこと。
　　　　　　その間、次の発表者は準備をする
　　　　　・全員の発表が終わったら各スピーカーに感想シートを渡す。
　　　　⑥発表開始。1人終わるたびに質疑応答と感想シートを書く時間を取る。感想を書い
　　　　　ている間に次の人は準備する
　　　　⑦感想シートを回収。チェック後、各自に配布

■インタビュー

　　聞き手（インタビュアー）が相手に質問を重ねて話を聞き出します。
　　いろいろな人の意見が聞きたい、あるいは特定の人物に深く掘り下げた質問がしたいというと
きはインタビュー活動がおすすめです。校内のスタッフや教員を対象とする場合は、いつ、どの
ようなインタビューを計画しているか事前に知らせておき、協力してもらいましょう。街頭にイ
ンタビューに行く場合は、聞き取りづらい日本語もあるかもしれませんので、許可を得て録音さ
せてもらうのも1つの方法です。いずれの場合も教育機関の了解を得て、最初の声の掛け方やお
礼の言い方をきちんと練習してから臨みます。

基本編―Q＆A

　　教師が作った、または教科書についている既存のインタビューシートに合わせて、クラス内の
不特定多数の人にインタビューをしていきます。多数の人に繰り返し同じ質問をしたり答えたり
するので、質問のしかたと答え方の両方を覚えることができます。全員立ってもらうのは、隣の
人だけでなく、いろいろな人と交流しやすくするためです。インタビュー中、教師は相手を探す
手伝いをします。余っている学習者がいたら教師を相手にインタビューを行ってもらいましょう。

活動例）　①インタビューシートを配る
　　　　②わからないことばがあったら導入する。質問文を考えてもらう
　　　　③1人のLを相手にしてインタビューのしかたとシートの書き方の例を見せる
　　　　④全員立って、相手を探してインタビュー

インタビューシート例）　「〜たことがありますか」（初級）

Q:（　　　　　　　　　　）たことがありますか。
A1：はい、あります。　→○
A2：いいえ、ありません。　→×

	（　　）さん	（　　）さん	（　　）さん
①着物			
②カラオケ			
③富士山			

発展編—インタビューシート作成

　既存の（あるいは教師が作った）インタビューではなく、自分たちが疑問に思っていることをまとめてインタビューシートを作成することから始めます。クラスメートではなく、クラス外、校外の人へとインタビューの対象を広げることもできます。

　インタビューシート作りからインタビューするまでを授業時間内に行う場合もありますし、グループでインタビューシートを完成させるまでを授業で行い、インタビューは宿題とする場合もあります。前者の場合は、インタビューから戻ってくる時間をあらかじめ決めておきます。

活動例）　①インタビューテーマ、対象、聞きたい内容（質問文）を考え、インタビューシートを作る
　　　　　②①を添削する
　　　　　③インタビュー前の依頼のしかた、インタビュー後のお礼の言い方を練習する
　　　　　④インタビュー開始

■ ビジターセッション

　目的に合わせ、クラスメート以外の人を招いて、意見交換する方法です。

　日本語母語話者を招くことで、学んできた日本語が実際に通じるか挑戦する機会になりますし、教科書にない母語話者の生の意見を聞くことができます。日本語母語話者に限らず、卒業生を招いて勉強方法や日本での生活についてのアドバイスをもらうのもいいでしょう。外部からビジターを招く場合は教育機関の了承を得ておきます。

　グループセッションを行う場合、グループ内の人数（ビジター1人に対する学習者の数）、グループメンバー、テーマ、時間配分、進行役、タイムキーパーを決めます。教師が決めてもいいですし、学習者同士の話し合いですべて決めてもらってもいいでしょう。招いたビジターとまんべんなく話す機会が得られるように、ビジターには各グループを回ってもらいます。クラスで1人タイムキーパーを決めるのはそのためです。ビジターが他のグループに移る時間とその1分前にクラスに声を掛けてもらうようにすると、効率良く移動してもらうことができます。

学習者側の準備（グループセッションの場合）

・セッション前　①各グループ編成、時間配分、進行役、タイムキーパーを決める
　　　　　　　　②グループに分かれ、話したい話題を決めてトピックカードを作成する
　　　　　　　　③グループごとにどんなトピックを選んだか発表する
　　　　　　　　④Lは当日までに話題に沿った質問を考えておく

・セッション当日　①名札を作る
　　　　　　　　　②進行役のあいさつの練習をする
　　　　　　　　　③話しやすいようにいすと机をセッティングする

④ビジター来訪。進行役のあいさつ
⑤セッション開始。タイムキーパーの合図で、ビジターはグループを移動する
⑥ビジターにお礼を言う。ビジター退室

■ パネルディスカッション　　　　　　　　　　　　　　　　　　　　　（→授業例9）

　コーディネーター(司会)、パネリスト、フロア(聴衆)に分かれて行う話し合いの方法です。

　パネルディスカッションは、パネリスト同士のやりとりを聞き取る力、それに対する質問や意見を簡潔に述べる力が求められます。主に、パネリストに日本語母語話者のゲストを招いて学習者がそれを聞くという形で行いますが、その役割や教師の関わり方を変えることでさまざまなレベルで行うことができます。

・教師が司会に入る
　　…パネリストの話が横道にそれたり時間オーバーしたりすることを司会の立場から調整します。授業の流れを一番コントロールしやすい形です。
・教師が司会も兼ねてパネリストの1人として入る
　　…教師が質問内容を調整したり他のパネリストの日本語をやさしく言い換えたりしながら進めます。パネリスト同士のやりとりの難易度を下げることができるので、初級でも行うことができます。
・教師が補佐役に入る
　　…司会が使う表現を学習した後、希望者に司会役をお願いします。時間配分を指示した後は、教師はタイムキーパーやことばに詰まったときなどの補佐役に回ります。

学習者側の準備

・ディスカッション前
　①テーマについての自分の意見やパネリストへの質問を整理しておく

・ディスカッション当日
　①話しやすいようにいすと机をセッティングする
　②ディスカッションのテーマについて確認しておく
　③必要に応じてディスカッションの要旨をまとめる紙や感想シートなどを配布する
　④パネリストへの質問のしかた、聞く姿勢などを学習する
　⑤パネリスト来訪。パネリストに自己紹介とテーマについての意見を簡単に述べてもらう
　⑥パネリストのディスカッション開始
　⑦ディスカッションを踏まえてパネリスト同士の質疑応答
　⑧フロアからパネリストへの質疑応答
　⑨パネリストからの感想をもらう
　⑩フロアからの感想
　⑪パネリストにお礼を言う。パネリスト退室

■ 教師が注意したいこと 〜話している間の教師の見守り例〜

　こちらが意図した通りに「とり組む」時間が進めばいいのですが、なかなかうまくいかない場合もあるでしょう。うまくいかない原因は1つとは限りません。クラスを回って問題が起きていることに気付いたら、原因を探り、解決策を考えていきましょう。

■ ペア（グループ）ワークが停滞している

　ペア（グループ）ワークにとり組む時間なのに学習者が全然話そうとしない、それぞれが黙って他の作業をしているということがあります。クラス全体が停滞しているなら、「起こす」活動か「とり組む」前の説明が不十分だったのかもしれません。その場合はいったん活動を止め、説明を補足して仕切り直します。一部のペアの問題ならそのペアに声を掛け、個別に手順を説明し直します。教師がペアの1人とやってみせてもいいでしょう。日本語での言い方がわからなくて黙っているという可能性もあります。黙っている学習者に質問を投げかけ、時には学習者が辞書を引くのを待ちながら、キーワードだけでも引き出します。学習者の言いたいことが推測できたらそれに合った日本語を伝え、例を挙げて見せ、それに対する意見を言ってもらうことから始めてみましょう。

　また、ワークはしたものの早々と切り上げてしまうペアがいます。「（ペアワークは）もう終わりました」と言われたら、教師の前でもう一度やってもらう、教師がいくつか質問を重ねて会話の続きを考えてもらう、話を広げる新たな課題を提供するなど、他のペアが終わるまでの時間でもうひと頑張りできるタスクを提案してみましょう。

　ペアの組み方に問題がある可能性もあります。とりあえずは教師が間に入る、近くのペアを巻き込んでグループで活動してもらうなどしてその場をしのぎ、次のタスクからペアを変えるなどの対応をしましょう。

■ 母語ばかり聞こえる

　「日本語で話してください」と声掛けしても、母語や英語で話し続けたり漢字圏の学習者が漢字で筆談していたりすることがあります。「今、何を話していたんですか」と声を掛けてみましょう。そして、ペアで協力し、できるところまで日本語で言い直してもらいます。学習者がうまく言えなかったところは「〜ということですか」と内容を確認し、日本語での言い方を提案します。最後は母語でのやりとりを日本語で再現してもらいましょう。日本語で話すことに自信がない、恥ずかしくて抵抗があるという学習者もいます。そんな学習者が少しでも日本語を発したら、教師は相づちを打ちながら学習者のことばを繰り返すなどして、きちんとこちらに伝わったということを表しましょう。間違えても大丈夫、恥ずかしくないという雰囲気をクラス全体に伝えられたらいいですね。

　母語でのおしゃべりが習慣化してしまっているクラスに当たった場合は、「どうしたら母語でのおしゃべりがなくなるか」というテーマでディスカッションする機会を設け、自分たちで解決策を見いだしてもらうというのも1つの方法です。

■ こちらの意図とは違う活動をしている

　ロールプレイを行うはずがロールカードを読み上げて終わりにしているペアがいたり、インタビューシートに誰にも質問することなく答えを書き込んでいたりするなど、うまく活動が進んでいないことがわかったら、いったん活動を止め、もう一度やり方の説明をします。同じ説明を繰

3

会話授業の作り方

り返すだけでなく、理解している学習者に例として前に出てもらったり、内容を1つずつ確認して料理の手順のように活動の流れを板書してみせたりするなど、手法を変えて説明してみましょう。

　ディスカッションなどで本題から全く外れた話をしている場合、テーマが板書されていたらそこを指し示し、「これについての話はどうなりましたか」と聞いてみます。学習者が自分たちで会話中のトラブルを回避できるようなフレーズを教えておくという方法もあります。例えば、「それはちょっとテーマから外れている気がします」「話を戻しますが」といった軌道修正できるフレーズの他、相手の発話に対して「～についてもう少し詳しく／例を挙げて／大きい声で／ゆっくり／話してもらえませんか」とお願いするフレーズなどは、その後も活用できて便利です。

■ 学習者が間違えているが、訂正のタイミングがわからない

　学習者の誤用を正すことは大切ですが、どのタイミングでどの程度まで訂正すべきか悩ましいところです。クラスを見回り、同じ誤用が散見されたらいったん活動を止めてクラス全体に注意を促します。個別の誤用に対しては、発話に割って入り逐一訂正していると、学習者が発話意欲を失いかねません。基本的には1つのやりとりが終わった後で、まとめて注意します。できれば悪いところばかりではなく、良かった点も言い添えられるといいでしょう。

　会話中、話し手の誤用や難しいことばの使いすぎで聞き手が困っているようなら、話が途切れたタイミングで教師が間に入り、「××というのは○○のことですか」「△△ということばはまだ習っていませんね。どんな意味か説明してもらえますか」など、聞き手に話が伝わるように助け船を出しましょう。

■ 話の長い学習者、全然話さない学習者がいる

　グループやクラスで話していると、話すのが好きな学習者の独壇場になってしまうことがあります。進行役が教師なら、適宜切り上げるのも教師の役目です。文の切れ目などで「はい、ありがとうございます」と割って入り、「○○さんの話は～ということですね。では、他の人にも聞いてみましょう」と要旨をまとめてから他の人に話を振ってみましょう。ディベートなどでは事前に「何秒以内で話す。それを超えたらベルを鳴らす」というようなルールをクラスで決めておくといいでしょう。

　一方、話を振っても全然話さない学習者がいます。日本語力の問題かもしれませんし、発話に自信がない、意見が特にない、もともと母語でも話すのが苦手などの理由が考えられます。教師は個別に質問を投げかけ、何に困っているのか探ってみましょう。その上で、発表する前に考える時間を取る、グループで共有する時間を取る、教師の前で一度発表練習しておくなどの対応をします。

つなげる

　話し終わったら授業終了、ではなく、「つなげる」時間を設けます。「つなげる」時間とは、「とり組む」で得られたことをもう一度咀嚼する時間です。形を変えてアウトプットすることで運用力を高める、「とり組む」で興味を持ったことについてさらに知識を深めるなど、次につながる時間にしましょう。

■他技能・他活動と「つなげる」／他の人と自分を「つなげる」

■話す→話す①　発表　　　　　　　　　　　　　　（→授業例1-2、2、4、6-1、6-2、7）

　ペア（グループ）で行った活動を、今度はクラスメートの前でやってみせる方法です。同じ活動でもでき上がった会話はペアによって異なるはずです。クラスで発表することは話し手の刺激になるだけでなく、聞き手の会話のバリエーションを広げる効果もあります。

　クラスの人数や時間配分によっては、発表者を何組かに絞ります。発表者と発表順は「とり組む」の間に決めておくと滞りなく進めることができます。発表が終わったら、教師から（あるいはクラスメートから）良かった点と改善したほうがいい点を伝えます。発表者以外の人にも覚えてほしい表現が出てきたら板書し、発表後にあらためて紹介するといいでしょう。

■話す→話す②　相手を変えて　　　　　　　　　　　　　（→授業例1-1、6-1）

　ペア（グループ）ワークで組んだ相手とは異なる人と話してみる方法です。相手を変えることは新たな発見につながります。同じ質問をしたとしても相手によって反応が異なるからです。普段あまりペアにならない学習者や母語話者ゲストに挑み、「とり組む」の成果を見せてもらいます。慣れない相手の想定外の反応を乗り越え、通じた達成感を味わってもらいましょう。

例）　・ペアワークで話したことを、相手を変えてやってみる
　　　・ペアワークで練習した質問を使って、複数の人にインタビューする
　　　・「とり組む」で練習したことを、日本語母語話者に向かって実践してみる　など

■話す→話す③　報告する　　　　　　　　　　　　　　　（→授業例3、5）

　「とり組む」で話し合った内容や感想をまとめてクラスで報告する方法です。報告する際は、ひな型を板書で提示しておくと、簡潔にまとめることができます。

例）　・インタビュー結果やディスカッションの内容をまとめて報告する
　　　・ディベートで客観的に述べていた意見を振り返り、自分の意見をまとめて発表する　など

板書例1)

> ○○さんは(　　　　　　　　　)と言っていました。
> 私は(　　　　　　　　)と思っています。　以上です。

板書例2)

> 私たちのグループは(　　　　　　　)を選びました。
> 理由は、(　　　　　　　　　　　　　)からです。　以上です。

板書例3)

> 私たちのグループは(　　)名中(　　)名が〇〇、(　　)名が
> ××でした。
> 〇〇と答えた主な理由には(　　　　　　　　　)などが挙げられました。
> それに対して××と答えた理由は……
> グループで出た意見は以上です。

■ 話す→書く①　内容についてのミニ作文・短文作成　（→授業例2）

　会話は記録が残りませんし、話したことはすぐに忘れてしまいます。これは覚えておいてほしいことを記録しておく方法です。作文授業ではないので、原稿用紙半分程度のミニ作文や短文作りでいいでしょう。書いたものは提出してもらい、添削して返却します。

　例）　・自分で話した内容をまとめる
　　　　・会話で覚えたことばを使って文を書く　など

■ 話す→書く②　感想・意見文　（→授業例5）

　話したことについての感想や意見を書く方法です。「とり組む」の間に思ったことを、文章で発信してもらいます。他者の意見を聞いたことで、共感したり、意見の違いに気付いたりしたことでしょう。話しているうちに自分の考えがまとまったという人もいると思います。これも「話す→話す③　報告する」のようにひな型を提示しておくと書き進めやすくなります。

■ 話す→書く③　コメント、お礼状　（→授業例9）

　これは自分のために書くのではなく、一緒に話した相手へ書くという方法です。書いたものは添削し、清書した後まとめて先方に渡します。お礼状は手紙形式にして手紙の書き方の学習につなげてもいいでしょう。書面ではなく、個別に動画を撮って相手に送る方法もあります。

　例）　・スピーチの発表者へ感想やコメントを書く
　　　　・クラスへ来てくれたビジターへお礼のメッセージを書く　など

■ 話す→読む　感想をもらう　（→授業例7、9）

　話した相手、もしくは発表を聞いてくれた相手からもらった感想を回し読みする方法です。話し合いをきっかけに感想やコメントをやりとりする活動にしてもいいでしょう。「話す→書く③　コメント、お礼状」と同様に書面ではなく動画を送り合い、非同期型のコミュニケーション活動

につなげてもいいでしょう。

<hr>

■ 話す→視聴する

　クラスで話した内容について関連資料を読んだり別の視点から見たりすることで、理解を深めましょう。

例）　・救急車の有料化をテーマにディベート→それに関する新聞の投書を読む
　　　・人生相談の記事をテーマに依頼人へのアドバイスを話し合う→実際の回答者の回答を読む
　　　・おすすめの旅行先を話し合う→候補地の観光紹介の動画を見る
　　　・今年の目標を漢字1文字で発表する→同じテーマに答えている日本人の街頭インタビューを視聴する
　　　・スピーチをする→録画された自分たちのスピーチ動画を見る　など

■ 学びと自分を「つなげる」

（→授業例6-2、8）

■ 振り返りシート
　授業を振り返り、今日得た知識や感想を書いてもらいましょう。小さいメモでもかまいません。その日学んだ自分のまとめとして、毎回の授業の習慣にしてもいいでしょう。期末にすべてを読み返すと、忘れかけていた日本語を授業の雰囲気とともに思い出すことができます。

振り返り例）　・今日の授業で積極的に話せましたか。話せなかった場合、それはどうしてですか。
　　　　　　　・今日の授業でクラスメートの話は理解できましたか。できなかった場合、それはどうしてですか。
　　　　　　　・今日あなたはどんな話をしましたか。
　　　　　　　・クラスメートのどんな話が印象的でしたか。
　　　　　　　・今日の授業で覚えたことばを3つ書きましょう。

会話授業例 〜3ステップで授業を組み立てよう〜

　3つのステップ「起こす」「とり組む」「つなげる」を組み合わせることで、1つの会話授業が生まれます。その組み合わせ方はさまざまです。1つのステップに複数の方法を使ってもかまいません。レベル別[3]にいくつか例をご紹介しましょう。

初級前半

●**定型会話を自分のことに置き換える**

　1-1「何をしましたか」　会話文を使って→ペアワーク→相手を変えて

●**定型会話の続きを考える**

　1-2「いっしょに食べませんか」　会話文を使って→ペアワーク→発表

●**ペアで話を広げる**

　2「旅行」　テーマを使って／他の素材を使って→ペアワーク→発表／内容についてのミニ作文

初級後半

●**複数の文型を使って話す**

　3「困った経験」　教材内の絵をヒントに／文型を復習しながら→ペアワーク→報告する

初中級〜

●**実体験からロールプレイへ**

　4「クレームを言う」

　　他の素材を使って／自分自身を振り返って→ペアワーク／実演を通して(ロールプレイ)→発表

●**読解からディスカッションへ**

　5「もったいない」　他の素材を使って→ディスカッション→報告する／感想・意見文

●**実践に向けたロールプレイ**

　6-1「欠席連絡」　あえて何も行わずに→実演を通して(ロールプレイ)→発表／相手を変えて

中上級〜上級

●**悪い例からより良い会話作り**

　6-2「欠席連絡」　悪い例を使って→ペアワーク／実演を通して(ロールプレイ)→発表／振り返り
　　シート

3 レベルはあくまで目安です。

- **1文をきっかけにドラマ作り**

  7「おかげさまで、できるようになりました」

  　会話の1文を使って→実演を通して（ドラマ作り）→発表／感想をもらう

- **よく聞き、話し、説得する**

  8「救急車は有料化すべきである」

  　テーマを使って／他の素材を使って→ディベート的な話し合い→振り返りシート

- **実体験からパネルディスカッションへ**

  9「日本語母語話者との会話でここが困った！」

  　過去の例を紹介して／自分自身を振り返って→パネルディスカッション→感想をもらう／コメント・お礼状

授業例1-1　定型会話を自分のことに置き換える「何をしましたか」 ／ 初級前半

『みんなの日本語 初級Ⅰ 第2版 本冊』「第6課 練習C-1」スリーエーネットワーク →別冊p.28

> **学習目標：**動詞の過去形を使って、自分の休日の行動について話せるようになる。

 授業の組み立て

　教科書に出てくる会話例を使った授業例です。教科書の会話例を自分のことに置き換えて、自分の休日の行動について話せるようになることを目標にしました。

起こす　会話文を使って

　まず「起こす」では教科書の代入練習まで行って会話例をしっかり覚えておきます。筆者が授業を行ったときは大人数クラスだったので、クラスを半々に分けたリピート練習を行ったりすることにしました。

とり組む　ペアワーク

　「とり組む」では、覚えた会話例の枠組みを使ってペアワークをすることにしました。①〜④の問題を加え、覚えた会話を自分のことに置き換えて自分について話せるようになることを目指します。

つなげる　相手を変えて

　「とり組む」と同じ内容になりますが、まだ話していない相手に話し掛けることで本当の意味での問いかけになり、いい練習になると考えました。最後は今日やった学習のまとめとして、教科書の会話例を全員でリピートして終わります。

> 練習会話　　A：日曜日　何を　しましたか。
> 　　　　　　B：<u>本を　読みました</u>。　それから、<u>ビデオを　見ました</u>。　田中さんは？
> 　　　　　　A：わたしは　京都へ　行きました。
> 　　　　　　B：京都ですか。　いいですね。

『みんなの日本語 初級Ⅰ 第2版 本冊』,スリーエーネットワーク,2012

 授業の流れと教師の発話例

起こす 会話文を 使って	1）AをL1、BをL2に音読してもらう。Tは発音をチェックし、わからないことばがあったら説明する。 　　**T**：L1さんはAさん、L2さんはBさんを読んでください。 2）LはTの後に続いて1文ずつリピートする。 　　**T**：リピートしてください。「日曜日何をしましたか」（はい！と促すジェスチャー） 3）クラスをA役、B役半分に分けて合唱する。終わったら、役を交代して再び合唱する。 　　**T**：（クラスの中央に立ってクラスの半分を示し）はい、ここからAさん、（反対を示し）ここからBさんです。「日曜日……」どうぞ。 　　**T**：はい、チェンジしましょう。（B役だった半分を示して）Aさん、（反対側を示して）ここからBさんです。はい、どうぞ。「日曜日……」

	4）ペアになって練習する。終わったペアから、絵を見て代入練習。 　　T：ペアになってください。Aさん、Bさん、話しましょう。 　　T：終わりましたか。では、（教科書を指しながら）「本を読みました、ビデオを見ました」じゃありません。（絵の部分を指しながら）これは何をしましたか。そうですね。では、1）2）の絵を見て話しましょう。どうぞ。
とり組む ペアワーク	1）もう一度会話例を1文ずつリピートしながら、板書する。 　　さらに、Lが答えやすそうな問題①～④を追加する。 　　板書例） 　　　A：にちようび・・・ 　　　B：＿＿＿＿＿＿＿＿。それから、＿＿＿＿＿＿＿＿。 　　　　　（　　　　　　）さんは？ 　　　A：＿＿＿＿＿＿＿＿＿＿＿＿＿。 　　　B：＿＿＿＿＿＿＿ですか。＿＿＿＿＿＿＿＿＿。 　　　①にちようび　②きのう　③ふゆやすみ　④＿＿＿＿＿ 2）例を見せて説明する。 　　T：では、皆さんは（①を指して）日曜日、何をしましたか。話しましょう。 　　　　L1さん、日曜日、何をしましたか。 　　L1：……ました。それから、……ました。 　　T：……？（先生は？と聞くようにジェスチャーで促す） 　　L1：先生は？…… 　　T：いいですね！　では、皆さん、ペアで話しましょう。（①～④を指して）日曜日、何をしましたか。きのう、何をしましたか。……④は何でもいいです。今朝……タベ……去年の誕生日……聞いてください。どうぞ。 3）ペアになり、板書の①～④について話し合う。
つなげる 相手を変えて まとめ	1）ペアワークと違う者同士を組み合わせて発表する。 　　T：ではL1さん、L3さんに聞いてください。 2）まとめとして、教科書の会話例をTの後についてリピートする。

ポイント＆アドバイス

　「起こす」では定型会話を覚えられるように、手を替え品を替え会話文を繰り返します。人数が4～5人程度のクラスなら、チェーンドリル（→授業例1-2）もいいでしょう。

　「とり組む」は自分について話す練習です。もし教科書通りに言ってしまう学習者がいたら、教師が例を見せ、自分のことを話すように声掛けしましょう。

　例）　T：L1さんは本を読みましたか。私（T）は本……いいえ、YouTubeを見ました。L1さんは？

　「つなげる」では少し離れた席に座っている学習者同士をペアにすると自然に声が大きくなり、クラスメートたちも聞き取りやすくなります。教師が慣れないうちは、ここで誰と誰をペアにするか授業前に考えておくと、円滑にペアを指定することができます。

授業例1-2　定型会話の続きを考える「いっしょに食べませんか」 初級前半

『みんなの日本語 初級I 第2版 本冊』「第9課 練習C-1」スリーエーネットワーク →別冊p.28

学習目標：相手を誘って予定を立てられる。
今まで習った表現を取り入れて、会話の続きが組み立てられる。

 授業の組み立て

教科書に出てくる会話例を使った授業例です。1-1では会話例を自分のことに置き換えて文を作りましたが、ここでは会話例からさらに長いやりとりを作り出していくことを目標にしています。

起こす　会話文を使って

まず「起こす」では会話例を覚えます。質問することに慣れるため、チェーンドリルを行うことにしました。

とり組む　ペアワーク

相手を誘ってOKをもらうところで会話が終わっているので、その続きを作れるのではないかと考えました。ただ、これまでに学習した疑問詞を覚えていない学習者がいる可能性があります。次々と質問ができるように、ヒントとして疑問詞を板書します。

つなげる　発表

ペアによってオリジナリティーにあふれた会話が作れると思います。「とり組む」では特に楽しい会話を作っていたペアに発表してもらうことにしました。最後はまとめとして教科書の例文を全員でリピートします。いろいろな会話をした後ですが、最低限これだけは覚えてほしいと思ったからです。

練習会話　　A：イタリア料理が　好きですか。
B：ええ、好きです。
A：じゃ、日曜日　いっしょに　食べませんか。
B：いいですね。

『みんなの日本語 初級I 第2版 本冊』,スリーエーネットワーク,2012

 授業の流れと教師の発話例

起こす **会話文を 使って**	1）AをL1、BをL2に音読してもらう。Tは発音をチェックし、わからないことばがあったら説明する。 　　**T：L1さんはAさん、L2さんはBさんを読んでください。** 2）Lはの後に続いて1文ずつリピートする。 　　**T：リピートしてください。「イタリア料理が好きですか」**（はい！と促すジェスチャー） 3）チェーンドリルを行う。終わったら、再び全員でリピートする。 　　**T：L1さんAさん、L2さんBさんお願いします。「イタリア料理が……」どうぞ。** 　　**T：L2さんAさん、L3さんBさんお願いします。「イタリア料理が……」どうぞ。** 4）ペアになって練習する。終わったペアから、絵を見て代入練習。
チェーン ドリル	

	T：ペアになってください。Aさん、Bさん、話しましょう。 T：終わりましたか。では、（絵の部分を指しながら）これは何をしましたか。 　　そうですね。では、1）2）の絵を見て話しましょう。どうぞ。
とり組む ペアワーク	1）もう一度会話例を1文ずつリピートしながら、板書する。 　　板書例） 　　　　A：（イタリアりょうり）が……。 　　　　B：ええ、……。 　　　　A：じゃ、（にちようび）　いっしょに＿＿＿＿＿＿＿か。 　　　　B：いいですね。 　　　　　　どこの〜？／なんじに〜？／どこで〜？ 2）板書の疑問詞を使って会話を増やしていくことを、例を見せて説明する。 　　T　：では、L1さんAさん、Bさんは私（T）です。 　　　　（最後のセリフ「いいですね」の後に質問を続ける） 　　　　……いいですね。しぶや？　しんじゅく？……どこのレストランへ行きますか。 　　L1：（答える） 　　T　：いいですね！　どこで会いますか。 　　L1：（答える） 　　T　：何時に会いましょうか。 　　L1：（答える） 　　T　：いいですね。じゃ、〇時に××で会いましょう。 　　　　皆さん、ペアで話しましょう。（板書を示して）Bさんは「いいですね」 　　　　の後3つ質問してください。Aさんは答えてください。 3）ペアになり、2人で予定を立てる。 4）終わったらAとBを交代する。
つなげる 発表 まとめ	1）クラスで発表する。 　　T：ではL1さん、L2さんに聞いてください。 2）まとめとして、教科書の会話例をTの後についてリピートする。

☝ ポイント＆アドバイス

　チェーンドリルとは、鎖（チェーン）のように質問→答え→質問……とつなげていく練習です。質問と答えをバランスよく練習することができます。大人数クラスの場合は時間がかかってしまうので、クラスを半々に分けてリピートする練習（→授業例1-1）がいいでしょう。

　もし「とり組む」2）でA役の学習者が答えにつまったら、「しんじゅくのレストラン」「午前11時」など小声でヒントを与えます。きちんと文で答えられない場合は「午前11時……はどうですか。どうぞ！」と文末まで文を作るように指示しましょう。教科書にないことばでも、学習者が言いたいことばがあったら板書して導入します。

　「つなげる」で発表してほしいペアには、心の準備ができるようにペアワーク中に声を掛けておくといいでしょう。

授業例2　ペアで話を広げる「旅行」　初級前半

> **学習目標**：疑問詞を使って旅行の経験を詳しく聞き出せるようになる。
> 過去形を使って旅行の経験談が語れるようになる。

 授業の組み立て

　初級前半の会話練習の授業例です。板書をヒントに会話を作っていきます。疑問詞と過去形を使って旅行の思い出が話せるようになることを目標にしています。

［起こす］　テーマを使って／他の素材を使って

　　まず「起こす」では会話で使えそうなことばを地図と板書で確認しておくことにしました。旅行のイメージを膨らませるために地図が効果的ではないかと考えました。

［とり組む］　ペアワーク

　　「とり組む」では「起こす」で確認したことばをヒントにしてペアワークを行います。変形でつまずくことのないように変形ルールを板書しておきます。

［つなげる］　発表／内容についてのミニ作文

　　「とり組む」でまとまった話をしたので記録しておきたいと考え、ミニ作文を書いてもらうことにしました。

 授業の流れと教師の発話例

用意するもの　・日本地図

［起こす］ **テーマを使って／他の素材を使って**	1）地図を貼る。テーマ「りょこう」を板書する。 2）疑問詞と文型（この場合は過去形）の復習を兼ねて質問する（ここのやりとりがその後の会話のモデルとなる）。出てきた地名を地図で確認する。 　　T：今日は旅行の話をしましょう。皆さん、夏休みに旅行しましたか。（「旅行した」というL1を指して）L1さん、どこへ行きましたか。 　　　　北海道ですか。北海道は（地図を指して）ここですね。 3）質問しながら疑問詞を板書する。 　　T：L2さんはどこへ行きましたか。いつ行きましたか。誰と行きましたか。 　　　　何で行きましたか。何をしましたか。どうでしたか。…… 　　板書例） 　　┌─────────────────────────┐ 　　│ ①どこへ〜？　②いつ〜？　③だれと〜？ │ 　　│ ④何で〜？　　⑤何を〜？　⑥どう〜？ │ 　　│ ⑦_____ │ 　　└─────────────────────────┘ 4）変形ルールを板書する。 　　T：（「起こす」でのやりとりを踏まえて） 　　　　夏休みに、L1さんは浅草へ行き……ました。とても楽し……かったです。 　　　　浅草はにぎやか……でした。

	板書例）
	<div style="border:1px solid #888;border-radius:12px;padding:8px">いきます　　　たのしいです　　　にぎやかです ました　　　　かったです　　　　　でした</div>
とり組む ペアワーク	1）とり組む内容を説明する。 　　T：皆さんはどこへ行きましたか。（板書を指して）①～⑦まで、隣の人に聞きましょう。 　　⑦は何でもいいです。何を買いましたか。いくらでしたか……質問してください。 2）ペアになり、活動開始。
つなげる 発表／ 内容について のミニ作文	1）何組かのペアに発表してもらう。 2）作文について説明する。 　　T：（板書を指しながら）「なつやすみ、わたしは……」どこへ行きましたか。何をしましたか。どうでしたか……①から⑦まで書いてください。 　　板書例） 　　なつやすみ、わたしは……。 3）作文開始。 4）できたら回収して添削する。できなかった人は次回までの宿題。

 ポイント＆アドバイス

　「起こす」では地図を見せましたが、答えのヒントとなるような交通手段（電車、新幹線、自転車など）の絵カードや夏休みのカレンダーなどを貼ってもいいでしょう。板書はペアワークに活用します。板書例の疑問詞⑦は「オリジナルの質問を作る」のが目的です。①～⑥までの一問一答を終わらせてしまったペアにはここを指して、オリジナルの質問を作ってやりとりを続けるように指示します。

　このレベルでは書き言葉と話し言葉の区別をまだ学習していないので、「つなげる」では話したことをそのまま書きました。普通形を学習した後は、「～です・ます」で話したことを日記のように普通体で書くよう指示してもいいでしょう。

3

会話授業の作り方

授業例3　複数の文型を使って話す「困った経験」　初級後半

『みんなの日本語 初級Ⅱ 第2版 本冊』「第37課 練習B-4」スリーエーネットワーク →別冊p.29

> **学習目標：**受身形を使って困った経験を話すことができる。
> 既習の文型を複数組み合わせて発話することができる。

 授業の組み立て

　教科書の絵を活用した授業例です。教科書の絵を見て受身文が作れるようになったら、それを使って自分の経験を話せるようになることを目指します。

起こす　**教材内の絵をヒントに／文型を復習しながら**

　まず「起こす」では、絵に出てくる動詞の意味や受身形の活用でつまずかないようにしっかりと復習しておきます。さらに、自分の経験を語るために「～たことがあります」という文型を復習し、受身文と組み合わせて使えることを示します。

とり組む　**ペアワーク**

　「とり組む」では経験が語れそうなことばを教科書の設問にいくつか加えて（⑤～⑧）、ペアワークを行うことにします。

つなげる　**報告する**

　「つなげる」は既習の文型をさらにつなげて発話をしてもらいたいと考えました。そこで「～と言っていました」という既習文型をつなげてペアの相手の経験談を他者に伝えるという練習を考えました。

 授業の流れと教師の発話例

起こす	
教材内の絵を ヒントに **文型を 復習しながら**	1）絵を見て受身文を作る（例～④）。 　**T：例の絵を見てください。どうしたんですか。誰に捨てられたんですか。** 2）Lから出てきた動詞を板書する。 3）他にも同じ課で学習した語彙を板書に加え、意味と受身形を確認する（⑤ 　～⑧）。 　**T：⑤「こわす」の受身形は何ですか。例えば、何を壊しますか。** 板書例） 例：捨てる ①しかる ②きらいと言う（振る） ③傘を間違える ④かむ ⑤（　　　）を壊す ⑥（　　　）をとる ⑦足を踏む ⑧＿＿＿＿＿＿

	４）「〜たことがありますか」を復習しながら、質問項目をＷＢに書き加える。 T：前に勉強しましたね。「〜ことがありますか」。「ことがありますか」の前は？ タ形ですね。「捨てられました」は「捨てられた」。「捨てられたことがあり ますか」です。L1さんは、何か捨てられたことがありますか。何を捨てら れましたか。誰に？　いつ？　…… T：１番はどうなりますか。「しかられたことがありますか」ですね。 板書例） 例：捨てる　　　　　　　　　Q=(受身形)たことが ①しかる　　　　　　　　　　あㇼますか。 ②きらいと言う(振る)　　　　いつ？ ③傘を間違える　　　　　　　だれに？ ④かむ　　　　　　　　　　　何を？ ⑤(　　　)を壊す　　　　　　そのあと……？
とり組む ペアワーク	１）ペアになって、①〜⑧について自分の経験を話し合う。 T：では、隣の人に①から⑧まで「〜たことがありますか」で聞いてください。 ⑧は何でもいいです。
つなげる 報告する	１）ペアワークで話したことを報告してもらうため、板書しながら報告の しかたを説明する。 T：では、どんな話をしましたか。教えてください。 L1さん、（ペアだった）L2さんは何をされたことがあると言っていましたか。 （「〜と言っていました」を強調しながら質問し、板書する） T：例えば、L1さんはL2さんに話しました。「子どものとき、犬にかまれたこ とがあります」→「L1さんは子どものとき、犬にかまれたことがあると言っ ていました」。「L1さんは〜たことがあると言っていました」という文で発表 してください。 ２）ペアの相手が経験したことを１人ずつ発表する。 板書例） 例：捨てる ①しかる ②きらいと言う(振る)　　　○さんは(受身形) ③傘を間違える　　　　　　たことがあㇼますか。 ④かむ　　　　　　　　　　あると言っていました。 ⑤(　　　)を壊す

ポイント＆アドバイス

　ペアワーク中に「〜たことがありますか」という問いに対して「はい」「いいえ」だけで終わってい
るペアがいたら、板書の疑問詞の部分を示して、他にも質問するように促しましょう。「つなげる」
ではペアで話した内容を報告してもらいます。報告は「〇さんは〜たことがあると言っていました」
という１文でかまいません。それについて、教師が「とり組む」で行ったような質問をして、深堀
りしていきましょう。他のクラスメートに質問するよう促してもいいでしょう。

授業例4　実体験からロールプレイへ「クレームを言う」 初中級〜

> 学習目標：店員に状況を伝え、改善してもらえるように申し出ることができる。

 授業の組み立て

「クレームを言う」というテーマを扱った授業例です。困った状況を相手に伝え、改善を求めるという流れで会話を作ります。

起こす 他の素材を使って／自分自身を振り返って

「とり組む」に向けた前準備として、「起こす」では絵や写真を使うことにしました。クレームを言いたくなるような写真を見せることが会話への動機づけになると同時に、「汚れる・しみがつく」などの語彙や「自動詞＋ています（お皿が汚れています）」という文型の確認に使えると考えたからです。

とり組む ペアワーク／実演を通して（ロールプレイ）

状況に応じたやりとりが求められるため、ロールプレイを行うことにしました。ロールプレイの前に、動機づけとして実体験を話すため、ペアワークの時間を取りました。

つなげる 発表

「つなげる」では、それぞれ行っていたロールプレイをクラスで発表してもらう時間にしました。使えるフレーズは板書して、クラスで共有します。

 授業の流れと教師の発話例

用意するもの　・クレームを言いたくなるような状況の写真　・質問シート
　　　　　　　・ロールカード→別冊p.54

起こす 他の素材を使って 自分自身を振り返って	1）クレームを言う状況を示す写真（汚れたお皿や虫の入った料理など）を見せながら問いかけ、語彙を確認する。 　**T：ここはどこですか。……このお皿はどうですか。お皿が……「汚れています」ね。この料理はどうですか。……** 2）質問シートを読む。シート内にわからないことばがあったら説明する。 3）シートの使用例を見せる。シートの中からいくつかL1に質問してみる。 　**T：「お皿が汚れていた」。L1さん、L1さんはレストランでお皿が汚れていたことがありますか。（「はい」と答えたら）そうですか。その時どうしましたか。店員さんに言いましたか。何と言いましたか。店員さんはどうしましたか。（「いいえ」と答えたら）では、もし、レストランでお皿が汚れていたら、どうしますか。** 4）シート内の質問について、各自考える時間を取る。
とり組む ペアワーク 実演を通して （ロールプレイ）	1）ペアになり、質問シートで質問し合う。Tは机を回って話し合いの輪に入り、Lからの質問を受けながら、発表者を決めておく。 2）クラスで発表する。 3）ロールカードを配り、役（AかB）を指示する。

	4）Lはロールカードを読む。
	5）TはLに役割と状況を確認する。 T：Aさんは客です。Bさんは……？ T：Aさんはどんな問題がありましたか。Aさんは何をしますか。
	6）必要な表現があれば、導入する。感情の込め方なども指示する。 T：まず、店員さんに声を掛けるとき、何と言いますか。……
	7）ロールカードを回収する（または見ないように指示する）。
	8）店員役を客役の前に立たせ、最終確認をしてロールプレイ開始。 T：では、AさんとBさんに分かれてペアで話しましょう。Bさんは店員なので立ってください。Aさん、店員に声を掛けてください。どうぞ。
	9）終わったら役割を交代する。
つなげる **発表**	1）1組のペアに前に出てもらう。 T：L1さん、L2さん、前に来てください。
	2）店員役を客役の前に立たせ、発表してもらう。 T：どちらが店員役をしますか。客役はここに座ってください。ではどうぞ。
	3）それぞれ何と言っていたか、どんなところが良かったか聞いていたクラスメートが意見や感想を言う。 T：ありがとうございました（拍手）。L1さんは何と言いましたか。 L2さんはどうしましたか。他にどんな言い方がありますか。 L2さん、お客様（L1）の印象はどうでしたか。他の皆さんはどう思いましたか。……

質問シート例）

> こんな経験はありませんか。その時、あなたはどうしましたか。
>
> [レストランで]
> 1．お皿が汚れていた。
> 2．料理の中に虫が入っていた。
> 3．注文した料理と違う料理が出てきた。
> 4．注文したのにいくら待っても料理が来ない。
> 5．案内された席がエアコンの近くで寒すぎる。
>
> [店で・ネットショッピングで]
> 1．果物を買ったら、くさっていた。
> 2．食器を買ったら、傷がついていた。
> 3．服を買ったら、サイズが合わなかった。
> 4．注文したものと違うものが届いた。
> 5．おつりを間違えられた。
> 6．その他

 ポイント＆アドバイス

「起こす」ではクレームを言いたくなった経験やクレームを言った際の店員の対応について聞きながら、その後の会話に使えそうな「謝る」「返金」「返品」「交換」などのことばを導入していきます。同じ状況下でも振る舞いはさまざまだと思います。ロールプレイでは、客役が何と言ったか、店員役がどう応じたか、いろいろなパターンを出してもらいましょう。もし早くロールプレイが終わったペアがいたら、質問シートの状況を使って新たな会話を考えてもらいます。「つなげる」での発表の際は、使えるフレーズだけでなく、誤解を招きそうなフレーズも板書して、どうしたらより良くなるか改善案をクラスで話し合ってみてもいいでしょう。

授業例5　読解からディスカッションへ「もったいない」　初中級〜

『Reading Road 多様な日本を読む』「Chapter2 Lesson1 もったいない」くろしお出版 →別冊p.9〜13

> **学習目標：**相手に意見を求めることができる。
> 相手の話を踏まえて自分の意見を言うことができる。
> グループで出た意見をまとめて発表することができる。

 授業の組み立て

　読解教材の内容をもとに話し合う授業例です。ここでは読解教材の「もったいない」というテーマで意見交換ができると考えました。読解で学んだことを振り返りつつ、話し合いに必要なことばやまとめ方の例を提示しながら進めていきます。

起こす　**他の素材を使って**

　まず、読解文の内容や使われていたことばの意味を思い出します。「とり組む」で必要なキーワードは板書しておきます。すぐに自分の意見を出すことは難しいのではないかと思ったので、話し合いに備えて自分の意見をまとめる時間を取ることにしました。

とり組む　**ディスカッション**

　「起こす」で考えた意見をもとにグループでディスカッションすることにしました。自分の意見を発表することには慣れているのですが、他人に意見を求めたりグループの意見をまとめて発表したりすることには慣れていないクラスだったので、それぞれの方法を事前に確認しておくことにしました。

つなげる　**報告する／感想・意見文**

　「とり組む」で聞いた他者の意見と、自分の考えをつなげる活動を行いたいと考えました。短くてもいいので他者の意見とそれに対する自分の意見と両方書くように促します。これもあまり慣れていない活動なので、発表の前にひな型を提示しておきました。

 授業の流れと教師の発話例

起こす 他の素材を使って	1）教材内容を振り返る。 　　T：『もったいない』という文を読みましたか。「もったいない」とはどういう意味ですか。どんなことが書かれていましたか。マータイさんという人について書かれていましたが、彼女は何をした人ですか。 2）自分のことに置き換える時間を取る。 　　T：皆さんはどんなとき「もったいない」と思いますか。もったいないと思うこと、思うものがないかちょっと考えてみてください。（考える時間を取る）
とり組む ディスカッション	1）論点（話し合ってほしいポイント）を示す。 　　T：グループになって1人ずつもったいないと思うことを話してください。他の人は、それについてどう思うか話してください。後で、グループでどんな意見が出たか発表してもらいます。

2）質問のしかたを確認する。

 T：話を聞くときは？　「〇さんはどう思いますか」です。
 　　〇さんと同じ意見のときは？　「私もそう思います」です。

3）グループを作って、活動開始。

4）終盤になったら、まとめ方を指示する。

 T：グループ全員から意見が出ましたか。後でその中から1つ選んで発表して
 　　もらいます。（板書を読みあげながら）このように発表をお願いします。

板書例）

> 私のグループでは、〇さんから＿＿＿＿という意見が出ました。
> それについてみんなから＿＿＿という意見が出ました。
> 以上です。

5）報告のしかたを指示する。

 T：発表者を1人決めてください。少し時間を取ります。誰が発表するか、ど
 　　のような発表をするか決めてください。

つなげる　報告する／感想・意見文	1）発表者がグループで話し合った内容を報告する。 2）作文のひな型を板書して見せる。 T：今日はグループでたくさん話しました。他のグループの意見も聞きました。 　　その中で一番印象に残った意見は誰の意見ですか。それについて皆さんはど 　　う思いましたか。これからはどうしたらいいと思いますか。書いてください。 　　例えば……（Tが板書のブランクの部分を埋めて例を挙げる）。わからない 　　ことばがあったら手を挙げて聞いてくださいね。では、始めてください。 板書例） > 私が印象に残ったのは〇さんの意見です。 > 〇さんは＿＿＿＿と言いました。私は＿＿＿＿と思いました。 > これからは＿＿＿＿と思います。 3）感想・意見文を書く。終わったら回収して添削する。

✋ ポイント＆アドバイス

　読解では同じ教材を初級後半で扱う授業例を紹介しましたが、グループで意見を述べ合い、それをまとめて報告するというタスクが少し難しいので、こちらでは初中級の授業例として紹介しました。

　「とり組む」2）で挙げたフレーズはディスカッションで使えるように板書しておきます。ディスカッション中教師はグループ間を回り、話し合いに参加していない学習者はいないか、ことばにつまってうまく説明できないでいる学習者はいないかチェックします。前者の学習者には「〇〇さんは……と言っています。××さんはどう思いますか」などと声を掛けてその人の意見を引き出しましょう。後者の学習者には使えそうなことばを導入します。クラスでも知っておいてほしいことばだったらホワイトボード（以下、WB）に書いておき、後で共有しましょう。

　その後スムーズにまとめに移れるように、学習者が話し合っている間に「とり組む」4）を板書しておきます。

授業例6-1　実践に向けたロールプレイ「欠席連絡」 初中級〜

学習目標: 欠席連絡の電話をかけられるようになる。
印象の良い話し方を意識して実際に電話がかけられる。

 授業の組み立て

　電話のかけ方は一度覚えておけば実際に電話するときに役に立ちます。電話の音声は普段の肉声とはまた異なるのでぜひ実践したいと考えました。その前に、しっかりとロールプレイで電話会話の流れを身に付けておきます。

起こす **あえて何も行わずに**

実際に電話をかけられるようになるのが目標ですので、「起こす」は実践に近づけて緊張感を持った内容にしたいと考えました。そこで、まずいきなり電話会話をやってもらい、どんなことばでどのぐらい対応できるか確認します。

とり組む **実演を通して(ロールプレイ)**

「とり組む」では、「起こす」の例を振り返りながら、ロールプレイにしてそれぞれが自分なりの欠席連絡について考える時間にしました。

つなげる **発表/相手を変えて**

相手が見えない電話という状況に慣れるには、実際に電話をかけてみるのが一番ではないかと考えました。そこで、「とり組む」で作った電話会話を発表した後、実際に日本語母語話者に電話をかけてみることにしました。

 授業の流れと教師の発話例

起こす あえて何も 行わずに	1）L1 に前に出てもらう。 2）L1 に T を相手に欠席連絡の電話をしてもらう。T は学校のスタッフ役となり、L1 からの伝言を受ける。 　**T:L1 さんは今日学校を休みたいです。学校（T）に電話をしてください。** 　　**皆さんはどんな話をしているか、聞いていてください。** 3）2）で行った電話会話を振り返る。 　**T:L1 さん、どうでしたか。** 　**T:（クラス全員に）L1 さんは電話をしました。最初に何と言いましたか。** 　**T:電話に出たのは誰でしたか。先生と話したいとき L1 さんは何と言いましたか。** 4）良かった点、改善点などをクラスで話す。適したフレーズは板書する。 　**T:先生と話したいとき、何と言えばいいと思いますか。** 　**T:先生と話したいのに、先生はいませんでした。L1 さんは切ろうとしましたが、** 　　**伝言をお願いしたいとき、何と言いますか。**

とり組む **実演を通して** **（ロールプレイ）**	1）1人がスタッフ役、もう1人が学生役になって欠席連絡の会話をする。 　　T：ペアになります。1人は学校のスタッフ、もう1人は学生です。学生は 　　　○○先生に休むことを伝えたいです。学校に電話をしてください。電話を 　　　するとき、最初に何と言いますか……。 　　T：欠席理由は何でもいいです。L1さんは熱があると言っていましたが、皆 　　　さんは自分の理由を考えてください。でも、○○先生はいません。スタッ 　　　フは何と言いますか。伝言するとき、学生は何と言いますか。 　　T：電話を持ってください（持つふりでもOK）。では、どうぞ。 2）ロールプレイ終了。間違いが多かった点、直してほしい点をフィードバックする。
つなげる **発表／** **相手を変えて**	1）クラスで発表する。 2）協力者の電話番号を板書する。 3）欠席理由をそれぞれ考え、2）に1人ずつ電話をする。 　　T：これは××の電話番号です。電話をすると、Aさんが出ます。皆さんは明 　　　日学校を休みたいです。先生はいないので、Aさんと話してください。 4）全員終わったら、Tが2）に電話をして、伝言を聞く。 　　T：（Aさんに）Aさん、最初に誰から電話がありましたか。私にどんな伝言で 　　　したか。 5）感想を述べ合う。 　　T：ペアワークのときと、Aさんに話したときと、どう違いましたか。

 ## ポイント＆アドバイス

　「起こす」の最初に前に出てもらう学習者は、自分から手を挙げてくれるのが何よりですが、こちらから指名する場合は、人前で間違えてもあまり苦にしない人を選んでおきます。ことばにつまる場合は耳打ちして会話を進めてもかまいません。電話会話への「とり組む」に向けて関心意欲を呼び起こせれば十分だと思います。

　「とり組む」の間、教師はクラスを回って学習者が間違えやすい点をチェックし、ペアワーク後にフィードバックします。早く終わったペアには「では私の前でもう一度お願いします」または「後で前に出てやってもらうから練習しておいてください」などと声掛けします。

　「つなげる」では、電話応対してくれる協力者をあらかじめお願いしておきます。学校関係者以外でもかまいません。電話代（誰の電話を使うか）や先方の電話番号情報が漏えいしないように配慮しておきましょう。無料通話アプリを使うのもいいでしょう。協力者には次のような内容を伝えておきます。

・電話をかけてくる学習者の人数
・教師宛てに電話をかけてくるから、不在だと伝えてほしい
・もし伝言を受けたら、メモしておいてほしい
・全員終わったら、教師から電話をするので、学習者の名前と伝言内容を教えてほしい

　クラス外の人に電話するとわかったときの学習者の緊張感は相当なものです。「つなげる」5）で名前を聞き返された、伝言がうまく伝わらなかったなどという感想があったら、改善案についてクラスで話し合いましょう。

授業例6-2　悪い例からより良い会話作り「欠席連絡」　中上級〜

『しごとのにほんご ビジネスマナー編』「第 1 章 日本の一般マナー ②社会人らしい言葉遣い」アルク →別冊 p.30〜32

> **学習目標**：印象の良い話し方・悪い話し方について意見が述べられる。
> 　　　　　欠席連絡の電話がかけられるようになる。
> 　　　　　印象の良い話し方を意識して会話を作ることができる。

 授業の組み立て

　文法的には間違っていないのに角が立つ、悪気がないのに失礼な振る舞いととられるという例を授業で取り上げたいと考えました。仕事をしている学習者からそのような相談を受けることがあるからです。

起こす　**悪い例を使って**
「起こす」では、まず問題があるということに学習者自身の力で気付いてほしいと考え、悪い例を提示することにしました。

とり組む　**ペアワーク／実演を通して（ロールプレイ）**
「とり組む」では、「起こす」で見た間違いをどうやったら正せるのか、ペアワークにして考える時間にしました。それを踏まえてロールプレイにとり組んでもらいます。

つなげる　**発表／振り返りシート**
「つなげる」ではこの授業での気付きを自分なりのことばで記録してほしいと考え、振り返りシートを書いてもらうことにしました。

練習会話）

『しごとのにほんご ビジネスマナー編』,アルク,2008

授業の流れと教師の発話例

用意するもの　・振り返りシート

起こす 悪い例を使って	1）教科書 p.67 の悪い例を音読する。 2）会話の問題点を考えてもらう。 　　T：呉さんの印象はどうですか。どこが問題だと思いますか。 3）問題点を発表してもらう。発表内容は板書する。
とり組む ペアワーク 実演を通して （ロールプレイ）	1）どんな言い方が適切かペアまたはグループで考える。 　　T：板書の内容を見て、どう直せばよいかペアで話し合ってみてください。 　　T：例えば、「今日お腹が痛いので休みます」はどう言えばよかったと思いますか。 　　　他に、断言しない言い方、もう少し丁寧な言い方はありませんか……。 2）クラスで発表する。 3）Lの発表で出てきた表現を踏まえながら、適切な表現を確認する。 4）3）を踏まえて、会話を作る。 　　T：もう一度ペアになってください。1人が課長、1人が欠勤する社員になって 　　　課長に電話をしてください。今覚えた表現をたくさん使ってくださいね。 5）終わったら役割を交代する。
つなげる 発表／ 振り返りシート	1）何組かのペアに発表してもらう。 2）振り返りシートに記入。 　　シートの項目例）　・今日初めて知ったこと 　　　　　　　　　　　・今日覚えたことば 　　　　　　　　　　　・今日印象に残ったクラスメートのことば

 ポイント＆アドバイス

　「起こす」では、課長の表情や「……」と言いよどむ様子に着目させれば、課長が呉さんの発話に対して良い印象を持っていないことは理解できると思います。ただ、何が悪いのか問題点がわからないという学習者もいるでしょう。悪いのはわかるがその理由はわからない、というのも1つの気付きとして良いと思います。学習者が問題点に気付かない場合は、問題点をこちらで指摘し、改善案を考える段階に進みます。教科書 p.68、69に答えが載っていますが、それを見ないで自分で考えるように促しましょう。

　「とり組む」3)では、悪い例→改善例を板書に整理していってもいいですし、教科書 p.68、69にある問題点と改善案を読みながら進めてもいいでしょう。マナーは文化の違いが色濃く表れます。「こうすべき」と伝える前に、お互いの違いについて考える時間を設けていきたいものです。

授業例7　1文をきっかけにドラマ作り
　　　　　「おかげさまで、できるようになりました」 　 中上級〜

学習目標：自分ができなかったこと、できるようになったことを伝えられるようになる。

 授業の組み立て

　日本語力の上達を振り返るタスクとして組み立てた授業例です。自分ができるようになったことを言語化すること、クラスメートと協力して一から何かを作り上げることは、学習者の今後の自信につながるのではないかと考え、ドラマ作りを行うことにしました。

起こす **会話の1文を使って**
　まず「起こす」では、「おかげさまで……」という1文を提示し、自分ができるようになったこと、お世話になった人たちのことなどを思い起こしてほしいと考えました。

とり組む **実演を通して（ドラマ作り）**
　「とり組む」はグループでのドラマ作りにしました。日本語ができなかったとき、できるようになったときの思いを、一緒に勉強してきたクラスメートと共有してほしいと考えたからです。

つなげる **発表／感想をもらう**
　「つなげる」は発表会です。スピーチコンテストの余興として発表の場を設けてもらいました。学校関係者の前で演じることは日本語学習のまとめになると考えました。

 授業の流れと教師の発話例

起こす 会話の1文を使って	1）「おかげさまで、できるようになりました」と板書する。 2）どんなとき、誰に言うことばか考える。 3）日本で（あるいは日本語を勉強して）できるようになったことを考える。 4）発表する。
とり組む 実演を通して （ドラマ作り）	1）3人1組でグループを作る。 2）活動内容を説明する。 　T：3人で「できるようになりました」のドラマを作りましょう。（板書を示しながら）①〜③の役と、タイトルを決めてください。シーン1はできなかったときの会話です。できなかったとき、どんなことに困りましたか。どんなことで困らせましたか。考えて、会話を作ってください。シーン2はできるようになった現在の会話です。シーン1の頃と比べて、何が変わりましたか。全部で5分くらいのドラマを作ってください。

	板書例） ①日本人　②できない人　③できるようになった人 タイトル「〜ようになりました」 「前は…できませんでした」①と②のミニドラマ 「今は…できるようになりました」①と③のミニドラマ 3）ドラマ作り開始。 4）クラスで発表する。
つなげる 発表／ 感想をもらう	1）ゲストの前で発表する。 2）ゲストに感想を書いてもらう。 3）翌授業でゲストからの感想を共有する。

ポイント＆アドバイス

「とり組む」でアイデアに詰まらないように、「起こす」ではできるだけ具体的に、どんなことができるようになったか話してもらいます。実際の「とり組む」では次のようなミニドラマができました。

ドラマ例1）　「トイレに行けるようになりました」
　　　　　　①と②のミニドラマ…トイレに行きたそうにしながら、日本人に英語でトイレの場所を尋ねる。しかしBathroomという英語が伝わらず、途方に暮れる。
　　　　　　①と③のミニドラマ…日本語（それも敬語）でトイレの場所を聞き、スムーズにトイレに案内される。

ドラマ例2）　「ナンパできるようになりました」
　　　　　　①と②のミニドラマ…外国語で話し掛けて思わぬ誤解をされたあげく、逃げられる。
　　　　　　①と③のミニドラマ…日本語で冗談を言いながら声を掛け、仲良くなる。

学習者がイメージしやすいように、このようなドラマ例を「起こす」で紹介するのもいいでしょう。（→過去の例を紹介して p.72）。

「つなげる」では発表の場を作りましたが、発表の場がない、ゲストを招くのが難しいという場合は、動画に撮って見てもらうのも1つの方法です。その際には、次の授業までにコメントを寄せてもらえるように、教師側から視聴者の皆さんにお願いしておきます。

授業例8　よく聞き、話し、説得する「救急車は有料化すべきである」／　上級

学習目標：客観的に意見を述べることができ、他の人を説得できるようになる。

 授業の組み立て

　相手の意見を聞く力、それについて反論する力をつけてほしいと考えました。また、社会的なテーマに取り組みたいと思い、このテーマでディベートを行うことにしました。

起こす テーマを使って／他の素材を使って

　　　まず、より深く理解してもらうために、テーマにちなんだ質問をします。その後、テーマについて情報を提供したほうがいいと考え、いくつかのデータを紹介することにしました。

とり組む ディベート的な話し合い

　　　自分のことについてはよく話せるので、ディベートで客観的に物事をとらえる練習をしたら会話の幅が広がるのではないかと考えました。このテーマを選んだのは、正解がない上にどの国の学習者でもイメージしやすい問題ではないかと考えたからです。

つなげる 振り返りシート

　　　自分の意見とは異なるチームに入る学習者がいることを考え、「つなげる」ではディベート中の自分を振り返ってもらうとともに、自分の個人的な見解を振り返りシートに記入してもらうことにしました。

 授業の流れと教師の発話例

用意するもの　・救急搬送に関する資料　・振り返りシート

起こす テーマを 使って 他の素材を 使って	1）テーマ「救急車は有料化すべきである（1回1万円）」を板書する。 2）テーマに沿った質問をする。 　　T：救急車はどんなとき使われる車ですか。あなたは救急車を呼んだことがありますか。あなたの国で救急車は有料ですか、無料ですか。日本では軽症者が安易に救急車を呼ぶことで、救急車が足りなくなり、本当に必要な重症者の搬送が遅れるという問題が生じています。それについてどう思いますか。 3）10年間の救急搬送人員の変化（年齢・重症度別）を表したグラフと、有料化賛成、反対それぞれの声を紹介する。 4）3）のグラフからわかることを発表してもらう。
とり組む ディベート的 な話し合い	1）ディベートの内容を説明する。 　　T：今日は安易に救急車を呼ぶことを減らすために「救急車は有料化すべきか」というテーマで話し合いましょう。 2）クラスを2つのチームに分け、チームリーダーと書記を決める。 　　T：Aチームは有料化賛成チームです。つまり、救急車にお金を払ったほうがいいという意見のチームです。Bチームは反対、つまり救急車は無料がいいという意見のチームです。皆さんの個人的な意見は違うかもしれませんが、ディベートはこの意見で戦ってください。

T：リーダーはチームの司会です。全員の意見を聞いてください。書記は、発表するときに困らないようにメモを取る係です。

3）チーム内での話し合い［1回目］。それぞれ賛成（反対）理由をグループで話し合う。

T：チームでできるだけたくさん賛成（反対）意見を出し合ってください。時間は○分です。どうぞ。……終了1分前です。発表者を決めてください。

4）チーム内での意見をクラスで発表する［1回目］。Aの発表、質疑応答→Bの発表、質疑応答。Tは発表の要旨を板書する。

T：ではAチームから出た意見を発表してください。……

T：ありがとうございました。では、今のAチームの意見についてBチームから何か質問はありませんか。

5）討論開始。4）を踏まえて反論意見を述べ合う。Tは板書する。反論は違う色で書く。

T：では、相手のチームに意見がある人は手を挙げてください。

6）チーム内での話し合い［2回目］。5）で出された相手からの反論について話し合う。

T：（板書の反論を示しながら）それぞれのチームに対して反対意見が出ました。これらの意見についてどう思うか、チームで話し合ってください。時間は○分です。

7）チーム内での意見をクラスで発表する［2回目］。Aの発表、質疑応答→Bの発表、質疑応答。

8）再び討論開始。7）を踏まえて反論意見を述べ合う。

つなげる
**振り返り
シート**

1）振り返りシートを記入する。

　シート例）　・ディベート中、発言できたか。それはどうして？
　　　　　　　・あなたは救急車の有料化に賛成か。反対か。どうして？

2）できたら回収して添削する。できなかった人は次回までの宿題。

 ## ポイント＆アドバイス

　「起こす」では、ディベートで使えそうなことばを確認しつつ、自分や自分の国のこと、そして本題である国の問題にまで発展させて考えられるように質問を重ねました。質問文が長い、新出語彙が多いという場合は、質問シートにして配布しましょう。配布せずにプロジェクターで映しておく方法もあります。また、データ収集を宿題にしておくのもいいでしょう。

　筆者は「とり組む」のチーム編成、リーダー、書記ともくじで決めてしまうことが多いですが、レベル差が激しいクラスや国籍をバラバラにしたいときなどはあらかじめチーム編成を決めておくこともあります。自分の考えと反対のチームに入れられたことに反発する学習者もいます。ディベートは個人的な主張は脇において客観的に意見を述べていくものだということ、物事を両方の視点から考える練習であることを伝えましょう。

　ディベート中の板書は、賛成反対がわかりやすいようにWBを2つに区切って箇条書きしていきます。「とり組む」7）の2回目の発表（反対意見に対する反論）はペンの色を変えて書き加えていくなど、今どんな意見が出ているのか視覚的にわかるようにしていくと、学習者も意見が出しやすくなります。

3

会話授業の作り方

授業例9　実体験からパネルディスカッションへ 「日本語母語話者との会話でここが困った！」　　上級

学習目標：他者のやりとりを聞き、それに対して意見や感想が述べられる。
　　　　　　自身のモヤモヤを他者に伝えることができる。

 授業の組み立て

　日本語のレベルが上がってくると、ことば以外の壁に当たり「日本人はどうして××なんですか」という質問を受けることがあります。教師1人でも「日本ではこういう傾向がある」ということは言えますが、人によってさまざまな意見があるということを知るために、日本語母語話者をゲストに呼んでパネルディスカッションを行うことにしました。

起こす　**過去の例を紹介して／自分自身を振り返って**
　　　　　まず「起こす」では、すぐに意見が出ないことを想定し、過去の例を紹介し、さらに質問シートで自分の経験を振り返る時間を取ることにしました。

とり組む　**パネルディスカッション**
　　　　　司会は教師が行うことにしました。学習者にとって日本語母語話者に質問できる良い機会ですし、フロアにいる方がパネリストの意見に集中できると考えたからです。

つなげる　**感想をもらう・コメント・お礼状**
　　　　　「つなげる」はパネリストから感想をもらい、それに対して学習者にお礼と感想を書いてもらいます。これは授業の気付きを記録するためです。パネリストから感想をもらうことは、今後の日本語学習へのモチベーションにもつながるのではないかと考えました。

 授業の流れと教師の発話例

用意するもの　・質問シート

起こす **過去の例を紹介して**	1）タイトル「日本語母語話者との会話でここが困った！」と板書する。 2）Tから過去の例を紹介する。 **T：同じテーマで話したとき、こんな意見がありました。皆さんはどう思いますか。** ・日本人はあいづちが多くて話すタイミングが難しい。 ・日本人の「今度一緒に行こう」はどこまで信じていいのか。 ・日本人の「いいよ、いいよ」はOKなのかNOなのかわからない。
自分自身を 振り返って	3）質問シートについて考える。 　質問シート例） 日本人の話し方で気になることがありますか。 日本人と話していて、イライラしたことがありますか。 最近、日本語が聞き取れなくて困ったことがありますか。 いつ？　どこで？ 聞き取れないときはどうしますか。 最近、日本語が伝わらなくて困ったことがありますか。 いつ？　どこで？ 伝わらないときはどうしますか。

	4）ペア（またはグループ）で3）について話し合う。 5）クラスで発表する。Tは出た意見を記録しておく。
とり組む パネルディス カッション	（以下、司会ーT　パネリストー日本人ゲスト3人　フロアーL） 1）パネリスト来訪。自己紹介とテーマについての簡単な意見を述べてもらう。 2）ディスカッション開始。Tが司会役になり、「起こす」5）で出た意見 　　についてパネリスト同士の意見交換。Lはフロアとして聞く。 3）フロアからパネリストへの質疑応答。 4）パネリスト退室。パネリストには別室で感想を書いてもらう。 5）フロアの感想を述べ合う。
つなげる 感想をもらう コメント・ お礼状	1）パネリストからの感想を読む。 2）パネリストにお礼と感想を書く。

 ## ポイント＆アドバイス

　この授業は「起こす」と「とり組む」～「つなげる」の2回に分けて授業を行い、「つなげる」のお礼と感想は宿題にしました。

　「起こす」では日本人と関わって不思議に思ったこと、うまくいかなかったことをできるだけたくさん出してもらいます。学習者からの意見がそのままディスカッションのテーマとなります。質問シートは事前の授業で配布して考えてきてもらうとスムーズです。

　「とり組む」ではパネリストとして日本語母語話者を招きましたが、日本滞在歴の長い方や日本語学習の先輩などを招いても、新鮮な意見が聞けることと思います。パネリストにはあくまで個人的な考えをざっくばらんに述べてもらいます。自分たちは普段どう対応しているか話し合ってもらいましょう。パネリストには「××人は○○である」というような断定的な言い方や偏った見解は避けるように事前に伝えておきます。「つなげる」はお礼状という形をとって、手紙の書き方の学習につなげてもいいでしょう。

もっと！　会話

より自然な日本語を目指して

　教科書の表現を正しく言えるようになることは大切ですが、実際は教科書通りに流れる会話ばかりではありません。同じ場面でもその時の感情や個性、個人の属性によって使われる日本語は変わってきます。文法的に正しくても聞き手に不快な印象を与えてしまう場合もあります。学習者の発する日本語がどんな印象を与えるか常に考え、学習者に伝えていきましょう。そのためにも、まずは日ごろから使い分けに敏感になっておくことです。「『××』と『○○』はどう違いますか」と質問され、「だいたい同じです」と答えてしまった経験はありませんか。もしその経験があるのなら、次の授業ではその違いを説明できるように説明のしかたを考えてみましょう。

　また、学習者は教師の発話をよく聞いています。以前、語尾に「〜のよ」をよく使う男性の学習者がいました。「〜のよ」は女性らしい表現だと伝えたところ、本人にはその意図はなかったそうで、とても驚いていました。以前習っていた教師の口癖をまねして使っていたのだそうです。自分の使う日本語にも敏感でいたいですね。

さまざまなツールに挑戦する

　今は簡単に動画を作ることができます。スライドを使ってプレゼンテーションをする代わりに動画を作って発表してもらうこともできます。動画を公開して外部からコメントをもらえるように設定しておけば、ちょっとしたコンテストを行うことができます。コメントをもらう場合はいつまでに書き込んでほしいか期日を知らせておきましょう。同様に、音声配信アプリによってスピーチなどを配信してみてもいいでしょう。

　ビジターセッションでクラス外の人を呼ぶように、オンライン会議ツールや音声で交流するSNSを使ってクラス外の人とやりとりすることも可能です。ライブ配信に限らず、お互いが作成した動画で非同期型のやりとりができる教材なども会話授業で有効です。非同期型であれば、日程調整することなくクラス外の人とやりとりを行うことができます。その場で日本語が思いつかなくても焦ることなく、何度も取り直すことができますし、相手の発話も繰り返し聞き直すことができます。

　どれも学習目標を定め、3ステップを意識するという授業の流れは変わりませんが、日々進化するツールを駆使してとり組み方の幅を広げていきましょう。

第 4 章

作文授業の作り方

作文授業を作るには、筆記手段をどうするか、作文の構成をどうするか、添削方法をどうするかなど、考えることがたくさんあります。これらをどのように組み込んで授業を組み立てていくのか、見ていきましょう。

「書く」とは

　私たちは自分が持っている情報や感情、意見を表現するために話したり書いたりします。

　「話す」が声や身体表現を使うのに対して「書く」は文字を使います。また、「話す」は本来一過性であるのに対して、「書く」には記録として残るという特徴があります。これによって、何かをまとめて思い出や記録として保存しておくことができます。バラバラの思考を書き出して整理したり、一度書いたものを推敲したり、他者に見せて添削してもらったりすることもできます。この特徴を生かして話の構成やまとめ方を身に付ければ、それはそのまま会話にも生かしていくことができるでしょう。

　「作文」とは何かの目的を持って1つの文章を書くことを言いますが、作文授業は日本語で「書く」行為全般の向上を目指して行われます。では、これらの「書く」行為を身に付けるために、私たちはどんな作文授業を展開すればよいのでしょうか。

作文授業で何を学ぶのか

　文字で伝える力を育てるために、私たちが行う作文授業の目的は大きく分けて次の3つです。

目的1 表記・筆記手段を身に付ける

　日本語学習の作文授業では、文章について学習する前に文字やことばの表記の学習から入ることがあります。動画や音楽などで耳から日本語を学んできた学習者の中には、ことばをたくさん知っているように見えて、実は正しく表記できないという人が少なからずいます。そのような表記が苦手な学習者は漢字授業や作文授業をきっかけに書き方の学習をしていきます。

　また、日本語には縦書きも横書きもあり、それぞれにルールがあります。例えば、縦書きでは漢字の偏とつくりを分けて書いてしまう学習者がいます。右のような間違いは決して珍しいことではありません。作文授業では原稿用紙などを利用して漢字の構成や書き方のルールを学習します。

　最近では紙にペンで「書く」だけでなく、パソコンやスマホで「書く」ということが主流になりました。これらの日本語入力のしかたも授業で扱うことがあります。文字入力は正しく入力しないと自分が使いたい文字が出てきません。また、変換候補の中から正しい漢字を選ぶ弁別力が必要になってきます。入力の注意点を教える際は、後で漢字の読み方に困らないように振り仮名の入力方法も教えておくといいでしょう。

　表記を学び、それぞれの筆記手段を学んで1つの文が正しく書けるようになったら、少しずつ文の長さと量を増やしていき、文章の学習へと進みます。

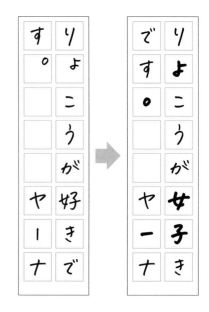

文のつなぎ方、文章の構成を身に付ける

　文を書く際には、今まで学習した文型をできるだけ呼び起こして運用します。作文は、1つ1つ別々に学習していた文型同士をつなげて使い、使い方の幅を広げていくチャンスです。

　文が書けるようになったら、文のつなぎ方、段落の作り方や構成などの学習へ進みます。

　どんなに材料がそろっても文法的な知識があっても、書くと1文で終わってしまう学習者がいます。まとまりがなく、結局何が言いたいのかわからない文を書く学習者もいます。文章を書く際には、イメージを広げてその中からテーマを絞り、それを「序論→本論→結論」「主張→理由→まとめ」など、段落を作って順序立てて書くことが求められます。授業では、それぞれの段落に何を書けばよいのか1つ1つ具体的に指示をしていきます。順序立てていく上で使えるのが「そして、なぜなら、たしかに」などの接続詞です。接続詞によってその後の展開を示すことができます。接続詞が上手に使えるようになると、文章の展開が予測できるようになり、読解や聴解にも生かすことができます。

　レベルが上がったら、小論文の書き方を学習する授業があります。小論文とは文体を硬い表現に統一し、自分の意見を論理的に述べる文章です。自分の意見とその理由を筋立てて述べ、読み手を納得させる力が求められます。

目的3 ことばや表現の使い分けやマナーを身に付ける

■ 書き言葉と話し言葉、硬い表現とやわらかい表現
　書き言葉について最初に触れるのは、初級後半で普通形を学習するときです。そこでは、メモを取るときや日記を書くときには「行きます」「楽しいです」などの丁寧体ではなく、「行く」「楽しい」などの普通形を使った文体（普通体）が使われるということを学習します。

　　例1）　丁寧体：先週、キャンプに行きました。とても楽しかったです。また行きたいです。
　　　　　普通体：先週、キャンプに行った。とても楽しかった。また行きたい。

　さらに中上級になると、硬い表現とやわらかい表現があることを学習します。例えば、同じ内容でも友人同士のメールやブログなどでは例2、小論文や報告書では例3のように表現を使い分けることが求められるわけです。

　　例2）　それは個人の話じゃなくて、めっちゃいろんな社会問題が関わってるんじゃないかな。
　　例3）　それは個人の話ではなく、極めて多様な社会問題が関わっているのではないだろうか。

　語彙の面でも使い分けが必要なことばが増えてきます。例えば「だんだん」に対して「次第に」、「増える」に対して「増加」のような漢字語は硬い書面で使うのに適しています。このように、文書の種類によって適した使い分けを学習していきます。

■ 敬語／書面上のマナー

　ビジネスパーソンに日本語を教えていると、メールの書き方について相談を受けることがあります。書面上のマナーで気を付けることは3つあります。

　1つは言葉遣いのマナーです。目上の人に向けた手紙や対外的な文書を書く場合は敬語を使いますので、正しい敬語の使い方を学習します。もう1つは書き方のマナーです。手紙やメール、ビジネス文書の書き方には特有のマナーがあります。どこに何を書くか、文頭と文末のあいさつ文や決まり文句などを学習します。以上の2つは形式上の問題ですので、こういうことばや形式があるということだけでも覚えておいてもらうといいでしょう。

　最後の1つは文化や言語の違いによって異なるマナーです。日本では当たり前の言動が海外では失礼に当たることがあります(その逆もしかりです)。また、ことばも形式も合っているのに失礼な印象を与えてしまう文面があります。一見間違っていないように見えるので見過ごしがちですが、モヤモヤを残す文章は対人関係に支障を来しかねません。

　例1)　韓国人学習者から「××は知っていますよ。○○がわかりませんよ」とメールが来た
　例2)　「私は××大学という優秀な大学で常にトップの成績を修めてきました」という自己紹介
　　　　作文

　例1は言語面でのモヤモヤです。韓国語の「〜ヨ(요)」は文末に付くと「〜です・〜ます」の意味になるのでその影響かもしれませんが、文末の「〜よ」の多用が気になるところです。例2は文化的な違いによるモヤモヤです。謙遜しないで自分の履歴をアピールする行為に違和感を覚える人もいるでしょう。

　最近ではＳＮＳなど文字によるコミュニケーションの機会が増えました。文字は記録として残ってしまいます。教師も学習者もこのように言語的、文化的な誤解が生じる可能性があることを常に頭の片隅に置いておかなければなりません。文章がどんな印象を与えるのかクラスで話し合う機会があるといいでしょう。

作文の種類とテーマ選び

■ 作文の種類

　作文授業で扱われるのは、主に次のようなものです。それぞれの特徴と「とり組む」上での注意点は「とり組む(→作文の種類とその注意点p.131)」で紹介します。

- ・文型作文・テーマ別作文
- ・質問文
- ・スピーチ・プレゼンテーション原稿
- ・小論文

- ・感想文
- ・描写文
- ・メール・ビジネス文書
- ・レポート

- ・意見文
- ・要約文
- ・手紙文
- ・新聞作り

■作文のテーマとレベル

　テーマは、作文授業における学習目標と、学習者のレベル、ニーズに合わせて設定します。初級のうちは学習した文型やことばを使って書けるかどうかというのも大切なポイントです。基本的には個人的・具体的なテーマは難易度が低く、社会的・抽象的になるほど難易度が上がります。例えば「食べ物」をテーマにしたいと考えた場合、「好きな食べ物」「私の朝ごはん」といったテーマは個人の行動や感想なので比較的やさしく、「良いレストランに求められる条件」「食品ロス」など社会的なテーマは難しくなります。ただ、学習者が日ごろから関心を抱いている分野の場合、その限りではありません。多少難しくても学習者が書きたい、書けそうだと思えるものがいいので、日ごろから学習者の関心ごとにアンテナを張っておきましょう。

　また、限定したテーマより、少し幅を持たせたテーマにすることで書きたいことがイメージしやすくなることがあります。例えば、「私の好きな本」というテーマでは本嫌いには書きにくくなってしまいます。自由な解釈で始められるように、タイトルの一部をブランク（〇〇）にして「私の好きな〇〇」とすると、「好きなスポーツ」「好きな動画」など、本当に自分の好きなものについて書くことができます。

難易度が低いテーマ	難易度が高いテーマ
個人的・具体的 学習者にとって身近なもの 誰が書いてもある程度同じもの(手順の説明など)	社会的・抽象的 学習者にとって縁遠いもの 人によって意見が分かれる・正解がないもの

作文授業を組み立てる

　次に、作文授業の作り方について考えていきましょう。作文授業で必要なのは、**学習目標**を決め、**筆記手段**、**作文の構成**をどうするか、**添削方法**をどうするか考えることです。そして、それに合わせて3ステップで授業の流れを組み立てていきます。

■学習目標の決め方

　作文授業を受けた後で学習者は何が得られるのか、教師は学習者に何ができるようになってほしいのか考えておくことが大切です。文字や文型を正しく使えるようになるというだけでなく、筆記手段や書式を使いこなせる、文体を使い分けられる、構成を整えてまとめられるようになる、そして、意見や感想、描写や要約など自分が伝えたいことを端的に書面で伝えられるようになる……いろいろ考えられると思います。その中から学習目標を設定します。

　同じテーマを設定したとしても、レベルが異なれば書き方や分量、書ける内容は異なります。例えば何かについて意見を求めた場合、最初の頃に書けるのは「良い（悪い）と思います」という１文だけかもしれません。しかしレベルが上がるにつれて、そこに理由を加えられるようになり、根拠となる例を示したり反対意見への反論を加えたりして、より説得力の増した意見文が書けるようになっているはずです。皆さんのクラスでは、どんなテーマで、どんな作文ができ上がると思いますか。

学習者のニーズ、使用教材、授業時間などを考慮した上で、作文の出来上がりをイメージし、自分なりの学習目標を設定しましょう。

■筆記手段の決め方

学習者のニーズと学習目標に合わせて筆記手段を考えます。手書きかパソコンか、手書きだとしたらどんな用紙を使って書いてもらうか考えましょう。原稿用紙や文章作成ソフトなどを初めて使う場合には、使い方を学習する時間を要します。授業の流れを考える際は時間配分に気を付けましょう。(→筆記手段p.127)

■構成を考える

どんなに書く材料がそろっていても、1文で終わってしまう学習者がいます。反対に、長く書いたものの結局何が言いたいのかわからないという作文も見受けられます。そこで必要なのが構成に関する指示です。作文に慣れないうちは、まずどこに何を書くか、文の構成を具体的に指示します。(→構成p.128)

■分量を考える

作文例がある場合はその文字数を参考に、だいたいどのくらいの分量を書いてもらうか考えておきます。作文の種類や漢字の使用率にもよりますが、初級の場合ほぼひらがなで200字程度、上級の小論文では基本的な漢字かな交じり文で400字〜600字くらいの課題が一般的です。スピーチ原稿の場合、母語話者であれば1分間に300字程度の分量が最適と言われていますが、学習者は1〜2割少なく考えていいでしょう。「3分間のスピーチができるように準備してください」というように、発表時間を指定して自分の話すスピードに合った原稿を用意してもらうという方法もあります。

■添削を考える

学習者が作文を書いたら添削をします。

読んでみると正解不正解がはっきり分けられないものが多く、どうやって、どこまで直すかは経験を重ねても悩ましい問題です。直しすぎるのも添削しないで返却するのも学習者のやる気を損ないかねません。学習者が前向きになれる添削のポイントや訂正時のルールについて考えてみましょう。(→添削p.138)

■３ステップで授業の流れを考える

　作文授業を組み立てる際、「とり組む」内容、テーマ、学習目標を設定し、筆記手段を決めたら、３ステップを組み立てていきます。

　まず、具体的に「とり組む」方法を考えます。作文授業における「とり組む」は「書く」作業ということになりますが、本書では「とり組み方と構成の説明、初めての筆記手段に挑戦する場合はその使い方の指導、書く、添削」までを含めて「とり組む」として扱います。

　「とり組む」の流れが決まったら、そこに必要な知識や意欲をどうやって呼び起こすか、「起こす」を考えます。そして最後は「つなげる」です。「とり組む」で書き、添削を終えたものを次の学びにどう生かしていくのか考えます。

| 起こす | ・知識・意欲を呼び起こす　　　（具体的な９種類の方法はp.122〜） |

| とり組む | ・とり組み方を説明する
・筆記手段を学ぶ　　　　　　（筆記手段についてはp.127〜）
・構成を指示する　　　　　　　（構成についてはp.128〜）
・書く　　　　　　　　　　　　（作文の種類とその注意点はp.131〜）
・添削する　　　　　　　　　　（添削についてはp.138〜） |

| つなげる | ・他技能・他活動とつなげる／他者とつなげる
・自分自身とつなげる　　　　　（学びを深めるつなげ方はP.140〜） |

　「とり組む」の内容や分量によっては、この３ステップを同じ授業時間内に行えない場合があると思います。「起こす」まで授業内に行って作文を書くのは宿題にする方法、書いて添削するまでを授業時間内に行って「つなげる」は次の授業[1]の最初におさらいとして行う方法なども考えられます。３つをつなげた授業例を参考に、組み立ててみてください。

　教育機関によっては授業内容があらかじめ決められている場合がありますが、学習目標や筆記手段は明示されていないことがあります。作文の種類、テーマ、学習目標、筆記手段、そして３ステップの授業の流れ、そのすべての要素がそろっているか確認し、１つの授業を作っていきましょう。

4

作文授業の作り方

1「次の授業」とは翌日以降の授業を想定しています。人数やレベルによって所要時間は異なりますので、自分のクラスを思い描いて時間配分を考えてください。

ステップ別作文活動例

　作文授業も「起こす→とり組む→つなげる」の3つのステップで組み立てることができます。書く前にどうやって作文への意欲や知識を呼び「起こし」ますか。書く材料がそろったら、どんなかたちで「とり組み」ますか。書き終わったら何と「つなげて」学びを深めましょうか。

　それぞれのステップにはそれぞれの活動方法があります。例を参考に、組み合わせを考えてみてください。

起こす

　書く前に作文への意欲や知識を呼び起こします。テーマについて話し合い、語彙・表現を学び、書きたいことと書くための材料をそろえましょう。ここでは、「起こす」ための9種類の方法を紹介します。

■ テーマ・タイトルを使って　　　　　　　　　　　　　　　　　　　（→授業例1-1、4-1、5-2）

　テーマから連想したことを共有し、アイデアを呼び起こす方法です。1つのテーマから連想することはさまざまです。思いついたことをクラスメートと共有することで、作文のアイデアが広がっていきます。大人数クラスの場合、ペアやグループに分かれて行ってからクラス全体で共有します。

　まず、テーマに関連する質問を投げかけ、意見を出し合います。やりとりの中で作文に使えそうな語彙表現があったら板書しておきます。表記の練習になりますので、習った漢字はできるだけ使って板書します。

板書例)

> テーマ：お正月
> お正月　いつ？
> 　　　　どこで？
> 　　　　何をする？
> 　　　　誰と過ごす？
> 　　　　料理、服、行事……

　自分では当たり前だと思っていたことが、他者と話してはじめて実はそうではないと気付くことがあります。例えばこのテーマでは「ロシアではお正月にサラダを食べます」と言った学生が、他国の学生から質問攻めにあっていました。その学生はロシアのお正月料理に内容を絞って文章をまとめ、写真付きで紹介してくれました。このように、他者と話すことによる気付きから作文のアイデアを得ることができます。

■ 復習しながら　　　　　　　　　　　　　　　　　　　　　（→授業例1-2、2-1、4-1、5-2）

　作文に使えそうな表現を復習しておく方法です。前に勉強した表現だから書けるだろうと思って

も、案外忘れているものです。文型を使って質問をし、学習者が忘れているようならもう一度接続の形や意味を復習します。理解できたかどうか再度問いかけてみましょう。

また、作文は既習文型同士を組み合わせて使う良い機会です。例えば、何かの経験を書くときには「〜たことがあります」という文型が使えますが、それが失敗談なら「〜てしまう」と組み合わせて「〜てしまったことがあります」、うれしかった経験なら授受表現と組み合わせて「〜てもらったことがあります」と使うことができます。文型授業では１つ１つの文型の定着で終ってしまいがちですので、復習もかねて表現の幅を広げていきましょう。

▧ 教材内の絵や写真、図表をヒントに

教材の挿絵や写真、図表などを使って、テーマに関して動機づけを行ったり必要な語彙を確認したりする方法です。描かれているものやデータの内容をことばにして、とり組む際に必要な語彙や情報を整理しておきましょう。書くときに表記を間違えないように、学習者から出てきたことばは板書しておきます。初級のうちは、作文で使いやすいように動詞や形容詞の活用も確認しておくといいでしょう。

▧ 語彙リスト・キーワードを使って　　　　　　　　　　　　　（→授業例6-2）

語彙の使い方を知り、それらを使って書く意欲へとつなげていきます。作文教材にはテーマに即した語彙リストが付いていることがあります。学習者がそれらの語彙の意味と使い方を知っているか確認しながらテーマへの関心を呼び起こします。

４技能に共通することですが、語彙リストにあることばを教師がすべて説明する必要はありません。１語ずつ確認して、学習者が知らないことについては、まず知っている学習者がいないか問いかけます。もし知っている学習者がいたらその人に説明してもらいましょう。誰も知らないことばについては教師が意味と使い方を説明し、それにちなんだ質問をして理解を深めます。作文の場合は間違えやすい表記や既習漢字が使われていることばなどに注目させながら見ていくといいでしょう。

▧ 他の素材を使って　　　　　　　　　　（→授業例2-1、2-2、3-2、5-1、6-1）

「とり組む」で必要な情報を得るために、書きたいテーマに合った素材を見たり聞いたりしておく方法です。他技能の授業などで学習した素材を活用することもできます。

他技能の授業内容をもとにして

他技能の授業をもとにして作文授業を行う場合、すでに学習した内容を用いるので必要な語彙や情報を導入する必要がなく、「とり組む」に多くの時間を割くことができます。

例えば会話授業をもとにした場合、ディスカッションやディベート授業で出てきた意見を振り返り、それをテーマに作文授業を展開することができます。そのためにはまず、クラスで会話授業の内容を振り返る時間を取ります。どんな意見が出ていたか発表してもらい、教師はそれを板書して整理します。板書はその後作文を書く際の参考資料になります。対照的な意見は照らし合わせて考えやすいように、区分けして板書しましょう。

読解（聴解）授業で学習したテーマについても、会話と同様に意見や感想を書いたり小論文に発展させたりすることができます。教師の質問によって授業内容を思い出してもらった後、その内容を自分のことに置き換えてもう一度とらえ直す時間を取り、「とり組む」に備えます。テーマに

対する自分の考えを書くだけでなく、素材を使って次のような授業も考えられます。いずれにしても、書く前にもとの授業内容をしっかり思い出す作業を行いましょう。

例）　・読み物のその後の展開（話の続き）を考える
　　　・主人公以外の目線で物語を語り直す
　　　・人生相談を読んで自分が回答者になったつもりでアドバイスを考える

視覚素材を使って

　絵や図表、写真や動画などを使って学習の動機づけをする方法です。例えば書く材料がほしいとき、絵や写真などからテーマに関連したたくさんの情報を引き出すことができます。時事問題や社会的なテーマを扱いたいときなどは、生教材を使えばその時々に合った情報を得ることができるでしょう。

　また、写真や生教材を使って描写の難しさに気付かせることもできます。例えば、教師は見ないふりをして学習者に1枚の部屋の写真を見せます。そして、部屋のどこに何があるかできるだけ詳しく説明してもらい、言われたとおりに部屋の絵を描きます。描き終わったら実際の写真と見比べて、足りなかった情報について話し合います。動画の場合は学習者の説明にしたがって教師が動いて見せます。物の状態や状況をわかりやすく説明する難しさを体感してもらい、わかりやすい描写文とはどんなものか興味を持つきっかけにします。

■ 作文の書き出しを使って　　　　　　　　　　　　　　　　　　（→授業例4-2）

　書き出しのアイデアを共有し、作文の展開まで一気に考えてしまう方法です。

　書き出しの1文をクラスで共有し、イメージを膨らませていきます。例えば、次のような書き出しで、空欄に何が入るか考えてクラスで共有しましょう。

書き出し案）　・「今日はとても〇〇（な）一日だった」
　　　　　　　・「〇〇と××とどちらが好きかと聞かれたら、私は〇〇と答える」
　　　　　　　・「20年後、地球はどうなっているだろうか。私は＿＿＿＿＿と思う」

　学習者から答えが出てきたら、さらに具体的な内容や発言の理由などを聞いて話を広げます。イメージが膨らんでいれば「①書き出し→②①の具体例／①の理由→③結論・まとめ」という作文の展開が考えやすくなるはずです。

■ さまざまな作文例を見て　　　　　　　　　　　　　　（→授業例1-3、5-1、6-2）

　教材の作文例や過去の例、悪い例を使って構成やテーマについて理解を深める方法です。

　作文教材にはよく作文例が付いています。例を見れば何をどう書けばいいのかわかりやすいですし、構成を確認する上でも役立ちます。長い作文例は段落ごとに語彙を確認し、内容について質問することで理解を深めます。構成については各段落に何が書かれていたのか教師が説明します。中上級では学習者に説明してもらってもいいでしょう。

　また、同じレベルのクラスで過去の学習者の完成品を参考にする方法もあります。完成品を読むことで、だいたいの分量、構成、最終的な仕上がりの目標がわかります。これまでに書かれた作品のタイトルだけを例に挙げるのも1つの方法です。例えば「〇〇は必要？　不要？」というテー

マでスピーチ原稿を書いたとき、過去のクラスでは「SNS」「ネットショッピング」「日本のスーパーで流れる音楽」「漢字」「プラスチックのストロー」などをテーマにした学習者がいたことを例に挙げました。同じレベルのクラスで同じ時期に書かれたものは学習者にとってわかりやすく、刺激になります。過去の学習者の完成品を使用する場合は、その学習者に了承を得ておくようにしましょう。

　もう1つは、文法的に正しくない文、失礼な印象を与える文、形式のルールを守っていない文など、うまく伝わっていない作文を例として見せる方法です。問題点をクラス（またはグループ）で話し合い、問題点や改善案について全員で知恵を出し合います。これによって適した書き方について考える機会を作ることができます。

■ 思考を整理しながら

（→授業例1-3、6-1）

　表やマインドマップなどの思考整理術を使い、書きたいことを整理していく方法です。

表で整理する

　意見文を書くとき、反対の意見と対比させて書くことで、より明確に自分の主張を打ち出すことができます。これは、賛成意見と反対意見、長所と短所、どちらのほうが好きかなど、2つの相反する意見を表にして整理する方法です。クラスで行うことで1人では気付かなかった側面に気付くことができます。

　次のような表にそれぞれの意見を書き出し、ペア（またはグループ）で共有します。それをさらにクラスで共有することでさまざまな意見に触れ、書く材料を増やしていくことができます。

表例1)　テーマ「田舎と都会とどちらに住みたいか」

	田舎	都会
良い点		
良くない点		

表例2)　テーマ「小学生にスマホを持たせることについて」

賛成理由	反対理由

思考整理術を活用する

　いざ書き始めたものの、テーマが絞れず、途中で内容がころころ変わってしまうことがあります。たくさんの情報をきれいに整理したり1つにまとめたりするには思考整理術を使ってみましょう。本書では整理術の1つであるマインドマップの使い方を紹介します。

　マインドマップは、テーマから連想することをどんどん書き出し、そこからテーマを絞っていく方法です。キーワードを出し切ってから全体を俯瞰し、一番書けそうなテーマを選び出します。テーマにそって整理されたマップが残るので、一貫したテーマで書くことができます。

4

作文授業の作り方

例） ・自己紹介を項目ごとに整理して書く（出身、専門、趣味、家族、夢など）
　　　・休みの予定を整理して書く
　　　（楽しみなこと〈1人で、誰かと〉、しなければならないこと〈仕事、家事〉など）
　　　・「豊かさとは」という課題に対して思いつくことを整理して書く
　　　（日本の場合／自国の場合、お金／心／もの、現代／昔など）

思考を整理するツール[2]は他にもいろいろありますので活用してみてはいかがでしょうか。

■ クラスメートとのやりとりから　　　　　　　　　　　　　　　　　　　（→授業例3-1）

　質問シートを使うなどして対話を進め、書きたいことを洗い出す方法です。テーマは理解しているけれども書くことが何も思い浮かばないということがあります。テーマから話を広げにくいときは、それにちなんだ質問を並べた質問シートを使います。質問シートを使うと、口頭だけでやりとりするよりもテーマについてより深く話し合うことができますし、自分の意見についてじっくり考える時間を取ることができます。

　質問シートは、教材内に掲載されているもので、活用できそうなものがあればそれを使いますが、次のような方法もあります。

教師が作成（テーマと学習者のレベルに合わせて教師が質問シートを作る）

　　例）　テーマ「あの頃」

> ・〇〇さんはどこで生まれて、どこで育ちましたか。そこはどんなところでしたか。
> ・〇〇さんは、同い年の子と比べてどんな子どもでしたか。
> ・子どもの頃、〇〇さんは何をするのが好きでしたか。
> ・〇〇さんのふるさとは今、どうなりましたか。……

公の調査などで使われているものを引用（主に社会的なテーマで活用）

　　例）　テーマ「ネット依存症」
　　　　　インターネット上に公開されている、ネット依存症の危険度チェックリストを使用

　まずはシートを使って自問自答し、その後クラスメートと質問し合うことで書く材料を集めていきます。質問シートはホワイトボード（以下、ＷＢ）に板書したりプロジェクターで映し出したりしておけば、とり組む段階でもクラスで共有したままにしておくことができます。

---

2 初級から使える5W1H、たくさんの情報を整理するKJ法、複数の問題点や目標をまとめるマンダラート、1つのテーマを4つの側面から整理するSWOT分析などがあります。

とり組む

　意欲や知識を呼び起こしたら、いよいよ書き始めます。作文の「とり組む」は実質的には「書く」作業ということになりますが、本書では「書く準備(筆記手段、構成の説明)」「書く」「添削」までを含めて「とり組む」として扱います。

■ 筆記手段

■ 原稿用紙に書く

　最初は、原稿用紙のマスに1文字ずつ入れていく作業に抵抗を感じる学習者がいるかもしれません。今は文書作成ソフトで書いても文字数がカウントできますし、振り仮名を振ることもできます。そんな中で原稿用紙を使う目的の1つは、日本語の表記のルールを確認するためです。文字、句読点、段落を意識し、縦書きでも横書きでも読み書きできるようになるために、用紙の使い方を学習しておきます。

書き方のポイント

・名前、タイトルの位置
・漢字の書き方(偏とつくり、冠と脚は分けないで1マスに書く)
・句読点、濁点・半濁点の位置、促音・拗音の位置、カタカナの長音(ー)の書き方
・かっこ、二重かっこの書き方と使い方
・その他の記号の書き方
・段落のつけ方

■ パソコンで書く

　手書きと比べてパソコンは書き直しが簡単です。用途によってプレゼンテーションソフト、文書作成ソフトなどを使い分けることができますし、添削コメントの入力も簡単です。

　それらのソフトを使い慣れていても、日本語入力はできないという学習者がいます。その場合、文書作成ソフトを使って日本語ならではのローマ字変換や振り仮名の入力方法について授業で扱う場合があります。

　入力する際に気を付けなければならないのが表記です。濁音や長音の苦手な学習者は「学生」と書きたいのに「かくせい」「がくせ」と入力して使いたい漢字が出てこない、ということがあります。また、漢字を入力するにはたくさんの変換候補の中から正しい漢字を選ぶ弁別力が求められます。特に漢字圏学習者の場合は、日本の読み方がわからないまま入力しているということがあります。自分の作文が読めないということにならないように、振り仮名のつけ方も教えておくといいでしょう。入力間違いと変換間違いに気を付けるように、間違い例などを見せながら学習していきます。

間違い例）

母語の影響で1単語分開けて
書き始める学習者がいます。

打ち間違いか、漢字の読み方を
忘れないようにするためか、こ
のように書く学習者がいます。
振り仮名入力を教えましょう。

かっこや二重かっこの使い方と
入力のしかたも導入しましょう。

> 　　　　私の　発表はっぴょうの　テーマは　私の　好きな本　です。私は ‘雨月物語’が
> 好きです。……
>
> 　この　本は、上田秋成に寄って　書かれた本です。　日本語の　コースで　この本を
> 初回してもらいました。……

「紹介」と入力した
かったのですが、
「しょかい」と入力し
てしまったようです。

正解は「によって」ですね。
日本語は同音異義語が多い
ので、変換間違いが起きます。
正しい文字を選ぶ弁別力を
鍛えていきましょう。

母語の影響か、ひらがなだけの文章で
は読みにくいのか、分かち書きをする
学習者がいます。漢字かな交じり文が
書けるようになったら、少しずつ分かち
書きをなくしていきます。

■ 罫線用紙・白紙に書く

　手書きで、原稿用紙より自由に書けるのが罫線用紙です。書き慣れないうちは字が大きくなり
ますので太めの罫線（1.5cm程度）を使うといいでしょう。白紙は文字やイラストを自由に書き込
めるメリットがある一方、段落や分量がわかりにくいというデメリットがあります。短文作成な
ど段落を気にしなくてもいい場合、反対に段落分けにはもう慣れていて自由に書きたいという場
合に使うといいでしょう。

■ 指定された枠・用紙に書く

　どこに何を書くかわかりやすいように枠だけ書いておくという方法です。段落構成を意識し
てほしいときに効果的です。手紙や感想などを書いて誰かに渡す際も、統一した書面で書けば、
まとめやすく読み手も読みやすくなります。

■ 構成

■ 穴埋め・枠組みで

　例えば初級の場合、次の例1のような作文例を読んだ後、段落ごとに枠で囲んであるシー
トを用意します。学習者はどこに何を書けばいいのかがわかりやすくなりますし、作文の流れ
をイメージしやすくなります。
　最初のうちは例1-Aのように穴埋めのような形から始めてもいいですし、例1-Bのように質
問に答える形で文を書いていってもいいでしょう。少し慣れたら、「質問‐答え」ではなく、例
1-Cのように段落の内容を指示していきます。順序立てて書くことに慣れてきたら各段落を示
す枠は徐々に取り払っていき、その枠がなくても書けるようにしていきます。

例1)

わたしのしゅみ　　　　　　　　　　　　　　なまえ　リン

①わたしのしゅみは料理をすることです。特に、スパゲッティとギョーザが得意です。
②週に3回ぐらい、うちでいろいろな料理をつくります。先週の日曜日は妹のたん生日
でした。妹はギョーザが好きですから、わたしはギョーザを作りました。形*はわるかっ
たですが、とてもおいしかったです。妹はギョーザを食べて、おいしいと言いました。
うれしかったです。
③これから*もっと*料理が上手になりたいです。日本の料理もおぼえて妹につくりたい
と思います。

＊形…shape　＊これから…from now on　＊もっと…more

例1-A)

わたしのしゅみ
①わたしのしゅみは、(　　　　　　　　　　　　　　　　　　　)です。
②最近、(　　　　　　　　　　　　　　　　　　　　　　　　)
③これから(　　　　　　　　　　　　　　　　　　　　　　　　)

例1-B)

わたしのしゅみ
①あなたのしゅみは何ですか。
②よくそれをしますか。最近、いつそれをしましたか。
③これから何をしたいですか。

①
②

③

例1-C)

わたしのしゅみ
①あなたのしゅみ
②最近していること
③これからしたいこと

①
②

③

■ 構成を板書する

　レベルが上がると分量も増えてきます。枠で囲んで説明する代わりに、どのような構成にするか説明しながらアウトラインを示します。

例2-1)　私の好きな〇〇(初級後半〜中級)

> ①　はじめに(テーマについての自分の意見)
> ②　具体的な説明(〇〇というのは…)
> ③　好きな理由(どうして／いつからそれが好きですか。あなたの国とどう違いますか)
> ④　まとめ(自分の意見)

例2-2)　SDGsの17の目標の中から関心のあるテーマを1つ選んで紹介する(中上級)

> ①　はじめに(テーマを選んだ理由)
> ②　現状の問題点
> ③　改善に向けてのとり組み(国や企業の政策は?)
> ④　身近な例
> ⑤　まとめ

例2-3)　課題文の筆者の意見に対する小論文(上級)

> ①　要約(筆者の主張)
> ②　自分の主張(筆者の主張に賛成／筆者の主張に反対)
> ③　主張する理由(第一に／第二に、)
> ④　まとめ(だから、私は…と思う。)

■ 接続詞を提示する

　使いやすい接続詞や書き出しを紹介する方法です。

例3-1)　感想文(自分の意見→その理由→引用・例→立場を変えて考える→結論・まとめ[3])

> ①　私は…と思いました。
> ②　なぜなら、…
> ③　たとえば、…
> ④　もしも、…
> ⑤　だから、…

---

3 宮川(2011)では、作文において「なぜなら／たとえば／もし／だから」の4つの接続詞でまとめる構成案を「なたもだ」文として紹介しています。

例3-2)　賛否についての意見文

（自分の意見→その理由→反対意見→反ばく（反対意見への反論）→結論・まとめ）

```
①　私は…に賛成（反対）です。
②　なぜなら、…
③　たしかに、…
④　でも／しかし、…
⑤　だから、…
```

　構成は書き始める前に指示しておきます。少しずつ指示を減らし、最終的には学習者自身が一から作文の構成を考えられるようになることを目指します。それでも、書いている途中にまとめ方に困っている学習者がいたら、その都度上記のような方法で構成を提案してみましょう。

■作文の種類とその注意点

■文型作文・テーマ別作文　　　　　　　　　　　　　（→授業例1-1、1-2、1-3、2-1、2-2、3-1）

　初級の最初の頃には、まず１文を正しい文型で書くことを目指した文型作文をよく扱います。文型作文では既習文型を使って質問に対する答えを書いたり、反対に、答えの部分を読んで適した質問文を書いたりします。

　それができるようになったら習った文型を使って書ける身近なテーマを設定します。例えば、存在文を使って「私の部屋」というテーマで身の回りのものを描写する、「〜て、…」という文型を使って「私の一日」というテーマで自分の行動を書くなどです。初級では書ける内容が限られています。教師がテーマを考える場合は、そのレベルの学習者が書きやすいテーマかどうか、実際に教師自身も書いてみることをおすすめします。

　正しい文であることと同時に、正しい表記であることも確認しましょう。表記は初級の段階で崩れやすく、一度崩れるとなかなか直せません。美しい文字を極める必要はありませんが、読み手が困らない程度の文字は目指しておきたいものです。

■感想文　　　　　　　　　　　　　　　　　　　　　　　　　　　　（→授業例3-2）

　感想文は読書感想文だけに限らず、見たり聞いたりしたあらゆる情報に対して抱いた感情を記します。感想を書くには、得た情報をきちんと理解している必要がありますし、それに対する自分の気持ちを日本語でまとめる力、それを他者にわかりやすく伝える力が求められます。

　感想文にいきなりとり組むと、「〜と思いました」の１文で終わってしまうことがあります。そうならないように、「起こす」で感想を言い合ったり、感想文の例を読んだりする時間を持ちましょう。他の人の感想に触発されて気付くこともありますし、自分の感想を口に出すことで文がまとめやすくなります。また、あらすじを追うばかりで、感想が出てこない学習者がいます。自分の感想を論理的にまとめられるように構成を指定しておきましょう。

　教師が読むだけではもったいない心に響く感想も時々見られます。よくまとまった感想文があったらクラスで共有しましょう。その際には口頭でもいいのでクラスメートから感想をもらえるようにしましょう。（→クラスで回し読みp.142）

4

作文授業の作り方

■ 意見文 （→授業例4-2）

意見文は感想文と混同されがちですが、感想文が自分の気持ちを表すのに対し、意見文はあるテーマについての自分の主張を、根拠を持って記すものです。例えば、「オンラインレッスン」というテーマで感想文を書くとしたら、オンラインレッスンを受けてどう思ったか、具体的にどんな場面でそういう気持ちになったかなどを書きます。一方、同じテーマで意見文を書くなら、オンラインレッスンに対して疑問を持ったこと、対面授業と比べてどう違うか、授業をオンライン化することに賛成か反対か、そしてそう考えた理由や疑問に対する改善案などを書きます。

意見文では、自分自身の考えを述べること、その意見に至った根拠を述べること、説得力のある書き方を目指します。例えば何か疑問を提示したかったら、読み手がもっともだと納得するような理由を明示します。賛成（反対）意見に説得力を出すには、自分と反対の意見について反論する準備をし、それを示す構成にしていく必要があります。「どうしてそう考えたか」「どうすればいいと考えるのか」。そんな問いに対する答えが学習者の意見文に書かれているか確認してみましょう。

■ 小論文 （→授業例6-1、6-2）

小論文は進学や就職の試験対策としてとり組むことが多いです。主に社会問題をテーマにし、客観的なデータや実際のニュースなどを根拠に取り入れながら、自分の考えを論理的に書くことを目指します。文体は硬い表現で書くことが求められます。

テーマだけ与えて書く場合もありますし、課題文に書かれている筆者の意見をまとめてそれに対する自分の意見を書くという場合もあります。教材のテーマをそのまま使ってもいいですが、その時々の時事問題を取り入れると時代に合った内容にとり組むことができます。意見文同様、自分の考えを一方的に述べるばかりでは説得力に欠けてしまいます。より深みのある意見にするために、自分と反対の意見や根拠となる具体例を盛り込みましょう。

内容が決まったら、最後まで同じ文体（丁寧体か普通体か）で統一して書きます。試験対策として行うならば、書式・文体の統一、制限時間・字数制限などのルールを決めて行います。

■ 質問文

授業中は教師が質問し学習者が答えるという形になりがちですが、実際の生活ではノンネイティブである学習者がネイティブに質問するという機会のほうが多いのではないでしょうか。質問文には「はい／いいえ」で答えられる質問とそうでない質問があります[4]。誰に対して質問するかによって使う表現も変わってきます。質問文作りでは、質問を作ることに慣れ、聞きたいことが聞けるようになることを目指します。授業ではテーマと質問する対象を決め、できるだけたくさんの質問を考えます。

例）　・「起こす」で疑問詞の復習をしておき、それを使って隣の人への質問文を作る

　　　・「起こす」で敬語の復習をしておき、好きな有名人に敬語で質問する文を書く

　　　・日本で気になることを日本人に質問する文を書く

---

4 「はい／いいえ」で答えられる質問をクローズドクエスチョン、そうでない質問をオープンクエスチョンと言います。目的に合わせてどちらも作れるようになりたいものです。

学習者の質問文の中には、質問の意図がわからない文が出てきます。教師は逆に質問して、どのような答えを想定しているのか学習者から聞き出し、適した質問文へと導きます。

■ スピーチ・プレゼンテーション（プレゼン）原稿

スピーチ・プレゼンテーション原稿では、話し言葉で書くことと、聞き手を意識してわかりやすく書くことを学習します。書く前に、話し言葉と書き言葉の違いについて、またはわかりやすさについてクラスで考える時間を作ってもいいでしょう。

ただ書くだけでなく、その後の発表も踏まえて口頭練習をしながら推敲を重ねます。

推敲のポイント

- ・伝えたいテーマは一貫しているか
- ・話し言葉になっているか。難しいことばには説明を加えているか
- ・資料はわかりやすくなっているか（レイアウト、文字の見やすさ、データのわかりやすさ）
- ・長い文を使いすぎていないか
- ・聞き手に目線を配る、ジェスチャーを添えるポイントはどこか
- ・「あー」「えーと」などのことばを連呼しないで言えるか。なめらかに発しやすい文章になっているか（そのための練習も必要）

発音や間の取り方を学習したい学習者には、添削時に教師が録音して渡すといいでしょう。

原稿は発表時間を考慮した分量を作成します。発表時には制限時間を超えて話したり、時間の半分も話さずに終わったりする場合があります。そうならないように、分量が多いときは省略できそうな部分を提案します。分量が少ないときには「ここの部分、もっと知りたいです」「〜についても書きませんか」と加筆の提案をします。

プレゼンテーションの資料を作る際には、読み上げるだけの発表にならないように次のようなルールを設けておきます。

- ・作成した原稿の文章をプレゼン資料にそのまま載せたり、英訳（母語訳）を書き込んだりしないこと
- ・使用した資料の出典を記載すること
- ・作成した原稿とプレゼン資料は必ず教師の添削を受けること

初級のうちは資料に載せるものをタイトルと写真・イラスト限定にしてもいいでしょう。レベルが上がったら箇条書きのしかたを学習し、簡潔でわかりやすい資料作りを課題にしていきましょう。

■ 描写文　　　　　　　　　　　　　　　　　　　　　　　　　（→授業例5-1、5-2）

描写文は、見た通りをできるだけ忠実に詳しく説明する文です。細部を描写する語彙と、わかりやすく描写する構成について学びます。描写する物事には次のようなものがあります。

- ・実物を描写する…私物（かばん、スマホケースなど）の色、形、付属品、質感など細部まで伝える／日本的なもの（箸、蚊やり器、ひな人形など）の仕様、用途を伝える
- ・景色を描写する…写真や窓から見える景色を伝える

・1つの動作を描写する…「運転する」「コピー機でコピーする」といった動作を「車のドアを開ける」「コピー機にお金を入れる」からできるだけ細かく分割して伝える
・状況を描写する…事故などの現場の様子を伝える／同じ状況を立場の異なる視点から伝える
・一連の動作を描写する…料理の作り方の手順を伝える／セリフのない動画や映画のワンシーンの動きを伝える

　描写文は順序が大切です。途中の情報が抜け落ちるとよくわからない文になってしまいます。例えば景色の描写なら、全体の配置を説明してからそれぞれの細部について説明します(例1)。順序立てた説明には接続詞が役に立ちます(例2)。漏れがないか口頭で描写してから書き始めたり、段落ごとに確認しながら書き進めたりするなど、ゆっくりじっくりとり組んでいきましょう。

例1)　景色の描写　　1、そこはどこ？(全体図)
　　　　　　　　　　　2、そこのどこに、何がある？　誰がいる？(全体の配置)
　　　　　　　　　　　3、それはどんなもの？　どんな人(動物)？(配置物の詳細)
例2)　まず、…
　　　　次に、…
　　　　そして、…
　　　　(さらに、…)
　　　　最後に、…

■要約文①　物語文の要約

　「要約しなさいと言われても、母語でもやったことがないからわからない」と言われたことがあります。最初は(　　)の中にキーワードを入れる穴埋め式要約文で練習したり、複数で知恵を出し合って要約を完成させたりしてみましょう。下記の例はグループ(またはクラス全体)で要約を考えてから書く方法です。慣れないうちは⑤の作業は教師を交えて行うといいでしょう。

　物語文は5W1Hをうまく取り出せればまとめやすくなります。学習者から長い文が出たら教師はそれを板書します。そして、キーワードは何か、どこを短くすればよいか学習者に問いかけながら違う色で短い文に修正していきます。

活動例)　大人数の場合
　　　①グループになる
　　　②教師(以下、T)はWBに1〜4を板書する

> 1　いつ・どこで(場面)
> 2　誰が(登場人物)
> 3　何をしてOR何がおきて(エピソード)
> 4　どうなった(結末)

　　　③グループで1〜4を出す
　　　④③を発表してもらう。Tは出たものを板書する。1グループずつ1枚の紙にまとめてもよい
　　　⑤話し合いながら無駄だと思う情報(セリフ・具体例・読み手の感想など)を消していく
　　　⑥残ったことばを使って、各自要約をまとめる

■ 要約文②　説明文の要約

　説明文の要約は5W1Hとはいきません。「筆者は何が言いたいのか」を見つけましょう。キーワードを抜き出し、自分のことばでまとめます。

　要約を書くまでの流れは物語文を要約するときと同じです。主観的な意見（読み手の感想）を含めないというルールは変わりません。筆者の主張にひと言言いたいと思っても、それを書かないように気を付けましょう。例えば「筆者は○○という面白い意見を持っている」と書いてしまったらどうでしょうか。それは「面白い」という読み手の感想が含まれた文ですので、要約としては不適切ということになります。

活動例）　大人数の場合
　　　　①グループになる
　　　　②ＴはＷＢに1～3を書く

> 1 何についての文章か
> 2 それを考えるきっかけは？
> 3 筆者の意見は何か

　　　　③1～3についてグループでキーワードを探す
　　　　④③を発表してもらう。Ｔは発表で出たものを板書する
　　　　⑤無駄な情報（本筋とは関係ないエピソードや具体例）は相談して消していく
　　　　⑥残ったことばを使って、各自要約をまとめる

　自分でポイントがおさえられるようになったらグループワークではなく1人で要約に挑戦しましょう。

■ メール・ビジネス文書・手紙文　　　　　　　　　　　　　　　（→授業例4-1）

　メールや手紙特有の形式と、失礼にならない文書の書き方を学習します。

　以前、子どもの学校からのお便りに苦戦していた学習者がいました。前半は時候のあいさつで決まり文句であること、本題は「さて、」から、あるいはタイトルと「記」以降が読めれば内容がわかることを知って喜んでいました。

　タイトル・時候のあいさつ・本文・結びのあいさつという一連の流れを覚えておけば、仕事のメールや学校からの手紙の情報を得る上でも役に立ちます。また、最近ではメールで宿題を提出する授業も増えたと思います。学習者から本文なしで添付ファイルだけのメールが送られてくることがあります。そうなる前に、メール文の書き方を導入しておきましょう。

　ここでの一番の目標は形式を覚えることです。それには、切り分けた文書から配置を覚える方法（中級）と、いきなり書いてみて適した形に訂正していく方法（上級）があります。

形式を学習する

　　①文書を「タイトル」「日付」「差出人」「受取人」「頭語」「時候のあいさつ」「本題」「結びのあいさつ」
　　　「結語」に切り分けたものを学習者（以下、Ｌ）に配る
　　②1枚の白紙に正しいと思う配置で①を並べてみる
　　③答え合わせと解説
　　④違うテーマを提示し、同じ形式で書いてみる
　　⑤添削する

いきなり書いてみる
　①次のようなお題を与えて、文書を作成する
　　例）あなたはＡ社の社員です。商品見本をＢ社に送ることになりました。見本につける送り
　　　　状を書きなさい。
　　　　送り先：Ｂ株式会社総務部　田中太郎
　　　　差出人：株式会社Ａ営業部（あなたの名前）
　　　　送るもの：商品ABC-X見本100個
　　　　日付：20XX年〇月×日
　②添削する

■ 教師が注意したいこと　〜書いている間の教師の見守り例〜

　学習者が書いている間、教師は何をすればいいのでしょうか。書き始めたものの、なかなか書き進められない学習者がいます。手が止まっている学習者がいたら声を掛け、何につまずいているのか確認します。手が止まっている主な原因として、次のようなことが考えられます。

■ 書きたいことが思い浮かばない

　アイデアが浮かばないという学習者がいたら、その学習者の身近な物事を聞き出して、そこから話を引き出していきます。「起こす」でクラスに向けて問いかけたことをもう一度その学習者に向けて使ってもいいでしょう。よくあるのがテーマに縛られすぎている場合です。例えば「趣味」というテーマに対して「趣味がないから書けない」という学習者がいたとします。趣味というほどではないけれど、好きなこと、よくすることならあるかもしれません。「家にいるのと外にいるのとどちらが好きですか。そこでよく何をしますか」などと聞いてみます。やりとりする中で学習者から書けそうなキーワードが出てきたら、「そのテーマ、面白そうですね」「それについてもっと教えてください」と声掛けしていきます。

■ 書きたいことはあるが適当な日本語がわからない

　日本語で何と言うかわからないとき、学習者からことばや表現に関するさまざまな質問があります。教師は、学習者の説明や具体例から言いたいことを探り、適切な表現を示します。学習者が初級の場合には、自分の言いたいことをことばで言い表すのは難しく、教師がそれを理解し、適当な表現を見つけ出すには時間がかかるかもしれません。根気強く学習者と対話しながら、一緒にことばを探していきます。

■ 書いてはみたものの……

　教師に質問することなく、何が言いたいのかわからない文を書いてしまっている場合があります。まずは「これはどういう意味ですか」と意味が伝わっていないことを伝えた上で、何が言いたいのか質問を重ね、できるだけ習った日本語で言い換えます。最近は翻訳アプリを使いすぎてしまい、非常に難解な文になっているのをよく見かけます。アプリに頼らなくても、学習した日本語で書けるということをやりとりから導いていきたいものです。

■ もう書くことがなくなった

　短い文で最小限のことしか書いていないのに、早々にペンを置き、書き終わったという学習者がいます。教師は広げられそうなところを見つけてオープンクエスチョン（＝はい／いいえで答えられない質問）を投げかけてみましょう。「これはどんなものですか。いつ使いますか。もう少し詳しく教えてください」「例えば？　どんな場面でそう思いましたか」というように、口頭で詳細な説明や具体例を挙げてもらい、それを書き加えるように指示します。

　上記4点のいずれの場合でも、書いている間は学習者との個別のやりとりが重要です。学習者が書きたいと思っていることが書けるように、適切な表現を一緒に探していきましょう。

　また、書くスピードは学習者の得手不得手によってさまざまです。時間が読めず、授業中に添削まで終えるはずが予定通りに授業が進まなかったということもあるでしょう。そういう場合は途中経過を見せてもらい、次に進めるヒントを与えた上で宿題にすると、家でも書きやすくなると思います。

■ 筆記手段別提出方法

　紙以外の手段で書くことが増えてきた昨今、作文の提出方法も変わってきました。文書作成ソフトで書いた作文をオンライン上で提出してもらう場合、PDF形式で送るように指定しておくと、バージョンや互換性の違いから文字化けしてしまうという問題が避けられます。学習者の手書きを確認したい場合は、宿題の写真を撮って送ってもらいます。ペンタブを用意しておけば、PDF形式のファイルや写真に手書きでコメントを書き込むことができます。

　オンラインの場合、24時間提出が可能となります。厳守してほしい期限は「日本時間〇時まで」と時間まで指定しましょう。文書名や件名に何を書くか統一しておくと、教師側の整理がしやすくなります（クラス、名前、授業の日付など）。

　紙を使う場合は、用紙に授業日や提出日、担当教師名をあらかじめ書き込んでおくと、学習者側も管理しやすくなります。提出時の名前の書き忘れはよくあることですので注意しましょう。

■ 添削

■ 教師が添削する

学習者の作文例です。皆さんはどうやって添削しますか。

作文例）

じしん

アン

　きのう、じしんがありました。私はにげたいでした。でも、外で一人もいませんでした。そして、外はくろすぎました。とてもこわいでした。日本人の友だちがメールをおくりました。それから、安心でねました。

　添削するときは、より自然な日本語を追求してしまいがちです。しかし、直しすぎると学習者の作文ではなく教師の作文になってしまいます。基本的には学習者のレベルに合わせて、段階を追って直し方を変えていきます。

　初級の場合は、表記の間違いに加えて、活用の間違いや助詞の間違いが多く見られます。訂正するときは、学習者の知っている語彙と文型を使って直します。まだ学習していない文型を使って直したい場合は、今後学習する教科書のページ数を一緒に書いておくといいでしょう。同様に、同じ間違いを繰り返しているようなら、それを学習したページを示しておくと復習につながります。

　中上級になると、文法的には合っているけれども不自然な文、意味はわかるけれども使い方がおかしな表現が見受けられます。それらは明らかな間違いと区別して添削したいものです。

　中には書き手の意図がわからない文があります。こちらの一方的な解釈で訂正するのではなく、学習者に何が書きたかったのか真意を聞いてみましょう。やりとりしながら適切な文を一緒に導き出していけるといいですね。筆者は次のように色分けなどをして添削しています。添削のしかたに共通のルールを作っておくと、学習者の間違いの傾向が伝わりやすくなります。

ルール例）　　　・明らかに間違っている→赤字で訂正

　　　　　　　　・間違いではないが、こう直すとより自然になる→青字で訂正

　　　　　　　　・意味がよくわからない文→赤線を引いてクエスチョンマークをつける

　　　　　　　　　（返却時、赤線のある人だけ呼び、真意を聞いてあらためて添削する）

　　　　　　　　・同じ間違いを繰り返している→波線を引く

　　　　　　　　・説明が必要→番号を振ってコメントを添える

　　　　　　　　・教師からのコメント→星印

　時間をかけて添削しても、学習者が目を通してくれなければ意味がありません。見やすい添削というのも大切な要素です。

添削例)

じしん

アン

きのう、じしんがありました。私はにげ<u>たいでした</u>①[?]。でも、外で一人もいませんでした。

そして、外は<u>くろすぎました</u>②くら。とてもこわ<u>いでした</u>①。日本人の友だちがメールを<u>おくりま</u>くれました

した。それから、安心ぞねました。　安心して(③安心します)　（〇課「くれます」)

1　～たいです
　こわいです
　　　かったです
2　あかるい ⇔ くらい

★きのうのじしんはこわかったですね。アンさんのともだちはやさしいですね！

　読んだ感想やちょっとしたメッセージなど、教師からのコメント（★部分）を楽しみにしている学習者もいました。間違えた部分の説明もコメントとして載せると、ただ訂正するよりも記憶に残りやすいようです（1、2）。クエスチョンマーク部分について学習者に真意を聞いたところ、自分は外に逃げ出したかったが他の人が誰も外に出る気配がなかったことを言いたかったとのことでした。初級の学習者でまだ名詞修飾文なども学習していませんでしたので、ここでは「外には一人も出ませんでした」という文に落ち着きました。

　スピーチやプレゼンの原稿の場合、音声にして返却するという方法もあります。教師が添削済みの文章を読み上げて録音します。発音や間の取り方などを同時に学習することができます。

■学習者を巻き込んで

　教師が訂正する前に、学習者自身に直させる方法もあります。

自分で直す

　上記の添削例で正解を一切書かずに下線だけを引いて返却します。学習者は下線部の正解を考えて訂正し、再提出します。正解がわからない部分については教師に質問してその場で訂正します。

クラスで直す

作文を書いた人の名前を伏せて、プロジェクターなどで作文を映し出します。クラスで読みながら適した文について話し合います。クラスで同じ間違いが多かった場合はこの方法が有効です。オンラインでも行うことができます。

ペアで直す

　ペアになり、お互いの原稿でわかりにくいところを指摘し合います。説明の練習にもなりますし、クラスメートの作文を読むことによって刺激を受け、モチベーションアップにもつながります。

漢字圏と非漢字圏をペアにしたり、恥ずかしがる学習者と面倒見の良い学習者をペアにしたりするなど、学習者の性格や特徴に合わせて組み合わせは教師が考えておきます。

　指摘し合う上で大切なのが事前のオリエンテーションです。クラスメートに自分の原稿を見せることに抵抗がある学習者もいます。間違いを指摘されるのが嫌、指摘するのが嫌、という学習者もいます。学習者が楽しくお互いの原稿を読み合うためにも、授業前のオリエンテーションでは次のことをきちんと伝えておきましょう。

・指摘のしかたのルールを守ること
　（おかしいと思う点は訂正するのではなく赤線を引いて指摘する。アドバイスをする時間なので、決して非難しない）
・わからない文があったら積極的に質問すること
・学習者同士で話し合ってもどうしてもわからない点があるときは教師を呼ぶこと

つなげる

　学習者が書いたものを添削したら、もうひとタスク。次へつなげましょう。

　「つなげる」は「とり組む」と同じ授業時間内に行えない場合があります。作文を書く、もしくは作文を書いて添削するまでを授業時間内に行い、以下の「つなげる」タスクは次の授業の最初におさらいとして行う方法もあります。ぜひ書きっぱなしで終わらせずに「つなげて」いきましょう。

■他技能・他活動と「つなげる」／他の人と自分を「つなげる」

■書く→話す①　発表　　　　　　　　　　　　　（→授業例1-1、1-2、5-2、6-2）

　書いたものをクラス（またはペア・グループ）で口頭発表します。発話のトレーニングになりますし、お互いの作文に刺激を受けることは次の作文授業への意欲につながります。書き言葉で書いたもの、箇条書きした資料を話し言葉にして発表すれば、使い分けのトレーニングになります。発表を聞きながら、皆に覚えてほしい表現があったら板書します。学習者の発表後、板書を見ながら使い方などを説明します。

　いきなり発表することに抵抗のある学習者がいます。書き終わったら発表する時間があることを書く前（あるいは書いている間）に伝えておきましょう。

■書く→話す②　インタビュー

　書いた質問文をもとに他者にインタビューします。インタビュー後の活動もいろいろ考えられます。

　　・インタビューをクラスの前で実演して見せる
　　・回答結果を口頭で報告する
　　・回答結果を書面にまとめて報告する　など

インタビュー前に、その手順をしっかり説明するとともに、インタビュー結果をどう扱うかもきちんと伝えておきましょう。

■ 書く→話す③　コメントする・話し合う　　　（→授業例2-1、3-1、3-2、6-1）

互いの作文についてコメントし合ったり、書いた作文の内容についてクラスで話し合ったりします。1人の作文を取り上げて、その作文のどんな点が良いか話し合ってもいいでしょう。

■ 書く→書く①　リライト　　　　　　　　　　（→授業例2-2、3-1、4-1）

ここでは添削で指摘された部分を再考し、加筆修正し書き直すことをリライトと言っています。リライトには添削したものを書き直して正しい表現を覚えてほしいという意図があるのですが、同じことを再び書くことを嫌がる学習者もいます。学習者のモチベーションを下げないためにも目的を持ったリライトを心がけましょう。例えば、手紙や文集など他の人の目に触れる作品の場合、他者に伝えるために正しくきれいに書き直す必要があります。書き直しを機に、横書きを縦書きにする練習、罫線に書いた文を原稿用紙に書く練習をするのも1つの方法です。何のために行うのか、学習者が納得する作業にしたいものです。

■ 書く→書く②　コメントを書く

作品に対するコメントは読書感想文のような長いものとは書き方が異なります。簡潔なコメントの例をいくつか示しておくと、回し読みしてコメントを書き合うという活動もスムーズに行うことができます。

■ 書く→書く③　語彙表現を覚える　　　　　　　　　　　　（→授業例5-1）

資料を読んで意見文を書いたり、物事を描写したりする際にはたくさんの新出語彙を学習することになります。今後も使えそうな語彙があったらまとめて板書し、意味や使い方を確認して文作りをします。使用語彙となるように、練習して定着をはかりましょう。

■ 書く→書く④　メールや手紙を送る　　　　　　　　　　　　（→授業例4-1）

クラスで書いたものを実際に社会の中で使ってみましょう。メールや手紙の書き方を学習したら、実際に誰かに送ってみます。教師宛てでもいいですし、返事を書いてもらえそうな協力者を募ったり、ビジターセッションに来てくれたビジターへのお礼状として書いたりするのもいいでしょう。外部の人に送ることはモチベーションアップにつながります。

■ 書く→書く⑤　投稿する

意見文を新聞に投稿したり、俳句や標語の募集に応募したりすることは大きな挑戦です。学んだ日本語を使って、外部とつながるきっかけを作っていきましょう。

■ 書く→読む　クラスで回し読み （→授業例1-3）

　書いたものを他者に読んでもらう方法です。書いたものがきちんと伝わるかどうかの確認になります。人数や時間によりますが、感想は口頭でもいいですし、感想シートや付箋に書いてもらうのもいいでしょう。

■ 書く→インタビュー・アンケートに答えてもらう

　会話授業の一環になるかもしれませんが、アンケート用紙、インタビューシートを作って回答を記入してもらうという流れもここに載せました。集計した回答を報告書にまとめ、それを発表するまでを一連の流れとして行うと、「話す」「書く」のどちらも学べる機会が作れます。

■ 書く→深掘りする （→授業例4-2）

　学習者の作文から得た情報をきっかけに、同じテーマについての読み物を読んだり動画を見たりして理解を深める方法です。筆者のクラスではハイキングの楽しさについて書いていた学習者にアドバイザーになってもらい、日本のハイキングスポットを教えてもらったことがあります。環境問題をテーマに作文を書いたときは、他にどんな問題があるか、自分の国と日本との対策の違いなどを調べて発表する時間に発展しました。

　新たな情報がすべて教師から発信されるわけではありません。学習者の発信を次の学びにつなげていきましょう。

例）　・クラスメートの作文を読んで興味を持ったテーマについて調べてみる
　　　・作文と同じテーマの最新情報、あるいは他国の情報を検索してみる
　　　・学習者の意見文と照らし合わせて日本人のデータを読んでみる

■ 書く→まとめる

　書いたものは記録として残ります。1つの作品をクラスで作ったり、それぞれが書いた作品を文集にして1つにまとめたりして共有してみましょう。

■ 学びと自分を「つなげる」

■ 振り返りシートに記入する／振り返りを発表する （→授業例2-1、3-2、4-2、6-2）

　他の技能と同様に振り返しシートを書くことを習慣化してもいいですが、作文を書いた後ですので、例のような問いかけをして口頭で発表してもいいでしょう。毎回の授業のまとめとして習慣化するといいですね。学習者の声は次の授業の糧になりますので教師にとっても貴重な時間になります。

振り返り例）　・作文はうまく書けましたか。それはどうしてですか。
　　　　　　　・クラスメートの作文はどうでしたか。
　　　　　　　・今日印象に残ったことは何ですか。
　　　　　　　・今日どんなことばを覚えましたか。

もっと！　作文

クラスでジャーナル作り

　筆者が「いつも決められたテーマで、指定された形で書くのはつまらない」という学習者の不満を受けたときにとり組んだのがジャーナル（新聞）作りでした。作文授業の時間を使って、企画から編集まですべて学習者が行い、定期的にクラスの新聞を発行していました。

　ジャーナル作りをする際は、まず「起こす」で新聞にどんな記事があるか振り返ってもらいます。「とり組む」内容のヒントにするためです。次に、学習者が興味を持ちそうな見出し例を紹介します。

見出し例）　・今週のニュース（身の回りのニュースから社会的なニュースまで何でも OK）
　　　　　　・おすすめの勉強法（自分がやっている勉強法やおすすめの学習アプリなどを紹介）
　　　　　　・〇〇さんにインタビュー
　　　　　　（学校のスタッフや日本人の友達、クラスメートなどにインタビュー）
　　　　　　・復習しよう！　今週の勉強（その週に習ったことを例文や感想を入れて紹介）
　　　　　　・便利な日本語（使える日本語のフレーズを状況設定とともに紹介）
　　　　　　・今週の作文（授業中に書いた作文で良かったものを教師が選出して掲載）

　「とり組む」では学習者が自分の書きたい見出しを選んで自由に記事を書きます。書いたら教師の添削を受けて清書し、編集係に提出します。編集係が新聞の形にまとめたものを教師が発行（印刷）します。発表手段として写真共有サイトなどを活用してもいいでしょう。「つなげる」ではお互いの記事の感想を述べ合う時間を設けます。クラス外で読んでくれる人に感想をもらえれば、学習者の作文意欲につながります。

　他者に見せるものなので既存の文章をコピーしないことや記事のサイズと締め切りを守ることなどのルールを伝えることも大切です。縦書きにする、挿絵を入れるなど、その他のルールを設けてもかまいません。クラス外の先生や学校外の機関に配布するなどの計画がある場合は事前に学習者に伝えておきます。

書くコミュニケーション

　近頃は手書きが減り、パソコンやスマホで入力することが多くなりました。文字入力の活用はメールや文書作成にとどまらず、SNSなどのコミュニケーションツールとして欠かせません。ビジネスメールのような定型文のない、文字によるコミュニケーションです。SNSでのやりとりは短文が多いため、文脈を推測するのが困難です。その上、流行によって書き方が目まぐるしく変化しています。話すように書く、文字だけで会話するというのはこれまでの「書く」とはまた少し異なる技術だと思います。

作文授業例 ～3ステップで授業を組み立てよう～

　3つのステップ「起こす」「とり組む」「つなげる」を組み合わせることで、1つの作文授業が生まれます。その組み合わせ方はさまざまです。1つのステップに複数の方法を使ってもかまいません。

　とりわけ作文授業には、同じ題材でさまざまなレベルの授業を展開できる面白さが表れると思います。そのため、他の技能はレベルごとに授業例を紹介していますが、ここでは題材ごとに授業例をまとめて紹介します。

自己紹介

- **やりとりを文字化する**　初級前半～
  - 1-1　テーマを使って→テーマ別作文→発表
- **敬語を使って**　初級後半～
  - 1-2　復習しながら→テーマ別作文→発表
- **思考を整理する**　中上級～
  - 1-3　思考を整理しながら／さまざまな作文例を見て→テーマ別作文→クラスで回し読み

好きなところ

- **たくさん話して書く**　初級前半～
  - 2-1　復習しながら／他の素材を使って→テーマ別作文→コメントする・話し合う／振り返りを発表する
- **原稿用紙に慣れる**　初級前半～
  - 2-2　他の素材を使って→原稿用紙の使い方（縦書き）／テーマ別作文→リライト

将来の夢

- **作文を入力して**　初中級～
  - 3-1　クラスメートとのやりとりから→テーマ別作文→リライト／コメントする・話し合う
- **資料を見ながら**　中級～
  - 3-2　他の素材を使って→感想文→コメントする・話し合う／振り返りを発表する

未来の私たち

- **手紙を書く**　初中級～
  - 4-1　復習しながら／テーマを使って→手紙文→リライト／メールや手紙を送る
- **段落を意識して整然と書く**　中級～
  - 4-2　作文の書き出しを使って→意見文→深掘りする／振り返りを発表する

どんな〇〇？

- **写真を描写する**　中上級〜

  5-1　他の素材を使って／さまざまな作文例を見て→描写文→語彙表現を覚える

- **日本的なものを描写する**　中上級〜

  5-2　テーマを使って／復習しながら→描写文→発表

スマホの問題点

- **相反する意見を並べて**　中上級〜

  6-1　他の素材を使って／思考を整理しながら→小論文→コメントする・話し合う

- **調べて書く**　中上級〜

  6-2　キーワードを使って／さまざまな作文例を見て→小論文→発表／振り返りを発表する

4

作文授業の作り方

授業例1-1　やりとりを文字化する「自己紹介」 初級前半〜

> **学習目標：**名前と出身だけではない少しまとまった自己紹介を書き、自己紹介ができるようになる。

授業の組み立て

　口頭で自己紹介の経験はあるけれど、書いたことはないというクラスを想定しました。名前や出身地は非漢字圏の学習者はカタカナで書かなければならずミスが目立ちます。ここで名前と出身地を正しく書けるように練習していきます。

起こす **テーマを使って**
まず「起こす」で自己紹介とはどういうものだったか、言い方と内容を確認します。

とり組む **テーマ別作文**
まだ文を書くことに慣れていないことを考えて、「とり組む」では穴埋め式の構成にしました。名前や出身などは今後正しく書けたほうがいいので、教師が1人ずつ見てしっかり添削します。

つなげる **発表**
「つなげる」は書いたものをクラスで発表することにしました。「起こす」でまとまったかたちで自己紹介できなかった学習者、うろ覚えだった学習者が板書例の①〜⑤を書くことで一連の自己紹介ができるようになることを目指します。「とり組む」で書く内容はそれほど多くないので、発表までを1つの授業時間内に終わらせる予定です。

授業の流れと教師の発話例

起こす テーマを使って	1）テーマ「自己紹介」を板書する。 2）L1を相手にTが自己紹介をする。次の①〜⑤を1文言い終わるごとに板書する。L1にも自己紹介をするように促す。 　　T：①はじめまして。私は（名前）です。 　　　　②（出身）から来ました。 　　　　③（職業）です。どうぞよろしくお願いします。 　　　　（L1さんの番だとわかるように耳を傾ける。Lが①〜③を言い終わったら加えて質問する） 　　T：L1さん、④しゅみは何ですか。 　　　　⑤日本で何がしたいですか。 　　　　どうぞよろしくお願いします。

	板書例） 自己紹介（じこしょうかい） ①はじめまして。わたしは、（　　　　　　　　　　）です。 ②（　　　　　　　　　　　　　　　　　）からきました。 ③（　　　　　　　　　　　　　　　　　）です。 ④しゅみは（　　　　　　　　　　　　）です。 ⑤日本（にほん）で（　　　　　　　　　　　　　）。 みなさん、（　　　　　　　　　　　　　　）。 3）2）の板書を見ながら他のLに自己紹介をするように促す。
とり組む テーマ別作文 　構成 　書く 　添削	1）板書を見ながら構成を確認する。 　　T：今、自己紹介をしました。私とL1さんは何を話しましたか。名前と……？ 　　　　最後に何と言いますか。 2）自己紹介文を書く。 3）終わった人からTが添削する。 　　T：L1さん、書きましたか。見せてください。 4）直し終わったらTの前で読む練習をする。 　　T：L2さん、終わりましたか。じゃあ読んでみましょう。お願いします。 　　（耳を傾けるジェスチャーをする）
つなげる 発表	1）1人ずつ前に出て、発表する。 　　T：L1さんから、お願いします。（クラス全体を見て） 　　　　皆さん、（拍手しながら）拍手！……ありがとうございました。（拍手を促す）

 ## ポイント＆アドバイス

　まだ書くことに慣れていないクラスの場合、各自のノートに書いてもらってもいいですが、学習者によってノートの使い方はまちまちです。文字がまっすぐ正しく書けているか確認したい場合は、太めの罫線用紙を配布して線に沿って書くように指示するといいでしょう。添削しきれなかった場合、ノートより用紙のほうが提出してもらいやすいというメリットもあります。

　日本語表記に慣れていないので、書く時間に差が出ると思います。早く書いた人には例のように教師の前で個別に発表したり、早く書いた者同士で発表し合ったりしてもらいます。

　最近は多様化が進み、ひと言で言い表せない出自を持つ学習者が増えてきました。「〜から来ました」という言い方にとらわれる必要はありません。学習者が何を言いたいのかよく聞いて、それぞれの学習者に合った文を提案します。

例）・ロシアから来ました。ウクライナ人です。
　　・父はハンガリー人、母は日系イタリア人です。ドイツから来ました。

　慣れない日本語での発表は緊張します。緊張を解くためにも1人ずつメリハリをつけるためにも「つなげる」の発表前後には拍手をするように教師が率先して促しましょう。

授業例1-2　敬語を使って「自己紹介」 初級後半〜

> **学習目標：**敬語を使った自己紹介文が書けるようになる。
> 　　　　　相手の問いに対して敬語で受け答えできるようになる。

授業の組み立て

　授業例1-1と同じ自己紹介をテーマにしていますが、この授業では敬語を使って書けるようになることを目指します。

起こす　復習しながら

「起こす」では敬語の復習を行います。復習をしないで行おうとした際、尊敬語と謙譲語が混同している学習者やすっかり忘れている学習者がいて、進まなかったことがあったからです。ここでは自己紹介で使う必要最低限の敬語を使えるようにしておきます。

とり組む　テーマ別作文

相手の質問に敬語で答えられるようになることが目標の1つです。「とり組む」では作文シート例のように質問に答える形で書いてもらいました。きちんと敬語で書けているか確認したいので、教師が添削する時間を設けます。その後、書くのが早い人は＊枠に①〜③をまとめて書く練習をします。書くのが遅い人は＊部分は宿題にすることにしました。

つなげる　発表

作文シート例の①〜③をきちんと書けることを授業中のゴールとし、敬語で自己紹介する口頭発表までを授業時間内に終わらせることにしました。

授業の流れと教師の発話例

用意するもの　・作文シート

起こす 復習しながら	1）テーマ「自己紹介」を板書する。 2）もし自分が新入社員だったら、上司にどうやって自己紹介するか問いかける。 　　**T：**（状況を説明）例えば、ここは会社です。皆さんは新入社員です。 　　　　私（T）は皆さんの上司です。上司に自己紹介するとき、何と言いますか。 3）敬語を確認する。敬語をはっきり覚えていないようなら板書する。 　　**T：**上司に自分のことを話すときは謙譲語を使います。例えば、「〜から来ました」と言いたいとき、何と言いますか。（必要に応じて「来ます→まいります」と板書）

とり組む **テーマ別作文** 構成	1）作文シートを配り、Lに①～③を読んでもらう。わからないことばがあれば説明する。シートを見せながら書き方を説明する。 作文シート例） 敬語で自己紹介 　①お名前は？ 　②お国はどちらですか。 　③出身校はどちらですか。 　　学校では何を勉強していましたか。 　＊自己紹介を書きましょう。 T：L1さん、①を読んでください。 　　L1さん、お名前は？　敬語を使って書いてください。 　　「出身校」というのは何ですか。L2さん、出身校はどちらですか。……
書く 添削	2）Lはシートの①～③を書く。 3）終わった人からTが添削する。 4）直し終わった人はシートの＊に①～③をまとめて書く。
つなげる **発表**	1）Tが上司、L1が新入社員という設定のもと、L1に自己紹介をするように促す。発表の後には拍手をするようにTが率先して拍手する。 　　T：私（T）は上司です。皆さんは新入社員です。上司の質問に答えてください。 　　（L1の顔を見ながら、知らないふりをして） 　　えーと……新しく入った人だね。お名前は？…… 2）シートの＊まで書いた人はシートを提出する（終わっていない人は宿題）。 　　添削後、返却する。

 ポイント＆アドバイス

　「とり組む」には書くことによって敬語を使った自己紹介のパターンを覚えてもらう目的があります。授業時間内に最低限①～③への答えは覚えてもらいましょう。「つなげる」では教師が上司になりきることが大切です。上司は普通体で、新入社員は敬語を使って丁寧体で会話します。「起こす」で敬語が理解できていることが確認できたら、「つなげる」では作文シート以外の質問をしてみてもいいでしょう。

質問例）　同僚たちはちゃんと仕事を教えてくれる？
　　　　　日本語の勉強は今も続けている？
　　　　　きのう渡した資料、もう読んだ？

授業例1-3　思考を整理する「自己紹介」 中上級〜

> **学習目標：** 要点を整理して、印象的な自己紹介文が書けるようになる。
> クラスメートの作文にコメントが書けるようになる。

 ### 授業の組み立て

　授業例1-1、1-2と同じ自己紹介をテーマにした授業例です。中上級になったら自分の好きなことを自由にアピールする自己紹介ができたらいいのではないかと考えました。

起こす **思考を整理しながら／さまざまな作文例を見て**

　好きなものを羅列するだけの自己紹介にならないようにするには、考えを整理する必要があります。複数のトピックを整理するにはマインドマップが有効だと考え、「起こす」ではマインドマップを使用することにしました。

　「とり組む」では選んだトピックの中からさらに2つ選んで作文にまとめるようにしたいので、それがうまく伝わるように作文シートに学習者の作文例を載せておくことにしました。

とり組む **テーマ別作文**

　「とり組む」では構成の枠組だけを指示して書いてもらいます。「起こす」で書きたい内容を整理しているので、構成で戸惑うことはないと考えています。

つなげる **クラスで回し読み**

　「つなげる」は回し読みです。書いた内容に加えて、マップにはそれぞれの情報がたくさん詰まっているので、クラスメートの理解を深めるために回し読みが有効だと考えました。回し読みする前にリライトしてもらいたいので、添削したものを返却するまでを1つの授業で行うことにしました。リライトを宿題にし、回し読みは次の授業の最初に行います。

 ### 授業の流れと教師の発話例

用意するもの　・作文シート（マインドマップ）→p.152、153　・付箋

起こす 思考を 整理しながら	1）テーマ「自己紹介」を板書する。 2）作文シートを配り、マインドマップを板書しながら書き方を説明する。 　　T：①まず、円の中に自分の顔を書いてください。 　　②そして円の周りに6本線を書きます。 　　③自分について書けそうなものをキーワード例から6つ選んで、それぞれ線の上に書いてください。キーワードは例に書かれているもの以外でもいいです。 　　④自分についてキーワードから連想することを書いていきます。このとき、文で書かないようにしてください。1つの線の上に単語1つです。他のことが書きたくなったら、新しい線を引いてその上に書いてください。こうやってどんどんマップを広げていきます。書いた後で、そこから2つ選んで作文にしますが、まずは6つのトピックについて思いつくことをどんどん書いていきましょう。

	キーワード例） 名前・出身・家・家族・趣味・得意・苦手・好き 性格・宝物・夢・仕事・専門・最近（ニュース） 日本・日本語・抱負
	3）マインドマップを書く。Tはクラスを回ってことばや書き方で困っているLがいたら手伝う。
さまざまな 作文例を見て	4）作文例を読んでもらい、わからないことばを導入する。 T：6つの中から、書きたいトピックを2つ選んで作文を書きます。例を読んでみましょう。
とり組む テーマ別作文 　構成 　書く 　添削	1）構成を説明する。 T：（シートの【名前】を指しながら）ここに名前を書きます。クラスで呼ばれたいニックネームがあればそれも書いてください。そして、（【キーワード1】【キーワード2】を指しながら）ここに2つのキーワードについて文で書いてください。 2）マップを見ながら作文を書く。 T：では、マップを見ながら作文を書きましょう。皆さんが書き終わったら共有する時間を取ります。クラスメートが読みやすいように、丁寧に書いてください。わからないことがあったら手を挙げてください。 3）終わった人からTが添削する。 4）Lは添削したものをリライトする（宿題）。
つなげる クラスで 回し読み	1）リライトした作文シートを回収する。 2）付箋を配る。 3）作文シートをランダムに1人1枚ずつ配布し、回し読みする。 4）Lは読んだシートの感想を付箋に書き、シートの裏面に貼る。 T：クラスメートの作文を読んでください。終わったら、（付箋を示して）これに感想を書きます。短くてもいいので、面白い、興味深いと思ったことを書きましょう。「面白かった」だけでは短すぎます。どんな点が面白かったのか、どうして面白かったのか具体的に書いてください。感想を書いたら作文の裏に貼って、次の人に回します。 5）時間まで読んだら再び回収し、書いた本人に返却する。

4

作文授業の作り方

 ポイント＆アドバイス

　学習者についての情報がたくさん得られるので、筆者はこのシートを同じクラスを担当する教師陣と共有するようにしています。リライトした作文は、スキャンしてクラスのフォルダーにアップするという公開のしかたもあります。どちらにしてもクラスメートや他の教師に見せることは学習者にも最初から伝えておきます。「つなげる」では、初対面同士気持ちの良いやりとりになるように心がけます。付箋には共感したことや興味深いと思った感想を書き、くれぐれも批判的なコメントを書かないように事前に伝えましょう。

学習者の作文シート例１）

マインドマップ(mind map)で自己紹介

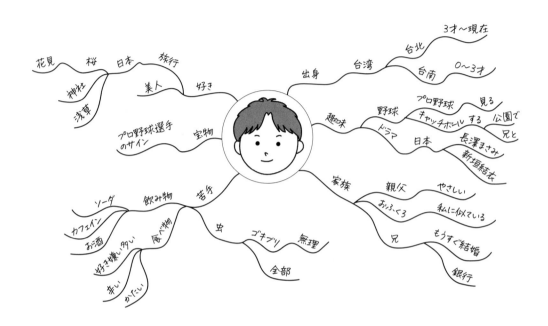

選んだキーワード 「趣味」＋「苦手」

【名前】任と申します。任務の任、「私に任せてください」の任です。
【キーワード 1】 　私の趣味はスポーツです。特に野球が好きです。ひまなときキャッチボールをしたりプロ野球の試合を見たりします。子どものときから野球に興味があって、いろいろなプロ野球の試合を見てスーパースターの動きをまねしていました。今はプロ野球選手たちのサインを集めています。すごく熱中しています。
【キーワード 2】 　私は苦手なものが多いです。食べ物の好き嫌いがあって、辛い物やかたい物が好きじゃありません。お酒が好きだと思われますが、全然飲めません。 　それから虫が苦手です。いろいろな虫の中で一番嫌いな虫はゴキブリです。理由はわかりませんが、ゴキブリを見たらいつも気持ちが悪くなります。
どうぞよろしくお願い致します。

マインドマップ（mind map）で自己紹介

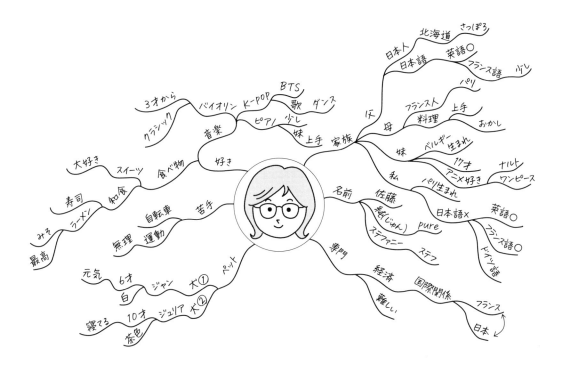

選んだキーワード「家族」＋「好き」

【名前】ステファニーと申します。ステフと呼んでください。
【キーワード1】 　私の家族は４人家族です。父は日本、母と私はフランス、妹はベルギーで生まれました。今、全員イギリスのロンドンに住んでいます。戸籍は日本人ですが、家族の中では英語しか話しません。家族はとても仲がいいです。私の宝物です。
【キーワード2】 　私が一番好きなのは、音楽と食べ物です。K-pop を聞いたり、バイオリンでクラシックを弾いたりするのが好きです。食べ物は和食とフランスのスイーツが好きなので、よく母に作り方を教えてもらいました。でも、楽器は初心者レベルだし、料理を作るのはあまり上手ではないので、好きなことを仕事にするのはあきらめました。今は経済を勉強しています。
以上です。どうぞよろしくお願い致します。

授業例2-1　たくさん話して書く「好きなところ」 〔初級前半〜〕

『できる日本語 初級 本冊』第10課 バスツアー「好きなところ」アルク →別冊p.33

> **学習目標：**「〜ことができます」という文型を使って自分の好きな場所について話し、書けるようになる。

 授業の組み立て

　ゼロから始めた学習者ばかりでまだ話すことにも書くことにも慣れていないクラスです。教科書内の読み物を活用し、教科書の内容をしっかり積み上げていきたいと考えました。

起こす　復習しながら／他の素材を使って

「好きなところでどんなことができるか」という点を作文に書いてもらいたいので、まずは文型「辞書形＋ことができます」の復習をすることにしました。作文のテーマに合わせて、さまざまな場所のことばも一緒に復習します。復習が終わったら教科書を読みます。内容を理解した後、「とり組む」に備えて自分について話す時間を作ります。

とり組む　テーマ別作文

「とり組む」では長い文章に抵抗を持たないように、書きやすい罫線用紙を使って一問一答形式で文を書いてもらうことにしました。1つの授業ですべてのタスクを終わらせる予定です。

つなげる　コメントする・話し合う／振り返りを発表する

「つなげる」はクラス全員の作文を発表する時間はあまりないと考え、選んだ場所だけ発表してもらうことにしました。振り返りの時間がなかったら、振り返りシートを宿題にする予定ですが、時間があればクラスメートの話を聞いてあらためて行きたくなったところなどを発表してもらってもいいと思います。

 授業の流れと教師の発話例

起こす 復習しながら	1）文型「〜ことができます」を板書する。
	2）ＷＢにさまざまな場所名を書く（または場所の絵を貼る）。
	（動物園、図書館、デパート、コンビニ、映画館、美術館、その他Ｌに身近な観光地など）
	3）2）の場所で何ができるか「〜ことができます」を使って発表する。
	T：ここはどこですか。ここで何をすることができますか。「〇で〜ことができます」で言ってください（「〇で〜ことができます」と板書する）。
他の素材を使って	1）テーマ「好きなところ」を板書する。
	2）教科書を開き、新出語彙を確認する。
	3）Ｌは1文ずつ音読する。
	4）内容について質問する。
	T：（書き手は）どこが好きですか。そこに何がありますか。

温泉の名前は何ですか。温泉で何ができますか。

観覧車はいくらですか。観覧車から何が見えますか。

5）Lの経験を聞く。

T：皆さんはお台場へ行きましたか。いつ？　どうでしたか。

観覧車に乗りましたか。どこで？　どうでしたか。

日本で（国で）旅行しましたか。どこへ？　どうでしたか。

6）教科書右側の吹き出し部分を読んでもらう。

7）ペアになり、6）について質問し合う。Tはクラスの様子を見ながら、
4つの質問を板書する。

T：ペアになってください。隣の人にこの4つの質問をしてください。

板書例）

①好きなところを教えてください
②そこに何がありますか
③そこで何ができますか
④どうやって行きますか

とり組む テーマ別作文 構成 書く 添削	1）構成を確認する。 　　T：（板書を示しながら）4つの質問に答えることができましたか。では、皆さんの好きなところを教えてください。①～④の答えを書きましょう。 2）Lは構成を見ながら書く。 3）終わった人からTが添削する。
つなげる コメントする ・話し合う	1）場所名を発表してもらい、Tはそれを板書する。 　　T：では、皆さんの好きなところを教えてください。L1さんの好きなところはどこですか。京都ですか。いいですね。L2さんは？　…… 2）板書を見ながら、その場所についてクラスで話し合う。 　　T：L1さんの好きなところは京都です。皆さんは京都へ行きましたか。京都は何がいいですか。京都で何ができますか。……
振り返りを 発表する	3）今日学習したことについてクラスで話し合う。

ポイント＆アドバイス

　「～ことができます」の復習はペアワークで行ってもいいでしょう。作文授業なので、初めての読み物を扱う際は読解に時間を取られないように工夫が必要です。例えば「お台場」などの固有名詞や「観覧車」「浴衣」などは学習者の作文に直接関係ない語彙なので、絵や写真で紹介する程度にとどめます。学習者の音読ではなく、範読にしてもいいでしょう。「起こす」7）のペアワークの前に教師が例として質問に答えて見せると、その後何をすればいいかよりわかりやすくなります。

　「とり組む」の中で観光地などの固有名詞が出てきた場合、漢字圏の学習者は母語のまま漢字で書いていることがあります。添削時に日本語の読み方を知っているかどうか確認しましょう。また、学習者が自分の国の地名を無理にカタカナに直すと、どこを表しているのかわからないことがあります。横に母語か英語を添えてもらえば、地図アプリなどでカタカナ表記を調べることができます。

授業例2-2　原稿用紙に慣れる「好きなところ」 初級前半〜

『できる日本語 初級 本冊』第10課 バスツアー「好きなところ」アルク →別冊p.33

> **学習目標：**自分の好きな場所について書けるようになる。原稿用紙の使い方を習得する。

授業の組み立て

　授業例2-1と同じ教材を使った授業例ですが、この授業では読み物を筆記手段の練習素材として活用しました。原稿用紙を使ったことがないクラスで、原稿用紙を使って縦書きを導入します。

起こす　**他の素材を使って**

　　　　原稿用紙の使い方の説明に時間をかけたいので、読み物を扱う時間はなるべく手短にしたいと考えました。そこで、ゆっくり範読して耳からも情報を入れることで読解の負担を減らせるのではないかと考えました。4つの質問だけはしっかり理解していてほしいので、質問は板書し、ペアワークの時間を取ることにします。

とり組む　**原稿用紙の使い方（縦書き）／テーマ別作文**

　　　　初めての原稿用紙、初めての縦書きなので丁寧に導入したいと考えました。そこで、自分の作文にとり組む前に、読み物の文章を写して正誤を確認する時間を設けることにしました。文章をWBに書き出して、表記上の注意点を紹介します。自分の作文を書く際に何を書けばいいのかすぐに思い出せるように「起こす」の板書は消さない予定です。「起こす」でも「とり組む」でもWBを使うので板書計画をしっかり立てておきます。

つなげる　**リライト**

　　　　原稿用紙に書き、さらにリライトすることで正しい書き方を身に付けてほしいと考えました。原稿用紙に書くのにどのぐらい時間がかかるかわからないので、場合によってはリライトを宿題にします。

授業の流れと教師の発話例

用意するもの　・原稿用紙

起こす 他の素材を使って	1）テーマ「好きなところ」を板書する。 2）本文を範読する。わからないことばがあったら印をつけるように指示する。 　　**T：**私（T）が読みます。皆さんは聞いてください。ことばがわかりません、何ですか（というとき）はことばに〇をつけてください。 3）わからないことばがないか質問。あれば答える。 4）内容について質問する。 5）教科書右側の吹き出し部分を読んでもらい、①〜④として板書する。 6）ペアになり、5）について質問し合う。
とり組む 原稿用紙の使い方（縦書き）	1）原稿用紙を配る。 　　**T：**これは「原稿用紙」と言います。今日はこれを使って、上から下に書きます。 2）原稿用紙の使い方を説明する。

	T：原稿用紙にはルールがあります。
	①まず、タイトルを書きます。（原稿用紙を示して）タイトルは上から1, 2, 3（4マス目を示して）、ここから書きます。そして、文は次の行の（2マス目を示して）ここから書きます。
	②「ビール」の「ー」は「｜」です。
	③小さい「ゃゅょっ」、「。」「、」は（マスの右上を示して）ここに書きます。
	3）教材のタイトルと最初の 2 行をプロジェクターなどで映す。
	4）L は 3）を原稿用紙に書き写す。
	T：（WB を示して）この文を使って練習しましょう。この文を原稿用紙に書いてください。
	5）正しく書けているか確認する。
テーマ別作文 書く 添削	6）書く内容を確認する。
	T：（板書を示しながら）4 つの質問に答えることができましたか。では、皆さんの好きなところを教えてください。①〜④の答えを原稿用紙に書きましょう。
	7）L は①〜④の答えを原稿用紙に書く。
	8）終わった人から T が添削する。間違っている部分は正解を書かずに線を引いて、返却する。
つなげる **リライト**	1）添削で線を引かれた部分を訂正し、リライトする。
	T：皆さんの作文をチェックしました。赤い線がありますか。赤い線の日本語を良い日本語に直してください。そして、もう一度原稿用紙に書いてみましょう。「どうして間違いですか。わかりません」（という人）は、手を挙げて質問してください。

ポイント＆アドバイス

　この読み物を原稿用紙の練習素材にした理由は 2 つあります。まず、書きやすいテーマなので、表記面に気を配る余裕ができると考えたからです。そして、最初の 2 行に原稿用紙で学習者がつまずきやすい要素（長音、促音、漢字語彙、句点など）が入っていたからです。原稿用紙の使い方を導入するのにちょうど良い例になると考えました。「とり組む」5）の確認では、白紙の原稿用紙を WB にプロジェクターで映し出し、早くできた学習者に文を書いておいてもらいます。そこに、間違いや気を付けてほしい点を教師が別の色で書き加えていきます。

　添削時、間違いに気付いてほしい部分はあえて直さずに、線だけ引いて返却しました。リライトのチャンスがあるので、間違いに自分で気付いて正しく書いてきてくれればより学習効果が期待できると考えたからです。原稿用紙に書くことに慣れているクラスでは、リライトではなく原稿を録音して音声で提出させるのも 1 つの方法です。音読のトレーニングになりますし、プレゼン授業をするならそれに向けた発音練習にもなります。

　以上、2-1、2-2 は「好きなところ」というテーマでしたが、「私の好きな〇〇」として自由度を高めて書かせる方法もあります。その場合は〇〇に何が入るか考えさせ、出た案を板書して書きたいテーマを考えてもらいましょう。

好きな〇〇例）　食べ物、スポーツ、場所、人など

授業例3-1　作文を入力して「将来の夢」　初中級〜

> **学習目標：**口頭でやりとりしたことを文章化できる。
>
> 　　　　　　将来について深く考えることができる。
>
> 　　　　　　他者の作文内容を聞いて内容が理解できる。

 授業の組み立て

　授業中は主にきっかけ作りの「起こす」を行い、「とり組む」は宿題にし、次の授業でまとめとして「つなげる」を行います。

[起こす]　クラスメートとのやりとりから

「起こす」ではペア（グループ）ワークに時間を割きました。作文をきっかけにして、自分の将来についてきちんと考える時間にしたいと考え、質問シートを作成しました。

[とり組む]　テーマ別作文

「起こす」でしっかり話し合い、構成について丁寧に説明しておけば「とり組む」は自宅でできると考え、宿題にしてパソコンで入力したものをメールで提出してもらうことにしました。

[つなげる]　リライト／コメントする・話し合う

添削後にリライトして次の授業までに再提出してもらいます。入力原稿なのでリライトの負担は少なく、原稿をクラスで共有することを伝えておけばきちんと再提出してくれると考えたからです。そしてクラスの仲の良さを生かして書き手を当てるゲームをしました。誰の作文か理由も含めて当てるという目的があれば、きちんと読むのではないかと考えました。

 授業の流れと教師の発話例

用意するもの　・質問シート

[起こす] **クラスメート****とのやりとり****から**	1）質問シートを配る。 2）Lは質問シートを読む。わからないことばがないか質問。あれば導入する。 　　シート例） 私の夢 ①子どもの頃の夢は何でしたか。その夢はかないましたか。 ②今、あなたの夢は何ですか。 ③その夢を持ったきっかけは何ですか。 夢をかなえるために…… ④何が必要だと思いますか。 ⑤今、しなければならないことは何ですか。 ⑥今、やめなければならないことがありますか。 ⑦どんな壁があると思いますか。 ⑧あなたのどんな長所が生かせると思いますか。 ☆答え終わった人に、メッセージをどうぞ！

	3）2）①〜⑧について自分のことを質問シートに書く。 　　T：近い将来でも遠い将来でもいいので、何がしたいか考えて書いてください。 4）3）を使ってペア（グループ）ワーク。 　　T：グループになります。まず答える人を1人決めてください。他の人は①〜⑧まで質問してください。質問時間は5分です。終わったら、話してくれた人にメッセージをお願いします。「がんばってください」だけじゃないですよ。すごいと思ったこと、気を付けたほうがいいと思ったことなど、感想やアドバイスをお願いします。終わったら、次の人と交代しましょう。
とり組む **テーマ別作文** 構成 書く 添削	1）構成を確認しながら板書する。 　　T：4つのことを書きます。最初は「自分の夢」について。2つ目は「その夢を持ったきっかけや理由」を具体的に書いてください。3つ目は「グループメンバーに言われたこと」。最後はそれによって「気付いたことや今後の計画など、自分の意見」を書いてください。 2）Lは構成を見ながら書く（パソコンで入力）。 3）授業後、終わった人はTにメールで送るように指示する。 　　T：書いたら、○月△日×時までに私（T）に送ってください。私は●日までに添削して返します。皆さんは次の授業までに直してもう一度送ってください。 4）Tは添削し、メールで返却する。
つなげる **リライト/** **コメントする** **・話し合う**	1）Lはリライトし、メールで再送する。 2）作文をクラスで共有する。 3）誰の作文かわからない状態でWBに映し出す（または読み上げる）。 4）誰の作文だと思うか、それはどうしてか発表してもらう。 5）3）と4）を全員分行う。

 ポイント＆アドバイス

　授業時間を「起こす」に費やし、家でとり組む授業例です。時間を気にせずに書けるメリットがありますが、家で学習する時間が思うように取れない学習者の場合には注意が必要です。同様に、パソコンのない人、日本語の文字入力ができない人がいないかなど、事前にリサーチしておきましょう。

　「つなげる」では書き手を当てる活動をしました。クラスの人数によっては何作品かに絞って共有します。人となりがわかりやすい特徴的な作文を選んでもいいですし、皆が使えそうな語彙表現を活用している作文を選んでもいいでしょう。良かった点を紹介して、最後は拍手で終われるといいですね。

　学習者の今後についての情報ですので、同じクラスを担当する他の教師に共有するのもいいでしょう。その作業を授業の一環として行うこともできます。

例）①リライトを終えた作文を自分以外の教師数名に読んでもらう

　　②それぞれの教師には読んだ感想と質問1つを各作文に記入してもらう

　　③学習者は各自感想と質問を読み、それぞれの教師に向けたお礼と回答を付箋に書く

　　④教師は回収した付箋を各教師ごとに1枚の紙にまとめ、それぞれの教師に渡す

　感想だけでなく内容についての質問を添えてもらったのは、質問に答えることで自分の夢についてもう1歩深く考えてもらうためです。感想と質問の協力は授業の前に他の教師にお願いしておきます。

授業例3-2　資料を見ながら「将来の夢」　　中級〜

> **学習目標：**資料を読んで、事実と感想を分けて書くことができる。

 授業の組み立て

　初級では自分にとって身近なテーマや個人的なことを書きますが、レベルが上がるにつれて社会的なテーマを扱っていきます。また、読み取ったデータをもとに硬い表現を用いて意見を述べる小論文にも挑戦していくようになります。今回はその1歩手前の練習です。自分の夢についてではなく、夢についての簡単な資料を読んで、データからわかることと自分の感想を分けて書く練習にしました。

起こす　**他の素材を使って**
　　　まず「起こす」は一緒に「将来の夢」に関する資料を読み取る時間にしました。最初から日本のデータを見せるのではなく、データの内容を予想させてから見せることで、予想と実際の違いが顕在化して感想が書きやすくなるのではないかと考えました。

とり組む　**感想文**
「とり組む」では構成を板書で指示することにしました。1つの授業で行うのは「とり組む」までです。

つなげる　**コメントする・話し合う／振り返りを発表する**
　　　次の授業までに「つなげる」で取り上げる作文を選んでおきます。良かった点を次の授業の最初に伝えることで、次の授業の意欲を呼び「起こす」に生かしたいと考えました。

 授業の流れと教師の発話例

用意するもの　・「将来の夢」に関する資料

起こす 他の素材を 使って	1）テーマ「将来の夢」を板書する。 2）日本の「子どもが将来なりたい職業ランキング」「親が子どもにつかせたい職業ランキング」「就職人気企業ランキング」に何が入っているか予想して発表してもらう。 3）実際のランキングを見せる。 4）3）からわかることを1人1つずつ発表する。Tは発表内容を板書する。 5）予想と3）を比較した結果や自分の子どもの頃の夢と3）とを比較した感想を発表する。Tは4）と分けて発表内容を板書する。 　　**T：データを見てどう思いましたか。予想と同じでしたか。皆さんの国の子どもと同じだと思いますか。皆さんの子どもの頃と比べてどうですか。……**
とり組む 感想文 構成	1）課題を説明する。 　　課題「資料から読み取れる内容を説明し、それを読んでどう思ったか自分の感想を書きなさい」 2）構成を説明しながら板書する。

	T：まず、どんな資料を読んで、その資料からどんなことがわかったかを書いてください。次に、自分や自分の国と比べて似ている点、全く違う点を挙げてください。最後に感想です。それについて自分はどう思ったか書いてください。特に、わかったことと思ったことは分けて書いてください。
	板書例） 1　読んだ資料について、そこからわかったこと 2　自分（自分の国）との類似点、相違点 3　感想、まとめ
書く 添削	3）Ｌは構成を見ながら書く。 4）書き終わったらＴが添削する。
つなげる コメントする ・話し合う	1）よく書けていた作文をWBに映し出す。 2）どこが良いと思うか、クラスで話し合う。 　　T：（前回と同じような板書をして）前回、「将来の夢」としてこのような流れで作文を書きました。皆さん上手でしたので、いくつか紹介します。この作文はとても上手に書けていると思います。皆さんはどこが良いと思いますか。
振り返りを 発表する	3）授業での気付きを話し合う。

 ポイント＆アドバイス

　作文で資料を扱う場合は「起こす」でその内容について話し合う時間をたくさん取ります。資料が正しく読み込めていないと作文の内容がずれてしまうからです。

　事実（資料の内容）と感想（学習者が思ったこと）が混同しないように、「起こす」の4）と5）は分けて箇条書きにして板書しておくと、「とり組む」際のヒントになります。板書例の1〜3を分けて書けるように、3つの枠組みを示した用紙に書いてもらうのも1つの方法です。

　いざ「とり組む」段階になったとき、書き出しがわからないという学習者がいます。例を挙げながら、次のようにヒントを書き添えてみましょう。

板書例）

1　読んだ資料について、そこからわかったこと
　　　・この資料は〜についてのランキングである。
　　　・資料によると、〜。
　　　・〜ということがわかった。
2　自分（自分の国）との類似点、相違点
　　　・私の国（私の子どものころ）と比べて、似ている点
　　　　（異なる点）が〇つある。
　　　・第一に、〜。第二に、〜。
3　感想、まとめ　・この資料を読んで、私は〜。

授業例4-1　手紙を書く「未来の私たち」 初中級〜

> **学習目標**：「過去、現在、未来」と順を追って整理し、未来の自分に手紙を書くことができる。

 授業の組み立て

　あまり書くことが好きではないクラスに向けて、初級の文型の復習を兼ねた作文授業を考えていました。作文授業が楽しいイベントにつながるように、3年後の自分に手紙を書くことにしました。

起こす **復習しながら／テーマを使って**

　「起こす」では手紙文で使えそうな文型をたくさん復習しました。過去→現在→未来と順を追って話すことで頭の中を整理します。

とり組む **手紙文**

　「とり組む」ではいつもと趣向を変えて手紙形式にすることにしました。「起こす」で行った復習を踏まえて、3年後の自分へインタビュー／今の自分のレポート／3年後の自分へお願いという流れで書くことにしました。

つなげる **リライト／メールや手紙を送る**

　「つなげる」はリライトです。未来の自分に向けてメールで送信するため、パソコン入力でリライトします。実際に送ることを想定すればリライトも前向きに行えると考えました。

 授業の流れと教師の発話例

起こす 復習しながら	1）1年前と今を比べて「〜く（に）なりました」「〜ようになりました」を使った答えを導く。 　　T：（1年前−今−3年後と板書して）1年前、皆さんはどこにいましたか。 　　　　日本語は話せましたか。今はどうですか。（「〜なりました」復習） 　　　　漢字は書けましたか。今はどうですか。 　　　　日本語の歌は歌えるようになりましたか。 2）今の状況について質問する。 　　T：今、皆さんは毎日何をしていますか。 　　　　（「〜ています」「〜たり〜たりしています」復習） 3）3年後どうなっていると思うか質問する。 　　T：3年後、20xx年です。皆さんは何をしていると思いますか。
テーマを 使って	4）日本語でメールを出したことがあるか、自分で自分に手紙を出したことがあるかなどについて話す。

とり組む **手紙文** 構成	1）手紙の構成を板書で説明する。 板書例） > 20xx 年の〇〇へ > ・3年後の自分へインタビュー > ・今の自分のレポート > ・3年後の自分へお願い　　　　20yy 年の〇〇より T：今日は 20xx 年の皆さんに手紙を書いて送りましょう。最初は「20xx 年の〇〇へ」、手紙の最後は「20yy 年の〇〇より」です。トピックは3つです。 　「3年後の自分へインタビュー」、3年後の自分に聞きたいことを書きます。例えば、「仕事をしていますか」「仕事は楽しいですか」「日本語は上手になりましたか」「まだゲームが好きですか」「恋人はいますか」などです。 　次に「今の自分のレポート」、今、自分がしていることを書きます。「〜を勉強しています」「〜をがんばっています」「〜が楽しい、〜が大変です」などです。 　「3年後の自分へお願い」は、「がんばって大学へ行ってください」「甘いものを食べすぎないほうがいいですよ」など、お願いやアドバイスを書きます。
書く 添削	2）Lは板書を見ながら書く。 3）終わった人からTが添削する。
つなげる **リライト**	1）添削して返却したものをもとに、Lはパソコンを使ってリライトする。 2）Tは送られてきたものを再添削し、Lに返信する。
メールや **手紙を送る**	3）返却された手紙を、3年後の自分に転送する。

 ポイント＆アドバイス

　送信先は未来の自分です。今は、未来の自分にメールやメッセージを送信できるウェブサイトやアプリがあります。突然閉鎖してしまうサイトもあるようなので、10〜20年後というよりも近未来を想定したほうがよさそうです。この授業例では3年後としましたが、学期末や卒業時期に向けて書き、プリントアウトして修了時に渡すのも節目のいい記念になると思います。

授業例4-2　段落を意識して整然と書く「未来の私たち」 / 中級〜

> 学習目標：10年後の自分について根拠を持って伝えることができる。

授業の組み立て

授業例4-1は手紙文を書きましたが、これは同じ題材をもとに意見文を書く授業例です。

起こす　作文の書き出しを使って

「未来の私たち」というタイトルですが、テーマが壮大なのでもう少し焦点を絞ったほうが
いいと考え、「起こす」では書き出しの１文を決めてそこから話を広げることにしました。

とり組む　意見文

「とり組む」では4つの段落を作って書くように指示しました。書く分量が多いので、1回
の授業で行うのは「書く」までです。全員期日までに提出してもらい、次の授業で返却
することにしました。

つなげる　深掘りする／振り返りを発表する

いろいろな社会的なテーマが出てくることを想定して、「つなげる」は関連するニュース
やデータを紹介することにしました。自分が書いた内容が日本ではどのように報道され
ているか興味を持つと思ったからです。添削しながら「つなげる」で見せるニュースの
見出しや資料を準備しようと考えました。

授業の流れと教師の発話例

用意するもの　・学習者が書いた内容に関連したニュースの見出しやデータ資料

起こす 作文の 書き出しを 使って	1）テーマと書き出しの文を板書する。 　　板書例） 　　> 「未来の私たち」 　　> 10年後、＜　　　＞はどうなっているだろうか。 　　> きっと（　　　　　）と思う。 2）〈　〉と（　　）にことばを入れて文を作ってもらう。 　　T：「10年後、〈　　〉はどうなっているだろうか。きっと（　　　　）と思う。」 　　　　この〈　〉と（　　）にどんなことばが入ると思いますか。ちょっと考え 　　　　てみてください。 3）Lは2）を発表する。 4）発表内容について深掘りする質問をする。 　　T：どうしてそうなると思いますか。そうなってほしいですか。現状はどうですか。
とり組む 意見文 　構成	1）構成を板書で説明する。 　　T：4つの段落で書きましょう。 　　　　1段落目は（書き出しの文を指して）これです。 　　　　2段落目は、現在はどうなのか、現在の状況について書いてください。

164

	3段落目は、10年後の20xx年までにどうやって変わっていくと思うか、書いてください。 最後の段落は自分の意見です。変わっていくことについて、どう思いますか。どうなってほしいですか。書いてください。 板書例） 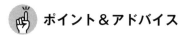 　1　10年後、＜　　　＞はどうなっているだろうか。 　　　きっと（　　　　　　　　　）と思う。 　2　（現状）今は…… 　3　（変化）しかし、…… 　　　　　　次第に…… 　4　（自分の意見）私は……
書く 添削	2）Lは構成を見ながら書く。 3）終わった人からTが添削する。終わっていない人は期日までに提出。次の授業で返却する。
つなげる **深掘りする**	1）Lが書いた作文のテーマに関連したニュースの見出しやデータを紹介する。 2）1）に何が書いてあるか、それについてどう思うか話し合う。
振り返りを 発表する	3）今回の授業で学習したことについてクラスで話し合う。

👆 ポイント＆アドバイス

　「起こす」でイメージがわかない学習者にはく　　＞に入る例（地球、私たちの生活、私たちの国など）を紹介します。「10年後、地球はどうなっているだろうか。きっと多くの動物が絶滅していると思う」「10年後、お笑いはどうなっているだろうか。きっとAIがやっていると思う」など、いくつか文を紹介してもいいでしょう。社会的なテーマは語彙が難しくなります。教師は「起こす」2）でクラスを回りながら必要な語彙を導入したり添削したりします。「とり組む」で使う用紙は罫線用紙でもいいですし、構成がわかるように枠組みを示した用紙でもいいでしょう。

　「つなげる」では、例えばAIや絶滅危惧種について取り上げている学習者がいたとしたら、次のようなテーマで話し合うことができます。

例）　AI：
　　　最近のAIロボットの写真を見せてそれについて何ができるか話し合う。
　　　「日本の労働人口の49％が人工知能やロボット等で代替可能に[5]」というニュースの見出しを板書し、どんな仕事がAIに奪われると思うか話し合う。
　　　絶滅危惧種：
　　　絶滅が危惧されている動物の写真や「乱獲」「森林伐採」「密猟」などのことばを紹介し、どうしてこのような危機が起こっているのか話し合う。

5 野村総合研究所(2015)「日本の労働人口の49％が人工知能やロボット等で代替可能に〜601種の職業ごとに、コンピューター技術による代替確率を試算〜」
（https://www.nri.com/-/media/Corporate/jp/Files/PDF/news/newsrelease/cc/2015/151202_1.pdf）

授業例5-1　写真を描写する「どんな○○？」　中上級〜

> **学習目標：**1枚の写真を詳しく描写することができる。
> 写真について自分の意見や感想が述べられる。

 授業の組み立て

　描写文にはいろいろありますが、ここでは学習者が興味を持ちそうな身近な光景の写真を選びました。テーマに合った語彙と順序立てて説明する方法を学習します。

起こす　**他の素材を使って／さまざまな作文例を見て**

　まず、「起こす」では口頭で写真を描写してもらい、順序立てて説明しないと伝わらないことを体感してもらいます。次に、過去の学習者の作文を見てもらいます。伝わらないという体験をした後で順序立てて説明できている例を見せれば、それに触発されて「とり組む」際には一層構成に注意を払うことができると考えました。

とり組む　**描写文**

　目についたものから説明するのではなく、全体像から細部に向かって説明できるようになってほしいので、構成の説明を丁寧に行います。

つなげる　**語彙表現を覚える**

　「とり組む」でたくさんの語彙が出てくることを想定し、「つなげる」では語彙にフォーカスして復習することにしました。今後も使えそうな語彙を選んで短文を作ります。これはテーマと離れた内容ですし、ゆっくり考えて書いてほしかったので、宿題にして次の授業までに提出してもらうことにしました。

 授業の流れと教師の発話例

用意するもの　・身近な光景の写真

起こす 他の素材を使って	1）Tは目を閉じて見ないふりをして、1枚の写真（満員電車）を見せる。 　**T：これはどんな写真ですか。私（T）にわかるように説明してください。1人1文ずつお願いします。** 2）どんな写真かできるだけ詳しく説明するよう指示する。Lは1人ずつ口頭で場面を描写していく。必要に応じて語彙導入。 3）Tは写真に背を向け、Lが言った通りに絵を描く。 4）写真と3）との違いについて話し合う。 5）どうすればより的確に伝えることができたのか話し合う。
さまざまな 作文例を見て	6）同じ写真を描写した過去のLの作文をWBに映し出す。 7）Lに6）を読んでもらう。 8）わからないことばがあったら導入する。 9）どんな点が良いか話し合う。

とり組む 描写文 　構成	1）構成を板書で説明する。 　T：次の4つの流れで書いてみてください。 　まず、何の写真か（1）簡単に説明します。次に全体像です。四角い写真の 　どこに何があるか説明してください（2）。そして、そこにある物がどんな様 　子か、できるだけ詳しく描写します（3）。最後は写真を見た感想です。思っ 　たことを自由に書きましょう。 　板書例） 　　1　写真について1〜2文で。「これは〜で撮った写真だと 　　　　思います」 　　2　具体的な配置。　どんな場所？　何がある(いる)？ 　　3　それぞれ細かく描写する。何をしている？　どんな様子？ 　　4　自分の意見や感想を述べる。
書く 添削	2）Lは構成を見ながら写真を描写する。 3）終わった人からTが添削する。
つなげる 語彙表現を 覚える	1）描写する際に出てきた語彙をまとめて板書する。 　板書例） 　　（制服）姿　〜込む(乗り込む・突っ込む)…… 2）意味を確認し、それぞれのことばを使った短文を作る。 　板書例） 　　（制服）姿…週末の居酒屋にはスーツ姿の会社員がたくさ 　　んいる。

ポイント＆アドバイス

　「起こす」では教師と学習者のやりとりが大切です。「電車があります」だけではどこに描いていい
のかわかりません。わざと写真と異なる位置に電車を描いて見せて学習者に修正を促します。その
後は「駅員はどこにいますか。何をしていますか。どんな服を着ていますか」などと詳細を聞いて
いきます。その後、過去の学習者の書いた作文を読みます。過去に例がない場合は、教師が書いた
ものでもいいです。やりとりで出てこなかった表現や、作文のまとめ方をここで学習します。

　「とり組む」は同じ写真で行ってもいいですが、できれば、何枚かの写真から選ばせるといいと
思います。写真を用意する際は、誰が見てもそれとわかる具体的な事物が写っているものを選びま
しょう。全体から細部に向けて描写するという要
領は、どの写真でも同じです。わからない表現があっ
たら、辞書を引く前に教師に聞くように指示します。
何を描写したいのか教師とのやりとりで解決して
いきましょう。

満員電車

授業例5-2　日本的なものを描写する「どんな○○？」／ 中上級〜

> **学習目標**：日本的なものを写真や実物を見せながら説明できる。
> 　　　　　　それについて自分の意見や感想が述べられる。

 授業の組み立て

　日本的なものについて、聞き手の知らないことを紹介する練習です。初級からずっと同じクラスで勉強してきたメンバーだったので、お互いの長所短所がわかっていることを生かしたいと考えました。そこで、お互いの原稿を添削し合う活動を入れることにしました。

起こす　テーマを使って／復習しながら

　「起こす」では、まず学習者が好きなものをテーマにしてほしいと思ったので、こちらから例を挙げるだけでなく学習者が「日本的なもの」で思いつくものをできるだけたくさん挙げてもらいました。ここまでを1つ前の授業の最後に行っておきました。テーマを事前に伝えておくことで、テーマについて考える時間が増えると考えたからです。そして、使ってほしい文型「〜というのは…ことです」が定着していない様子だったので、当日の授業の「起こす」はその復習から入ることにしました。

とり組む　描写文

　まずものの内容を説明して、それに対する自分の意見や感想を述べるという流れを板書で説明します。書き終わったら早く書き終わった者同士でペアになり、添削し合う時間を設けました。お互い指摘し合ったり褒め合ったりすることが今後の刺激になると考えました。

つなげる　発表

　「つなげる」もグループワークです。自分の発表内容を他者に報告してもらうことで、伝わった達成感を味わってほしいと考えました。

 授業の流れと教師の発話例

起こす **テーマを** **使って**	1）テーマ「日本的なもの」を板書する。 2）「日本的なものといえば？」で思いつくことをクラスで挙げていく。 　　T：日本のもの、日本的なものといえば何をイメージしますか。 3）2）で出たものを板書する。 　　T：次回のテーマは「日本的なもの」です。どんなものをテーマにして作文を 　　　書くか考えておいてください。
復習しながら	4）いくつかことばを挙げて、「〜というのは…ことです」を使った説明の 　　しかたを復習する。 　　T：新入生というのは何ですか。 　　　→新入生というのは学校へ入ったばかりの学生のことです。 　　　少子化というのは何ですか。 　　　→少子化というのは、子どもの数が少なくなっているということです。

	次のことばを説明してみましょう。 「アプリ」「テレワーク」「高齢化」「老化」「満員電車」
とり組む 描写文 構成	1）構成を板書で説明する。 　T：皆さんが知っている日本的なものを1つ紹介してください。（板書しながら）例えば「寿司」。寿司というのはどんなものですか（1）。いつそれを知りましたか（2）。どんな種類がありますか。どこで食べますか。できるだけ詳しく寿司の説明を書いてください（3）。最後は皆さんの感想です。あなたがそれについて思っていることを書いてください（4）。 　板書例） 　　1　（寿司）というのは〜のことです 　　2　初めて知ったきっかけ 　　3　（寿司）について知っていること（できるだけ詳しく） 　　4　感想
書く 添削	2）Lは構成を見ながら書く。 3）終わった人からペアになり、添削し合う。わからない点はTに質問する。
つなげる 発表	1）グループになり発表し合う。1人が発表し終わったら質疑応答し、次の人と交代する。 2）グループ内でどんな発表があったかクラスで共有する。

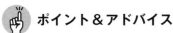

ポイント＆アドバイス

　ペアで添削をし合う際は、教師がサポートに入るので困ったことがあったらすぐに手を挙げるように伝えておきます。基本的には学習者任せですが、教師はクラスを回りながら耳を傾け、間違った添削や不自然な添削をしているペアがいたら声を掛けましょう。添削するときは品物についての説明がわかりやすく書いているかどうかがポイントになります。新製品の説明を受ける気分でわからないことを書き手に質問し、より詳細な説明を加えていくように伝えます。書き手には通販番組のレポーターのように、相手がつい手にとりたくなるような説明を目指してもらいましょう。

授業例6-1　相反する意見を並べて
「子どもにスマホを持たせるか」

中上級〜

> **学習目標**：自分の言いたいことを賛否両面から論じることができる。

 授業の組み立て

　小論文には賛否を問う形式のものがあります。自分の意見を論理的に主張するには、自分の主張と反対の意見についても言及する必要があります。2つの意見を整理して書く授業例です。

起こす **他の素材を使って／思考を整理しながら**

「起こす」では、まず2つの意見を整理します。小論文には客観的に論じるための資料が必要ですので、ヒントとなるような資料を準備することにしました。さらにグループで話し合うことで、資料になかった意見も掘り出せるのではないかと考えました。

とり組む **小論文**

理論立てて説明するには接続詞を使って段落を作ってほしかったので、接続詞を使って構成の説明をすることにしました。

つなげる **コメントする・話し合う**

「つなげる」では両者の意見についてもう一度話し合う時間を取りました。「普通体」で書いた内容を「丁寧体」に直して話す練習が、今後のプレゼンの授業でも役に立つのではないかと考えました。

 授業の流れと教師の発話例

用意する物　・スマホに関する資料→別冊p.54

起こす　他の素材を使って	1）タイトル「子どもがスマホを持つことに賛成か反対か」を板書して、今日の段取りを話す。 　T：今日は「子どもがスマートフォン（スマホ）を持つことに賛成か反対か」というテーマで皆さんの意見を書いてもらいます。子どもがスマホを持つメリット、デメリットについて話し合った後で作文を書きます。頭の中で賛成か反対か考えながら意見を出し合ってください。 2）スマホに関する現時点での意見を聞く。 　T：皆さんはスマホを持っていますか。 　（全員持っていたら）周囲に持っていない人はいますか。 　持っている人→何歳から持っていますか。どうして持つようになりましたか。 　持っていない人→持たない理由は何ですか。 　皆さんはスマホを何に利用していますか。 3）資料を配布し、Lに読んでもらう。わからないことばがあったら導入する。

思考を 整理しながら	４）３）以外のメリット・デメリットをグループで話し合う。 　　Ｔ：３人１組になってください。この他に、スマホを持たせるメリット、デメリッ 　　　　トがありますか。グループで話し合ってください。自分の経験を話しても 　　　　いいです。スマホを持っていて良かった、スマホが原因でこんなトラブル 　　　　があった、という経験があればそれも教えてください。 　　　　話したことは表の下にメモしておいてください。後で発表してもらいます。 ５）クラスで発表する。
とり組む 小論文 構成 書く 添削	１）構成を板書で説明する。 　　Ｔ：この作文は「普通体」で書いてください。次の接続詞を使うとわかりやす 　　　　く書けると思います。 　　　　（以下、板書しながら）まず、自分の意見を書きます（１）。そしてその理 　　　　由（２）、もう一方の意見ついて述べ、反論（３）。最後はもう一度自分の 　　　　意見を言ってまとめてください（４）。 　　板書例） 　　　　　１　私は〜に賛成（反対）だ。 　　　　　２　（なぜなら）〜からだ。 　　　　　３　たしかに〜。しかし、〜。 　　　　　４　だから、〜。 ２）Ｌは構成を見ながら書く。 ３）添削して返却する。（または期日を決めて宿題にし、添削して返却する）
つなげる コメントする ・話し合う	１）賛否に分かれて意見を共有する。 　　Ｔ：作文を書きましたが、スマホを持たせることに賛成と書いた人は？ 　　　　（手を挙げさせる）その人たちはこちら側に座ってください。 　　　　反対と書いた人は？（同様に挙手）　そちらに座ってください。 　　　　グループ内で、どうして賛成（反対）にしたか共有してください。 ２）クラスで発表する。それぞれの意見に対する質疑応答。 　　Ｔ：賛成（反対）グループからどんな意見が出ましたか。 ３）クラスで感想を言い合う。 　　Ｔ：最初と意見が変わった人はいますか。最初から意見が変わらなかった人は？ 　　　　それはどうしてですか。

 ポイント＆アドバイス

　「起こす」ではグループで考える前に１人で考える時間を取ってもいいでしょう。必要に応じて作文例を見せると流れがわかりやすくなります。最後は自分の意見を文書でも口頭でも主張できることを目指します。

　資料は紙で配布してもWBにプロジェクターで映し出してもかまいません。前者の場合、資料以外の意見が書き込めるように余白を作っておきます。後者の場合、各グループに付箋を配布し、出た意見を付箋に書き込み、メリット・デメリットで貼り分けていきます。オンラインでも全員で共有できるWBの機能などで同様の活動を行うことができます。ここで出た意見をもとにして、会話授業のディベート活動へつなげていくのも１つの方法です。

授業例6-2　調べて書く「スマホの問題点」　中上級～

> **学習目標：** 自分が調べたことを伝えることができる。
> 出典の書き方を覚え、自分の意見と混同しないで書くことができる。

 授業の組み立て

　このクラスの学習者はデジタルネイティブと呼ばれるＺ世代です。全員がスマホ所有者ですが、そのトラブルについてはあまり知識や経験がないようです。また、出典の書き方など、小論文を書く上で知っておいてほしいことをまだ学習していません。そこでこのような授業例を考えました。

起こす **キーワードを使って／さまざまな作文例を見て**

　スマホトラブルは社会的なテーマですが、学習者にとっては身近な題材です。書きたい材料がたくさんありそうですが、それに関する語彙を知らないのではないかという懸念がありました。そこで、まずスマホトラブルに関するキーワードをリストアップして導入することにしました。また、今回は参考資料を扱うので、資料の引用と自分の意見が混同してしまっている作文例を見せることで、そのような問題が避けられるのではないかと考えました。

とり組む **小論文**

　授業で行うのは「とり組む」の構成の説明までです。調べて書くのは各自行ってもらいます。各自で情報収集した後で困らないように、出典の書き方と小論文を書く上での注意点を伝えておくことにしました。

つなげる **発表／振り返りを発表する**

　次の授業はここから始めます。学習者によって得られた情報が異なるので、共有したら面白いのではないかと思い、「つなげる」は発表する時間にしました。この発表によって話し言葉との使い分けも意識できるのではないかと考えました。さらに、その発表を振り返ってみることで一連の授業のまとめとします。

 授業の流れと教師の発話例

起こす **キーワードを使って**	1）テーマ「スマホの問題点について具体例を挙げ、それについてあなたの意見を書きなさい」を板書する。 2）スマホの使用状況を聞きながら、今日の段取りを話す。 　Ｔ：皆さんはスマホを使う中で、何かトラブルにあったことがありますか。今日はスマホトラブルに関することばを学習した後、具体例を挙げて論じる文を書きたいと思います。具体例については、皆さん各自で調べてもらいます。 3）キーワードを板書する。 　板書例） 　　スマホ依存症　ゲーム依存症　スマホ首　スマホ老眼　ながらスマホ 　　歩きスマホ　個人情報（が漏れる）　不正アプリ　プライバシー流出 　　なりすまし　ワンクリック詐欺　高額請求

	4）3）のキーワードについて知っている L がいたら説明してもらう。いなければ T が説明する。 　　T：この中で知っていることばがありますか。それはどんなトラブルですか。経験したことがありますか。
さまざまな 作文例を見て	5）悪い例を見せる。 　　T：これはスマホ依存症について書かれた文ですが、あまり良くない例です。どこが良くないと思いますか。 悪い例） 　スマホ依存症について 　新聞によると、中高生全体の×％がスマホ依存の疑いが強く深刻な問題だと思いました。 　親子でスマホの使用方法についてもっと考える必要があると言われています。 6）どこが悪いか、どうすれば良くなるか話し合う。
とり組む 小論文 　構成	1）構成を板書で説明する。 　　T：どんな問題があるか、具体例を挙げてください。そして、それについてどう思うか、どうすれば改善されると思うか自分の意見を書いてください。この2つを交ぜないように気を付けてくださいね。文字制限は特にありません。「普通（ダ・デアル）体」で書いてください。 板書例） 　1　事実（××というスマホトラブルがある） 　2　具体例（どこからの情報か出典を明記すること） 　3　自分の意見・改善策 　4　まとめ 2）インターネット、書籍、インタビューなどで情報収集する際の出典の書き方について説明する。 　　T：作文を書くときには、どこからの情報か、出典を必ず書いてください。
書く 　添削	3）各自調べて、書く。 4）原稿を回収。T が添削して返却する。
つなげる 発表	1）1人ずつ発表する。 　　T：それでは発表してください。作文は普通体で書きましたが、発表は丁寧（デス・マス）体でお願いします。聞いている皆さんは後で感想をお願いします。 2）感想を述べ合う。 　　T：L2 さん、感想をお願いします。L1 さんと同じテーマでしたが、どうでしたか。
振り返りを 発表する	3）2）に対する振り返りをコメントする。 　　T：L1 さん、発表お疲れさまでした。L2 さんから××という意見が出ていましたが、それについてどう思いますか。

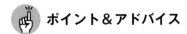 **ポイント＆アドバイス**

　中上級では社会的なテーマを扱うようになります。まずそれについての知識や情報、そしてそれを語る語彙がないと書けません。そのために、知識がなければ新聞やインターネットから関連情報を取り入れたり、お互い知っていることをクラスで共有したりします。語彙が足りなければ例のようにキーワードを導入したり、語彙リストを配布したりします。例の場合、キーワードのような問題に遭遇した経験はないか、その原因はなんだったのかなど、学習者同士で経験談を話し合う時間を入れると、問題点について理解が深められ、同時により多くの具体例（＝作文の材料）に触れることができます。テーマについて知識がないのか、語彙が足りないのか、それとも興味がないのか、それによって「起こす」で何を行うべきか変わってきます。学習者が日本語以外にどんな知識を持ち、何に興味を持っているのか、普段の学習者とのやりとりから情報収集しておきたいものです。

　また、悪い例では意見と引用が混在している例を紹介しました。ここでは「……疑いが強い」までが新聞の情報で、「深刻な問題だと思う」が書き手の意見でした。「言われています」も誰の意見なのかわかりません。正解は１つではないので、こう書くとどのように受け取られる可能性があるか、どのように書けばいいと思うか学習者に発表してもらいましょう。

　「とり組む」４）で返却する際には、次回の授業で発表してもらうことを伝えておきます。発表は話し言葉で行いますが、言い換えに慣れていないクラスの場合はそれについても事前に伝えておきましょう。

第 **5** 章

聴解授業の作り方

話し手のペースでどんどん流れていってしまう情報をキャッチするのが「聞く」です。
流れていく情報を的確につかむための「聴解授業」のステップにはどんなものがあるでしょうか。

「聞く」とは

　日本語学習を始めたばかりの学習者からまず聞くのは「日本語が話せるようになりたい」という声です。その後少しずつ話せるようになった頃、今度は「日本語が聞いてわかるようになるにはどうしたらいいか」という質問を受けるようになります。学習した日本語で話し掛けたものの相手の話は聞き取れず反応できなかった、相手が笑顔で話してくれたのに意味が理解できなかった、というもどかしい経験が、聴解の必要性を感じさせるようです。

　「聞く」とは、音声情報を理解しようとする行為です。音声は誰かの演説やラジオ放送など、1か所から不特定多数に向けられるものもあれば、日常会話のように話し手から直接聞き手へ向けられるものもあります。必要な情報を得るためにこちらから耳を傾けることもありますし、こちらに向けて発せられた情報を聞き取って、何らかのリアクションをすることもあるでしょう。

　同じように情報を得る行為として「読む」があります。「読む」は自分のペースで何度も読み返すことができますが、「聞く」は基本的には発信者のペースで流れていってしまいます。「読む」は表記、特に表意文字である漢字から意味を推測することができますが、「聞く」は文字に頼ることはできません。その一方で、「聞く」は口調や抑揚など非言語面からの情報を得ることができます。

　では、流れていく情報を得られるようになるために、私たちはどんな聴解授業を展開すればよいのでしょうか。

聴解授業で何を学ぶのか

　音声から必要な情報を得られるようになるために、私たちが行う聴解授業の目的は大きく分けて次の3点です。

目的1 日本語の音声を聞き分ける

　すでに学習したはずの文型・語彙が、必ずしも聞き取れるとは限りません。意味や表記を覚えていたとしても、ことばの音声を知らない場合があるからです。読み書き重視の学習をしてきた学習者や漢字圏の学習者の中には、聴解力と読解力に大きな差がある学習者がいます。文字に頼りすぎていることが聴解力に影響している場合があるのです。そもそも日本語自体の特徴として、母音の無声化[1]のように表記と発音に違いがあるものもあります。他にも、日本語母語話者が英語のLとRの音に苦手意識を持つように、学習者の中にも母語の影響によって聞き取りにくい音があります。

　学習者が「読めばわかる。聞いてもわからない」という状態にならないように、また日本語の音声に慣れて苦手な音の違いを克服できるように、聴解授業では日本語の音声を学び、文字に頼らず耳で認識できる音声語彙を増やしていきます。

　一音一音の正しい音を聞き取ること、日本語の発音、リズムやアクセント、イントネーションに注意して聞き取り、表記に現れない感情表現を身に付けることは発話力の向上にもつながっていきます。

---

1 母音「イ」「ウ」が無声子音（日本語では、カ行音・サ行音・タ行音・ハ行音・パ行音の子音）に挟まれたときや、文の最後に来たときなどに無声化することがあります。例えば「くつした(kutsushita)」を発音した場合、(　)の母音は音を出さずに「k(u)ts(u)sh(i)ta」と発音します（一部の方言はこの限りではありません）。

目的2 流れていく情報をさまざまな聞き方で理解できるようになる

　音声を学習するため、正しい文の形を覚えるために一語一句漏らさずに聞くことは大切です。しかし、普段の生活ではどうでしょうか。何かを聞く際、長文や談話の一語一句すべてを理解しようとすることはまずないでしょう。

　私たちは流れてくる音声の中から、知らない表現や聞き取れなかった部分を推測して補ったり不必要な情報を聞き流したりしながら、ポイントを絞って必要な情報を得ています。学習者が必要としているのはその聞き方です。聴解の授業では、最初から最後まで全部正確に聞き取る練習の一方で、まとまった文章や談話から必要な情報だけを聞き取ったり概要を理解したりできるようになるための練習をしていきます。

　そこで最初につまずきやすいのが、訳読に慣れた学習者と積み上げ学習に慣れた学習者です。読解の場合、「私はサッカーが好きです」を"I like soccer."と同じ語順で「私は、好きです、サッカーが」と文字を指でたどって読み返すことができます。しかし聴解では行ったり来たり語順を変えて考えることができないので、難しさを感じてしまう場合があります。特に母語が日本語の語順と異なり、母語に翻訳する癖がついている学習者は、日本語の語順に慣れずに戸惑うようです。また、1文ずつ積み上げる勉強に慣れた学習者の中には、意味がわからないことばが出てきた時点で聞くのをやめてしまう人がいます。すべてを理解しなければ、という思いを強く持てば持つほど、全体の意味をとらえられなくなってしまう傾向があるのです。

　聴解では、文をかたまりでとらえることも大切です。基本文型を学習する段階から1文を音で確認する習慣をつけ、日本語の語順に慣れておきます。そして、一語一句積み上げて、わかったら次へ進むという**ボトムアップ**の練習方法だけでなく、音声をシャワーのように浴びせかけ、そこからキャッチできた情報をヒントに推測したり展開を予測したりしながら少しずつ理解を広げていく**トップダウン**の練習方法も取り入れていきましょう。

目的3 音声と表記、音声と発話を結び付ける

　音と意味を理解した後は、聞いて覚えたこと、聞いた内容を文字で確認します。耳で理解したことを視覚的に再度確認することで、記憶にとどめる効果がありますし、正確なアウトプットへもつながります。

　最近は動画などを視聴して独学で日本語を学習する人が増えてきました。目的2で述べた通り、大量の日本語を浴びることは言語学習として有効な手段です。ひたすら視聴することで日本語力を上げている学習者もいます。ただ一方で、その中には耳は良くても読み書きが弱い、文法が弱くてアウトプットに不正確さがある学習者も見られます。その違いが出る一因として、聞いたものの表記を確認したり口に出したりする機会がなかったということが考えられます。視聴したものを字幕で確認する、音声のスクリプトを読む、シャドーイングしてみるなど、音声と表記、音声と発話をつなげる活動を少しでも取り入れることで、聴解力の向上だけでなく、文型を正しく覚え、語彙力を高めることが見込めます。

　以上のように、聴解授業は音声、意味内容、表記とのつながりを意識して、授業の流れを考えていきます。

聴解教材の種類とレベル

■聴解教材の種類

　教育機関によっては、あらかじめ教材が指定されている場合がありますが、ここではその概要を簡単に紹介します。

　聴解教材には、市販教材と教師が作成するオリジナル教材、テレビや動画などの生教材があります。市販された音声付きの読解教材を聴解教材として扱う場合もあります。また、教師が声の速さや調子を変えて読み聞かせるのも聴解活動の1つと考えられます。可能であれば日本人ゲストを招くのも1つの方法です。

　内容、長さ、速さなどが学習者のレベルに合っていて、聞き方の種類などに偏りのない教材選びを心がけましょう。

■聴解教材のレベル

	易 　　　　　　　　　　　　　　　　　　　　　　　　難		
加工度	多	→	少
音声	遅い 適度な間がある 音質はクリア 文末まではっきり話す	→	自然な速さ 間が短い・ない 雑音障害がある 言いよどみや省略がある
全体の語彙数	少	→	多
文体	丁寧体	→	TPOによって使い分けられたことば 語順が変わることもある
分量	短い	→	長い
内容	日常的で、学習者が自分の身に置き換えて考えやすい内容	→	ジャンルは多岐にわたる 文化的、社会的背景知識を要する内容

　教材は学習者のニーズと日本語のレベル、聴解に使える授業時間を加味して選びます。

　初級レベルの教材は文型シラバスにのっとった教材が多く、聞きやすく加工されています。加工度が高い教材は、難易度が下がるため全部聞けたという満足感が得られます。一音一音正しく聞き取る練習にも最適です。一方で、街中の実際の日本語とはかけ離れている場合があり、「聴解教材は聞けても外の日本語は聞けない」となりかねません。そうならないためには、目的に合わせてごく短い文から自然な速さで聞く練習（→シャドーイングp.186、TPR p.187）も大切です。普通の日本語が聞き取れたという達成感につながります。

　中級レベルは生教材への橋渡しの時期です。生活音などの雑音が入っている、会話が一部重なっているなど、より自然に近い状況を意識して作られているものがあります。そこから少しずつハードルを上げて生教材に挑戦していきます。一度加工したものを聞いてから同じテーマの生教材に挑戦するのもいいですし、「起こす」でヒントとなる情報をたくさん与えてから聞くのもいいでしょう。

　さらにレベルが上がると、一部が省略されていたり語順が変わっていたりして文脈を推測する力が求められるため、学習者からは「全部聞き取れたけど意味がわからない」という声が出てきます。文に表れていない部分を考えさせ、それに合わせた解説を行うようにしましょう。

聴解授業を組み立てる

　聴解授業の作り方について考えていきましょう。聴解授業では、聞き方の種類、学習者のレベルを考えて学習目標を決め、それに合わせて3ステップで授業の流れを組み立てていきます。

■学習目標の決め方

　学習者はこの授業を受けることで何ができるようになるでしょうか。既習文型を使った会話の内容が聞き取れる、必要な情報が聞き取れる、要旨が理解できる、音声に反応できる、音声を文字化できる、日本語のリズムを習得する……いろいろ考えられると思います。その中から学習目標を設定します。

　同じ教材を使っても、学習目標によって授業の流れは全く変わります。例えば一語一句正確に聞き取ることが目標なら、ディクテーションやシャドーイングなどを取り入れた練習が効果的だと考えられます。一方、同じ文章でも情報探しが目的なら、わからないことばを聞き流したり意味を推測したりしながら設問の答えを聞き取っていくスキャニングの練習などがいいでしょう。

　授業を受けた後、学習者は何が得られるのか、教師は何ができるようになってほしいのか。学習者のニーズに教材、授業時間なども考慮した上で学習目標を設定しましょう。

■3ステップで授業の流れを考える

　学習目標が決まったら、3ステップで授業を組み立てていきます。

　まず、どんな教材にどのように「とり組む」か、「とり組む」方法を考えます。「とり組む」の流れが決まったら、そこに必要な知識や意欲をどうやって呼び起こすか、「起こす」を考えます。そして最後は「つなげる」です。「とり組む」で聞き終えたものを次の学びにどう生かしていくのか考えます。

起こす	・知識・意欲を呼び起こす	（具体的な10種類の方法はp.180〜）

とり組む	・とり組み方を説明する ・聞く	（基本的な授業の進め方はp.182〜） （聞き方の種類はp.185〜） （その他の練習法はp.186〜）

つなげる	・他技能・他活動とつなげる／他者とつなげる ・自分自身とつなげる	（学びを深めるつなげ方はp.189〜）

　「とり組む」の内容や分量によっては、この3ステップを同じ授業時間内に行えない場合があります。「起こす」までを前の授業に行っておく方法、聞いて内容確認までを授業時間内に行って「つなげる」は宿題にする方法などもあります。3つをつなげた授業例を参考に、組み立ててみてください。

　教育機関によっては授業内容があらかじめ決められている場合がありますが、学習目標と3ステップの要素がそろっているか意識して、1つの授業を作っていきましょう。

ステップ別聴解活動例

　聴解授業も「起こす→とり組む→つなげる」の3つのステップで組み立てることができます。聞く前にどうやって聴解への意欲や知識を呼び「起こし」ますか。どうやって、どんな方法で「とり組み」ますか。聞き終わったら何と「つなげて」学びを深めますか。それぞれのステップにはそれぞれの活動方法があります。どのように授業を組み立てていくか組み合わせを考えてみてください。

起こす

　ここでは、「起こす」ための10種類の方法を紹介します。

■既存のプレタスクを使って　　　　　　　　　　　　　　　　（→授業例2-1、2-2、4-1）

　教材には本文の前に「はじめに」「聞く前に」「ウォーミングアップ」というようなプレタスクが付いている場合があります。プレタスクの意図はさまざまで、テーマに関心を持たせるためのもの、「とり組む」で扱う語彙や文型を復習するもの、すでに知っている知識を呼び起こすもの、予備知識や新しい表現を導入しておくものなどがあります。

　プレタスクのやり方は、聞いて1人を指名して答えさせるだけとは限りません。ペアで考えさせる、グループの考えをまとめて発表させる、学習者に答えを板書してもらうなど、学習者の動きを変えて行うことができます。

　プレタスクとは、「とり組む」に向けた準備体操のようなものです。ここで時間を取りすぎないように、ペアワークや発表の時間をコントロールしていきましょう。

■設問を使って　　　　　　　　　　　　　　　　　　　　　　　　（→授業例4-2）

　聴解教材に付いている内容理解のための設問を「起こす」で使う方法です。設問を使って本文の内容を推測したり必要な語彙を導入したりしておくことができます。また、ただ漠然と「聞いてください」と言われて聞くより「本文を聞いて、この答えを見つけてください」と言われて聞くほうが目的がはっきりします。特定の情報を得るという目的を満たすために設問をあらかじめ読んでおき、次の「とり組む」につなげます。

■教材内の絵や写真、図表をヒントに　　　　　　　（→授業例1-1、1-2、4-2、5-1）

　教材に添えてある挿絵や図表を使う方法です。

　挿絵を使う場合、絵を見ながらそこからわかること、推測されることを話し、本文の内容を想像したり、展開を予測したりします。絵から話を広げて、キーワードを導入しておくこともできます。絵からわかったことは板書で整理しておき、わからなかったことは推測させてから、「聞いてみましょう」と誘導します。

　図表を使う場合、まずは何についてのデータか、縦軸横軸はそれぞれ何を表しているかなど、図の見方を確認します。そして、必要に応じて語彙を導入します。データに関して、自分のこと

に置き換えて自分なりの意見を持っておくと、社会的なテーマでも聞きやすくなります。この段階で図表の説明がうまくできなくてもかまいません。「自分はうまく説明できなかった。音声ではどんな説明のしかたをするのだろう」という聞くモチベーションにつながります。

　教師はあらかじめ絵や図表からどのように話を広げていくか考え、学習者に問いかける質問をいくつか準備しておきます。聴解で活用できるように、出てきたことばはリピートさせるなどして、表記だけでなく読み方(音)を確認しましょう。

■ テーマ・タイトルを使って　　　　　　　　　　　　　　　　　　　　　　（→授業例5-1）

　教材に付いているタイトルから話を広げていく方法です。まず、クラス全体でタイトルを読み、タイトルに含まれることばで知らないことばがあれば導入します。そして、タイトルから学習者の経験談を引き出したり、内容を推測させたりしていきます。内容に即して話が広がるように、教師は学習者へ問いかける質問を準備しておきます。「教材内の絵や写真、図表をヒントに」と同様に、キーワードが出てきたら板書しておき、聞く前に一度リピートするなどして音を口と耳で確認しておきます。

　教材のタイトルやニュースの見出しはそのまま使えますが、ラジオニュースなど見出しやタイトルがない場合は、教師が内容に合わせてタイトルを考え、それを板書して使います。

■ 復習しながら　　　　　　　　　　　　　　　　　　　　　　　　　　　（→授業例2-2）

　教師とのやりとりの中で文型などを復習し、「とり組む」につなげる方法です。聴解教材が文型シラバスの教科書の副教材の場合、教材の中には学習した文型とそれにちなんだ語彙がたくさん使われています。それらの語彙や文型を音声で覚えているかどうかは大切なポイントです。既存のプレタスクがなくても、主要文型を使ってたくさんやりとりしておけば、とり組む段階でつまずくことが避けられます。あくまで聴解に備えての復習なので、読み書きまで行う必要はありません。既習の知識を思い出せればOKです。読み書きについては必要に応じて「つなげる」段階で行います。

■ 語彙リスト・キーワードを使って　　　　　　　　　　　　　　　　　　　（→授業例3-2）

　聴解教材には語彙リストが付いている場合があります。そのリストを使う方法です。リストにあるすべてのことばをここで扱う必要はありません。意味がわからなくても聴解に影響のないことば、前後の文脈から意味が推測できることばなど、聞き飛ばせることばがあるはずです。一方で、意味がわからないと理解が進まない大切なキーワードもあるでしょう。「起こす」段階で取り上げたいのは後者です。聞く前に必要最低限のことばを選んで定着をはかっておきます。教師が一方的に使うだけでなく、ペアワークでことばを使ったやりとりをしたり、口頭で文を作ったりしてみましょう。学習者のやりとりを増やしさまざまな声でキーワードを浴びておくと、「とり組む」がスムーズになります。最低限必要な語彙だけを抽出したリストを作成して使用してもいいでしょう。

■ 他の素材を使って　　　　　　　　　　　　　　　　　　　　　　　　　（→授業例3-1）

　テーマに関する写真や絵カード、動画などを見せておく方法です。分量が多くて難解な聴解文を扱う際には、視覚情報で興味を持たせることができますし、結果としてハードルを下げることができます。

知識を呼び起こすことができればいいので、使用する素材は学習者にとってわかりやすい、やさしくて短めのものを選ぶといいでしょう。

■ スクリプト[2]の一部を使って　　　　　　　　　　　　　　　　　　　（→授業例2-1）

　聴解教材が文型シラバスの教科書の副教材の場合は、主要文型が使われている音声の1文を取り出して、文型の復習をしておくことができます。

　また、スクリプトの1文（あるいは一部分）だけを紹介して、全体のテーマや内容を推測するきっかけとすることができます。どんな状況について述べた文なのか、あるいはどんな人がどんな目的で発したセリフなのか、登場人物の関係性や人物像、前後の文脈をキーフレーズから想像してもらいます。主語がなくても人物像が想像できるような1文などが活用できます。

■ 実演を通して　　　　　　　　　　　　　　　　　　　　　　　　　　（→授業例5-2）

　聞いただけでは理解しにくいことばや状況を実際に動いて体感してみる方法です。

　教材で談話[3]を扱う場合は、聞く前に同じ場面設定でロールプレイ（→p.190）を行います。それによって学習者は自身の日本語を振り返り、教材の談話例に興味を持つようになります。教材の大まかな話の流れを把握できるので、より細かい部分に集中して聞くことができます。

　動作や方向性を表す教材を扱う場合は、本文に出てくる語彙を使ってTPR（→p.187）の要領で動いてみましょう。使われることばに反応できるようになりますし、聞く前に実際に動いてみることで状況が体感でき、内容が理解しやすくなります。

■ あえて何も行わずに

　あえて「起こす」タスクを行わずに聞き始める方法です。テストのように、いきなり聞き始めてどれだけ対応できるか、学習者が自分の限界を知ることで新しい知識習得へのモチベーションにつなげます。「起こす」を行わない場合、「とり組む」の説明と、とり組んだ後の解説は丁寧に。自分と学びをつなげるステップも忘れずに行いたいものです。

とり組む

　意欲や知識を呼び起こしたら、次は「とり組む」段階です。ここでは基本的な聴解の授業の流れや聞き方とその注意点、聞いている間の教師の見守り例について紹介していきます。

■ 基本的な授業の進め方

　聴解の基本的な流れと注意点は次の通りです。「とり組む」の聞き方、内容確認のしかた、答え合わせのしかたなどには「起こす」「つなげる」同様いくつかバリエーションがありますので、授業例を見て参考にしてください。

2 スクリプトとは音声を文字化したもの（台本）のことです。
3 談話とは、コミュニケーションをするためのひとまとまりの言語表現のことです。

1. とり組み方を説明する

聞くポイントを指示する

　まずは全員で同じ情報が聞き取れるように、最低限ここだけは聞いてほしいというポイントを示します。レベル差があるクラスでは、学習者ごとにハードルを変えてもいいでしょう。

初級の声掛け例）　**女の人は今から何をしますか。3つ言うので聞いてください。もっとわかる人は、男の人が何かお願いをしていますから、どんなお願いをするか聞いてください。**

課題を指示する

　音声を流している間に学習者は何をすればいいのか、音声を流す前にしっかり指示しておきます。聞いている間に行う課題として、次のようなものが考えられます。

・わからないことばに印をつける
・指示された「聞くポイント」の答えをメモする
・設問の答えを探す
・ストーリーの順番に絵カードを並べる
・聞き取れた情報をできる限りメモする[4]
・聞き取れたことばを書き取る
・予想した内容との相違（一致）点を探す

　「設問の答えを探す」という課題を与える場合は、まず設問を読み上げて設問を理解しているかどうか確認します。慣れないうちは「聞いて答えを書いてください」という指示だけでは、何をすべきか伝わっていない場合があるからです。例題があれば行い、なければ状況に応じて例を挙げて説明を加えます。全員やり方を理解しているか確認してから本題に移りましょう。

聞く準備を整えてもらうための声掛けをする

声掛け例1）　**教科書やノートをしまってください。**

　文字を追いながら聞く練習と、聞くことだけに集中した練習では練習の目的が異なります。音声から意味を取る練習をするのなら、スクリプトや教科書の該当ページを見ないように徹底します。

声掛け例2）　**時々難しいことばがあります。全部聞けなくても大丈夫です。この（設問の）答えは何か、そこだけよく聞いてください。**

　トップダウンの練習がしたい場合、このような声掛けが必要です。大切なキーワードは「起こす」で導入済みなので、1、2か所聞き取れなくても質問の答えの部分は聞き取れるはずです。わからないことばがあって難しいと感じてもそれを気にしないで聞き流し、わかるところから推測するように促しましょう。

---

4 メモを活用する例として、「ディクトグロス」という活動があります。各自がメモした情報をグループで共有し、元の情報を復元していく活動です。（国際交流基金‐日本語教育通信 授業のヒント「ディクトグロス」をやってみよう！ https://www.jpf.go.jp/j/project/japanese/teach/tsushin/hint/201901.html）

声掛け例3）　**聞いた後で、答えを書く時間を取ります。今はよく聞いてください。**

　メモするのは自由ですが、文を書いている間に大切な情報を聞きそびれてしまいます。聞くことに集中することができるように、後で書く時間を取ることを伝えておきます。

声掛け例4）　**皆さん、聞こえますか。**

　本文の音声を流す前に、まずはタイトルや例文の音声だけ聞かせます。聞こえなければ聞こえる位置に移動してもらうか音量を調節し直し、本文に入りましょう。

2. 全文聞く→内容確認

　音声を1回流して学習者の反応を見ます。7〜8割の学習者が理解しているようなら内容確認の質問に移りますが、半分以上の学習者が理解していないようならもう1度音声を流します。学習者が日本語を聞くのには母語話者よりも集中力を要します。根拠なく何度も聞かせては疲れてしまいますので、繰り返しは基本的には2回程度にしておきましょう。聞き終わった後、1で指示した「聞くポイント」が聞けたかどうか確認します。こちらから質問するだけでなく、どんなことが聞けたか自由に発表してもらってもいいでしょう。ペアやグループになってお互いが聞けたことを共有するのも1つの方法です。共有したことは次にもう一度聞く際のヒントになります。

3. 少しずつ区切りながら、もう一度聞く→内容確認

　長文の場合、2で全体の概要を把握し、次に、少しずつ区切りながら細かい部分を聞き取っていきます。何となく聞き取れたけれども意味がわからなかった点など、学習者からの質問を受けます。詰め込みすぎはよくありませんが、教師のほうからも設問以外に覚えてほしいフレーズなどを紹介してもいいでしょう。初級の場合、ここで新たに取り上げた表現は、授業の最後に全員で声に出してリピートして音声を確認するといいでしょう。

4. 課題をこなす→答え合わせ・発表

　1で指示した課題がきちんとこなせているか確認します。設問に文章で答える場合などは、聞いている間にとったメモを正しい文にする時間が必要になります。教師はクラスを回って、だいたいの人の課題が終わったころを見計らって、答え合わせ（あるいは課題の発表）に移ります。答え合わせをする際は、答えの記号や単語を言うだけでなく、できるだけ文で答えてもらいます。その答えが出た理由も発表してもらいましょう。ことばの意味と音声を学習者の発話によって再度確認することができます。

　クラス全体で答え合わせをする前に、ペアで答え合わせをする時間を取るのも1つの方法です。口頭で確認し合ってもいいですし、お互いに書いた答えを交換して読み合ってもいいでしょう。その間、教師は教室を回り、誰がどのくらいできているのか、間違いの多い設問はどれかチェックしておきます。表記の確認をしたい場合は、学習者に答えを板書してもらうといいでしょう。

5. スクリプトを見ながら全文聞く

　音声と表記をつなげる時間です。4で間違いの多かった設問や答えの分かれた設問があったら、ここでもう一度該当部分の音声を少しずつ区切って確認します。文字と照らし合わせてはじめてわかったことや質問が出るかもしれません。聞いた後で質問を受けて対応します。

■ 聞き方の種類

■ 正しく聞き取る   （授業例1-1、2-2）

　ことばや文を一字一句漏らさず、正しく聞き取る聞き方です。例えば「でんしゃ」と聞いて、たくさんの乗り物の絵の中から電車の絵が選べれば音声と意味が、「でんしゃ」と書き取れれば音声と表記がそれぞれ正しく理解できていることがわかります。

■ スキャニング（情報探し）   （授業例1-2、4-2）

　流れてくるたくさんの情報の中から自分が知りたい情報だけを選び取る聞き方です。例えば全国の天気予報の中から自分の地域の天気を聞き取る、自分の乗りたい飛行機の搭乗時刻を空港のアナウンスから聞き取るというのがスキャニングの技術です。

■ スキミング（大意取り）   （授業例3-1、4-1、4-2、5-1）

　流れてくる情報の大まかな意味を把握する聞き方です。例えば事件のニュースを聞いていつどこで何が起きたのか概要がわかる、物語のあらすじを理解するというのがスキミングの技術です。

■ 内容を推測する   （授業例2-1、2-2）

　母語話者より語彙の少ない学習者にとって、すべての語彙を知っているということはむしろ少ないでしょう。これは前後の文脈から聞き取れなかった部分を推測していく聞き方です。例えば雑音で「昨日そのビール……けど、結構おいしかったよ」という「……」の部分が聞き取れなかったとしても、「昨日」「ビール」「おいしかった」という前後の情報をもとに、話し手がビールを「飲んだ」ことが推測できます。このように、一部分が聞き取れない、知らないことばがある、ことばが省略されているといった状況下でも、聞き取れた情報を頼りに意味を把握していくことができます。

■ 展開を予測する   （授業例3-2）

　話の続きを予測し、自分の予測通りに話が進むか検証しながら聞き進めていく聞き方です。例えば「お母さんがお小遣いをくれるって言ったのに……」という話に続く展開として「お母さんはすっかり忘れている」「もらえなかったから頭にきた」などの展開が予測できると思います。１文の場合でもまとまった話を聞く際にも、話がどんな展開になるのか私たちは予測しながら聞くでしょう。予測することは続きを聞く動機づけとなるだけでなく、話し手の意図を汲み取る技術にもつながっていきます。

■ 照らし合わせる   （授業例5-2）

　自分の意見や知っている情報と照らし合わせながら他者の話を聞く聞き方です。例えば「自分はこう思うけど他の人はどうだろう」と自分の考え方と照らし合わせて聞いたり、自分が知っている情報に対して異なる点や知らなかった点に意識を傾けて聞いたりする聞き方です。話の内容に限らず、話の型を照らし合わせることもあります。例えば自分の話し方と他者の話し方と比べながら聞くことで、話し方のコツや癖を知るきっかけにすることもできます。

■ その他の練習法

　次に、聞く力を高めるために効果的な練習方法をいくつかご紹介します。あらかじめカリキュラムや使用教材が決まっている教育機関で、これらの活動を「とり組む」のメインに置くのは難しいかもしれませんが、「起こす」や「つなげる」に組み込むことは可能だと思います（→授業例1-1ポイント＆アドバイス、2-2）。ぜひ取り入れてみてください。

■ シャドーイング（シャドーイング例の音声ダウンロードについてはp.4）

　シャドーイング（Shadowing）とは、聞こえてきた音声のすぐ後に続けて繰り返し発音する方法です。リピートと違うのは、1文ずつオウム返しするのではなく、音声にくっつく影（shadow）のように1文が終わるのを待たずに音声と同じスピードで言い始める点です。聞こえたそばから声に出して練習することによって、頭で理解するのではなく、まとまりとしてとらえ、リズムやイントネーションを体感して覚えることができます。聞く力だけでなく会話力にも効果があるということで、最近はシャドーイング用の教材も多く市販されています。

　シャドーイングをしたことがない学習者のほうが多いと思います。音読練習やリピート練習との違いを理解しないで行っている授業を時々見かけます。最初の授業ではシャドーイング例を聞かせるか、教師が実際にやってみせ、やり方を理解してもらいましょう。慣れないうちはアクセントの違いを指摘してもなかなか理解できない学習者もいると思います。間違っている例と正しい例を両方発音して見せるなどして、違いに気付かせましょう。

活動例）　①学習者（以下、L）はスクリプトを見ながら静かに音声を聞く
　　　　　②スクリプトを見ないで、音声についてシャドーイングする
　　　　　③スクリプトを見ながら音声を聞く。Lは、文の切れ目にスラッシュ（／）、上がる（下がる）部分に矢印（↑↓）をスクリプトに書き込む
　　　　　④③でどこにどんなマークをつけたか発表してもらう。教師（以下、T）はLのつけたマークにしたがって読んで見せ、正しいかどうかクラスで確認する
　　　　　⑤④で確認した部分に気を付けながら、もう一度聞く
　　　　　⑥音声についてシャドーイングしてみる（複数回。会話例ならペアで役割を交代しながら行う）。できるLはスクリプトを見ないでやってみる。Tはクラスの様子を見て、間違えやすい発音があれば声を掛ける

　短い文を毎回授業の最初にウォーミングアップとして行うのもいいですし、発音をクラスで確認後、練習は宿題にしてもいいでしょう。デバイスの録音機能を使ってシャドーイングした音声を提出してもらうこともできますし、文字起こし機能を使って添削することもできます。

■ チャンツ（チャンツ例の音声ダウンロードについてはp.4）

　チャンツ（chants）とは、ことばやフレーズを一定のリズムやビートに乗せて表現したものです。リズムに合わせて流れてくることばを聞き、繰り返し唱えることで発音やイントネーションを練習することができます。リピート練習は単調になりがちですが、リズムに乗って楽しく練習できますし、自然な速さでつぶやくことに挑戦していくうちに、自然な日本語のリズムとイントネーションを覚えることができます。例はテ形の活用をリズムに乗せた活用チャンツです。活用はルールから覚えたい学習者もいれば耳から覚えたい学習者もいます。後者には活用チャンツが有効です。

活動例） ①活用の教材シートを配布する。意味がわからないことばがあれば、Tが説明する

②シートを見ながら音声を聞く

③音声について、「マス形」の後にマス形を、「テ形」の後にテ形を発音する

　　例） **音声：書きます。　　　　L：書きます。**

　　　　　音声：書いて。　　　　　L：書いて。

④ペアでつぶやき練習。1人がマス形を、もう1人がテ形を言う

⑤もう一度音声に合わせて③を練習する

　　慣れてきたら「マス形」の後にテ形を言う練習を行ってもいい

　　例） **音声：書きます。　　L：書いて。**

　　　　　音声：書いて。　　L：書いて（答え合わせ）。

　日本語は高低アクセントがあります。そして、1字1音でありながら、2音で1つのまとまりを作る独特のリズムがあります。例えば、俳句（5-7-5）は17文字ですが、私たちは当たり前のように休符を入れながら4拍子におさまるリズムで読むでしょう。しかしそのような拍の取り方は慣れない学習者にとってなかなか難しいことのようです。拍を意識するために、拍子音を入れた文章や拍を意識しやすい歌を聞いたり、手拍子しながら発音練習したりする練習もあります。

■ TPR

　TPR（Total Physical Response Approach）とは、教師の指示に反応していくことで言語を習得していく教授法です。教師は自然な速さで指示を出し、学習者はことばを発することはなく、聞いて反応することに集中します。繰り返し行ううちに、次第にことばと動作が結び付き、さまざまな指示に反応できるようになっていきます。これに慣れると、教師がゆっくり発話しなくても聞き取れるようになりますし、まとまりで覚えるので自然に発話できるようになります。何より、初級で自然な速さに対応できる達成感は大きいようです。

　TPRにとり組む最初の授業ではTPRについて次のように説明します。

声掛け例） **皆さん（L）は何も書きません。何も話しません。私（T）は話します。私はゆっくり話しません。でも、大丈夫です。よく聞いてください。そして、動いてください。毎回練習します。最後の授業では「白いTシャツを着て黒い靴を履いている人は右手を挙げてください（と早口で言ってみる）」こんなフレーズを聞いても動けるようになります。**

活動例） ①TがLに自然な速さで指示を出す。LはTの指示に従って動く

　　T：皆さん、立って（座って）ください。　　L：（黙って立つ（座る））

②L1人ずつに①と同じ指示を出す

③指示を変えて、①②を行う

　　T：皆さん、右手を挙げて（さげて）ください。L1さん、それは左手です。右手を挙げてください。……

④スクリプトを配る。すべての指示を文字で確認する

⑤ペア（またはグループ）になる。1人がT役となり、もう1人に指示を出す

⑥まとめとして、クラス全員にその日に練習したすべての指示を出す

　「〜てください」「〜ましょう」「〜ないでください」という文型学習に使える他、「『月曜日（と書

いてあるカード)』を取ってください(漢字練習)」「メガネをかけてください(着脱動詞)」「赤いキャンディーを1つと黒いペンを1本取ってください(色のことば・数詞)」などさまざまな表現を学習することができます。ことばを定着させる目的で「起こす」や「つなげる」にも使える活動です。

■ 教師が注意したいこと

「起こす」行程や聞く前の声掛けが万全でも、聞いている最中に次のようなトラブルが起きることが考えられます。事前に対処しておけるものはしておき、不測の事態には落ち着いて対応しましょう。

■ 外部の音がうるさい

　案外多いのが他のクラスの騒音です。可能であれば聴解の時間を担当に伝えて数分間だけでも配慮してもらいましょう。オンラインの場合は聞く前に全員ミュートにするよう指示します。聴解中の質問はコメント欄に送ってもらえれば、他の学習者の集中力を切らすこともなく聞いた後すぐに対応することができます。

　それでも急な雑音が入り学習者の気が散ることがあります。学習者が嫌悪感を抱いていることに気付いたら、まずはこちらも気付いていることを伝えます。「うるさいですね。少し待ちましょう」などとひと言声を掛け、一時停止して音がやむまでやりすごします。雑音から気持ちをこちらに戻せるように「さあ、〇〇について聞いてみましょう」と聞くポイントを再確認して仕切り直します。1人だけ過剰に神経質になってしまう学習者がいた場合、その人のためだけに仕切り直すことは難しいと思います。後で個別に声を掛けるなどの配慮をしましょう。

■ 視聴覚機器が動かない

　パソコンにプロジェクターがつながらない、Wi-Fiの接続が悪い、という接続の問題もありますし、共有で使っている慣れない機器に対応できないという操作の問題もあります。教案の準備に時間を取られ、機器の準備は忘れがちですが、うまく作動しないと授業の流れも学習者の集中力も途切れます。事前に接続と操作方法の確認をしておきましょう。もし「とり組む」段階になってトラブルが発生したら、「起こす」でやった内容の復習や別の課題を与えるなどしてなるべく空白の時間を作らないようにします。学習者のほうが機器に強い場合もあります。授業中のトラブルは1人で抱え込まずに学習者に助けてもらうのもいいのではないかと思います。

■ 教材に対するクレーム

　レベルに合った教材を使っているにも関わらず、一部の学習者から「速すぎて聞き取れない」というクレームが出ることがあります。音声の代わりに教師がスクリプトをゆっくり読み上げてしまっては聞き取る練習になりませんし、レベル相当だからといってそのまま強行しても学習者のストレスになるだけです。教材のスピードを不自然に下げるより、設問の数を減らす、ヒントを出して聞き取る部分の焦点を絞るなどの対応をします。

　すべてを聞き取れないと気が済まない学習者からのクレームも同様です。「全部聞き取れなくてもいいんですよ。今日は〇〇だけ聞き取る練習です。何か聞き取れたことばはありますか」と聞いてみましょう。最初は聞けなくても、1つでも聞き取れたことばがあるのならきっと耳が慣れてきます。

　クラス内で聴解力のレベル差が顕著に出てしまうことがあります。音声を2回目に流すときにはそれぞれに指示を変えてみましょう。聞き取れなかった学習者には「○○と言った後をよく聞いてくださいね」とヒントを出すか、「問題1だけ頑張りましょう」とハードルを下げます。一方、聞き取れた学習者には「わからないことばがあったらメモしておいてください」などと、別の課題を与えます。もともとレベル差がわかっている場合は、聴解教材と視聴覚機器を複数用意して、どんどん聞きたいグループと何度も止めながら聞きたいグループに分かれてもらい、別々に聞く時間を設けるのも1つの方法です。

つなげる

　聞き終わったら、もうひとタスク。次へつなげましょう。
　「つなげる」タスクは宿題にしたり次の授業の最初におさらいとして行ったりする場合もあります。聞きっぱなしで終わらせずに「つなげて」いきましょう。

■ 他技能・他活動と「つなげる」／他の人と自分を「つなげる」

■聞く→声に出す①　語彙・表現を使う　　　　　　　　　　　　　　　（→授業例1-1）
　「とり組む」で聞き取った語彙・表現を声に出してみます。耳に集中していたことを口に出して言ってみることで、その内容を覚え、使えるようになることを目指します。

　例）・聞き取った語彙・表現を教師に続いてリピートする
　　　・語彙カード、絵カードを使う。ペアになり、1人がカードに書かれたことばを言い、もう
　　　　1人が該当するカードを指す。できたら交代する
　　　・ペアになり、1人が「とり組む」で学んだ表現を使って指示を出す。もう1人が指示に
　　　　従って動く。できたら交代する

■聞く→声に出す②　スクリプトを読む（音読・シャドーイング）　　　（→授業例2-2）
　「とり組む」で聞いた本文のスクリプトを音読します。会話文や詩などのリズムやイントネーションに注目してほしい、発音を覚えてほしい、という場合などに行います。音声を流して、シャドーイング（→p.186）するのもいいでしょう。目的に合わせてしっかり発音指導しましょう。

■聞く→話す①　ストーリーテリング（内容の再生）　　　　　　　　　（→授業例3-1）
　聞いた内容を他者に伝えます。スクリプトを丸読みするのではなく、学習した内容を整理して自分のことばで再生する力が求められます。5W1Hを整理したり起承転結を意識したりしながらわかりやすく伝えることを目指します。

■聞く→話す② ロールプレイ（会話例の応用）

　談話文を聞いた後で、それを参考にペアやグループで会話をします。本文と同じ設定、同じテーマで行うパターンもありますし、本文で学習した表現を使って何か新しい会話を作成するというパターンもあります。「起こす」と「つなげる」でそれぞれロールプレイを行って、自分ができるようになったことを確認するのもいいでしょう。

■聞く→話す③ テーマを深掘り（ディスカッション、インタビューなど）　　（→授業例3-2、5-1）

　聞いた内容についてディスカッションしてテーマを深掘りします。内容についての意見や感想を共有したり、その後の展開を推測し合ったりするのもいいでしょう。聴解教材によって得た知識を会話授業へとつなげ、他のクラスメートに意見を聞くインタビューや賛否に分かれてディベート、日本人ゲストともう1歩踏み込んだ議論をするのもいいでしょう。

■聞く→書く① 語彙・文型の復習　　（→授業例2-1）

　出てきた表現を使って文作りをします。質問文を作るようにすれば、オリジナルのQAシートができます。それを使ってペアになり、1人が質問してもう1人が答えるQA練習ができます。

■聞く→書く② 内容についての作文

　聞いた内容について感想や意見をまとめたり、同じテーマで作文を書いたりします。「聞いた後で〇〇について書いてもらいますね」などとあらかじめ伝えておくと、学習者の聞く動機づけになります。

■聞く→書く③ ディクテーション　　（→授業例1-2）

　ディクテーション（Dictation）とは、書き取り練習のことです。流れてきた音声を文字化していく練習です。ことばを書き取ることで、音声と表記をマッチングさせながら語彙を増やすことができます。また、文章を書き取ることで、日本語の文法や語順を身に付けられます。

活動例）　①問題数を伝える
　　　　　②1文を3回ずつ読み上げる。1、3回目は自然なスピードで、2回目はゆっくり読む。
　　　　　　漢字かな交じり文で書いてほしい場合は漢字をいくつ使うか伝える
　　　　　③Lにホワイトボード（以下、ＷＢ）に答えを書いてもらう
　　　　　④答え合わせ

　ディクテーションは初級で使われることが多い印象ですが、漢字かな交じり文のディクテーションは漢字の練習になり、漢字の苦手な非漢字圏の学習者だけでなく、聴解や訓読みの苦手な漢字圏の学習者にも行うことができます。他にも次のような活動が考えられます。

例）　・単語を聞いて書き取る練習
　　　・文の一部分を穴埋めにして書き取る練習
　　　・質問を書き取り、その答えもセットにして書く練習

・学習した文型の例文を書き取る練習

　デバイス環境によりますが、音声を録音したものをLに送り、各自のスマホやパソコンでとり組むようにすると、自分のペースで再生や一時停止をしながらディクテーションすることができます。
　問題数を調節しやすいので、聴解授業のまとめとしてだけでなく、授業の隙間時間に習慣化させるという方法もいいでしょう。

■ 聞く→他素材で知識を深める　　　　　　　　　　　　　　　　　　　（→授業例4-1）

　同じテーマのものを読む、聞く、視聴するなどして、別の手段でもう一度とり組みます。やさしく加工されたニュースを聞いてから、実際の新聞記事の見出しを読んでみる、同じ内容の加工されていないニュースを聞くなど、やさしいもので内容を理解してから同じテーマの難しいものに挑戦する方法もあります。音声で学習したことを動画などで視覚的に見直すこともできます。

■ 学びと自分を「つなげる」

■ 振り返りシート　　　　　　　　　　　　　　　　　　　　　　　（→授業例4-2、5-2）

　授業を振り返り、今日得た知識や感想を書いてもらいましょう。小さいメモでもかまいません。その日学んだ自分のまとめとして、毎回の授業の習慣にしてもいいでしょう。期末にすべてを読み返すと、忘れかけていた日本語を授業の雰囲気とともに思い出すことができます。シートに記入するだけでなく、その日の最後にクラスで話し合ってもいいと思います。

振り返り例）　　・今日の聴解のテーマはどんなテーマでしたか。
　　　　　　　　　自分にとって身近なテーマでしたか。知らないテーマでしたか。
　　　　　　　　・前回よりも聞けたと思いますか。聞けなかったと思いますか。
　　　　　　　　　それはどうしてですか。
　　　　　　　　・設問に正しく答えられましたか。
　　　　　　　　・今日の話で印象に残ったのは何ですか。
　　　　　　　　・あなたはこの話が好きですか。それはどうしてですか。
　　　　　　　　・あなたの国でも同じようなことがありますか。
　　　　　　　　・今日の授業で覚えたことばを3つ書きましょう。
　　　　　　　　・今日覚えたフレーズを1つ書きましょう。

聴解授業例 ～3ステップで授業を組み立てよう～

　3つのステップ「起こす」「とり組む」「つなげる」を組み合わせることで、1つの聴解授業が生まれます。その組み合わせ方はさまざまです。1つのステップに複数の方法を使ってもかまいません。レベル別[5]にいくつか例をご紹介しましょう。

初級前半～

● **音声からことばを理解する**
　1-1 「まっすぐ行ってください」
　　　教材内の絵をヒントに→正しく聞き取る→語彙・表現を使う
● **会話文を聞き取る**
　1-2 「まっすぐ行ってください」
　　　教材内の絵をヒントに→スキャニング→ディクテーション

初中級～中級

● **推測しながら聞く**
　2-1 「貸してもらう」
　　　スクリプトの一部を使って／既存のプレタスクを使って→内容を推測する→語彙・文型の復習
● **聞いてから話し合う**
　2-2 「貸してもらう」
　　　復習しながら／既存のプレタスクを使って→内容を推測する／正しく聞き取る(ディクテーション)→スクリプトを読む(シャドーイング)
● **物語文の大意を取る**
　3-1 「かちかち山」
　　　他の素材を使って→スキミング→ストーリーテリング
● **展開を予測しながら聞く**
　3-2 「かちかち山」
　　　語彙リストを使って→展開を予測する→テーマを深掘り(ディスカッション)
● **説明文の大意を取る**
　4-1 「待つ時間・待たせる時間」
　　　既存のプレタスクを使って→スキミング→他素材で知識を深める
● **特定の情報を聞き取る**
　4-2 「待つ時間・待たせる時間」
　　　教材内の絵をヒントに／設問を使って→スキャニング／スキミング→振り返りシート

5 レベルはあくまで目安です。

● **タイトルで話を広げてから聞く**

　5-1 「成田空港で」

　　　タイトルを使って／教材内の写真をヒントに→スキミング→テーマを深掘り（ディスカッション）

● **自身の日本語と比べて聞く**

　5-2 「成田空港で」

　　　実演を通して（ロールプレイ）→照らし合わせる→振り返りシート

column⑥

もっと！　聴解

ネイティブの音に慣れる

　初級教材の音声は大きな声ではっきりとした発音で、正しい文法で話されているものが多いと思います。それらの教材を聞き取る練習の一方で、日本語母語話者の自然な発話にも慣れていかなければなりません。授業でTPRを取り入れたり母語話者を教室に招いたりするのも1つの方法ですが、まずは普段の教師の発話を振り返ってみてください。学習者のレベルが上がっているのに、いつまでも語彙をコントロールしてやさしいことばばかり使っていませんか（ティーチャートーク）。学習者の成長とともに、教師の発話も成長させていき、クラスの中でも自然な日本語を聞き取ってもらう環境を作りましょう。

音声や動画を駆使して

　文書に対して音声でメモしたり、教師の声でコメントを付けたりすることができるソフトがあります。それを使えば既存の音声教材だけでなく、教師の声で宿題を出すことが可能です。

　また、動画共有サイトには授業で使える視聴覚教材があふれています。字幕機能を使えば映像と音声に合わせて文字化した各国語の字幕を付けることができます。音声の速さも調節できますので、生教材に慣れていない学習者でも少し遅めにして挑戦することができます。その場合も学習目標を意識することが大切です。ただ見せるだけでなく、内容確認をするのか、描写したり聞き取れたところから全体を推測したりしてもらうのかなど、学習目標に合わせてとり組み方を変えていきましょう。学習者のニーズにあった素材はどんなものなのか、それに対してどんなとり組みが有効なのか、常にアンテナをはっておきたいものです。

授業例1-1　音声からことばを理解する「まっすぐ行ってください」/ 初級前半〜

『楽しく聞こうⅡ』「第19課 2　まっすぐ行ってください。」文化外国語専門学校 →別冊p.34

> **学習目標**：聞き取った9つのことばの意味が理解できるようになる。

 授業の組み立て

　この授業ではアウトプットは求めていません。特に「起こす」と「とり組む」では発話や筆記はせずに聞くことに徹した流れにしたいと考えました。

起こす　教材内の絵をヒントに

まず、「とり組む」で使う絵で語彙導入します。ことばの音と意味を理解したかどうか確認するために、教師の指示にしたがって絵を指し示すタスクを行うことにしました。いきなり音声を聞かせるより、聞き慣れた教師の声のほうがハードルが下がると考えました。

とり組む　正しく聞き取る

「起こす」で学んだ語彙が正しく聞き取れるかどうか確認します。聞き慣れていない音声ですが、「起こす」での練習によって学習者への負担は少ないのではないかと考えています。

つなげる　語彙・表現を使う

シャワーのように語彙を浴びていた「起こす」「とり組む」から一転して、「つなげる」では、語彙の意味を理解し、正しい絵を選べるようになるだけでなく、学んだ語彙を声に出して言えるようになることを目指してペアワークを行うことにしました。

 授業の流れと教師の発話例

起こす 教材内の絵を ヒントに	1）教科書 p.10 の絵を L に見せる。 2）例を含めた 11 枚の絵について、それぞれ日本語で何と言うか聞く。 3）すべてのことばを板書し、2）で出なかったことばは導入する。 4）T は 11 枚の絵を表すことばをランダムに言う。L は該当する絵を指す。 　　T：「まっすぐ行きます」を指してください。 　　　　そうですね。（絵を指して）「まっすぐ行きます」。
とり組む 正しく 聞き取る 説明 聞く 答え合わせ	1）設問Ⅰのやり方を説明する。 　　T：音声を聞きます。皆さんは1番、2番、書いてください。 　　　　例を聞きましょう（例1、2を聞く）。 　　　　例1は何と言いましたか。そうですね。…… 2）設問Ⅰの音声を聞く。T は L が音声の順番通りに番号が振れているか確認する。正答率が悪ければ繰り返し聞く。 3）答え合わせ。正解が指せれば OK。特に発話は求めない。 　　T：L1さん、1番はどれですか。（L1 は適宜絵を指さす）

つなげる 語彙・表現を 使う	1）ペアになり、設問１の絵を使って問題を出し合う。 T：ペアになります。１人は先生、１人は学生です。 先生（役）は、絵を指してください。学生（役）は答えてください。 2）Tがランダムに言って、Lが正しい絵を指せるか確認する。 T：はい、では私が言いますから、皆さんは指してください。「ガソリンスタンド」。 （Lはガソリンスタンドの絵を指す）

 ## ポイント＆アドバイス

　これは、次の授業例1-2で行う「道案内」に向けた語彙の聞き取り学習です。今回の流れでことばを覚え、次の授業（「道案内」）の聴解へと進みます。同じようにしていろいろな絵カードやミニマル・ペアのことばカードを使ってことばの聴解練習を行うことができます。

　聴解の場合、聞いたものに反応できるかどうかが大切です。「起こす」「とり組む」の段階ではとにかく聞くことに専念しますので、「しんごう」と言われて信号の絵を指せればOKです。発音練習やことばの読み書きを学習するのは、「つなげる」の段階でかまいません。絵はプロジェクターなどで映し出しておくとクラス全体で1つの絵を見ることができるので答え合わせに便利です。まとめの際は、ゆっくり言わずに自然な速さで指示を出します。学習者の1人に教師役をやってもらってもいいでしょう。

　教室で動くスペースが確保できるなら、「起こす」を実演を通して行う方法(TPR)もあります。

「起こす」例）　実演を通して(TPR)
　　　　　　　①机を建物、机間を道路に見立てて並べる
　　　　　　　　スタート地点に「タクシー乗り場」と書いておく
　　　　　　　②L1人につき2〜3ずつ指示を与える
　　　　　　　T：L1 さん、来てください。
　　　　　　　　タクシー乗り場に立ってください。
　　　　　　　　そこから、まっすぐ行ってください。
　　　　　　　　タクシー乗り場に戻ってください。
　　　　　　　　…はい、ありがとう。席に座ってください。
　　　　　　　T：L2 さん、来てください。
　　　　　　　　タクシー乗り場に立ってください。
　　　　　　　　1つ目の角を右に曲がってください。
　　　　　　　　そっちじゃありません。そっちは左です。……

　上記の例で学習者が事前に知っていることばは「右」「左」「立ちます」「行きます」「来ます」「タクシー」程度です。学習者は既習のことばから何を指示されているか推測しながら動きます。TPRを行うとき、教師は話す速度を落とさず、ジェスチャーも極力控えて自然な速さで指示を出します。学習者が指示通り動けたら、「そうです！」「ありがとう、いいです」と大きく肯定します。何度も繰り返し同じ指示を聞いているうちに、学習者は「突き当り」「〇つ目の角」「〜に曲がってください」などのことばを理解し、反応できるようになります。

授業例1-2　会話文を聞き取る「まっすぐ行ってください」／初級前半〜

『楽しく聞こうⅡ』「第19課 2 まっすぐ行ってください。」文化外国語専門学校 →別冊 p.35

> **学習目標**：道案内の会話を聞き取り、理解できるようになる。

 授業の組み立て

　授業例1-1で学習した語彙を使った会話文を聞き取る練習です。地図上の絵が示す内容を理解できていないと最初からつまずいてしまいます。また、設問の答え方がわからない学習者が出るのではないかと考え、授業の前に絵の確認のしかた、とり組み方の説明をしっかり考えておきました。

起こす **教材内の絵をヒントに**
　まずは絵を使って「とり組む」に必要なことばを確認します。それと同時に、誰がどこにいるのかという地図の状況を確認しておくことにしました。

とり組む **スキャニング**
　例を聞く前に、設問の説明を丁寧に行いました。スタート地点を確認し、全部で5つの問題が流れるということが視覚的にわかるように板書を使います。

つなげる **ディクテーション**
　「つなげる」はディクテーションです。会話文の中でも特に道案内のことば、「〜てください」という文型、「（かど）を（右）に曲がる」という助詞を覚えておいてほしいので、短文のディクテーション問題を考えました。

 授業の流れと教師の発話例

起こす **教材内の絵を** **ヒントに**	1）教科書 p.11 の地図を見せて、本文に出てくることばを確認する。そのことばを使っていくつかやりとりする。 　　ことば例） 　　　〔「郵便局」「靴屋」「ガソリンスタンド」 　　　「本屋」「花屋」「喫茶店」「大きい丸いビル」〕 　　T：いろいろなお店があります。何のお店がありますか。 　　　　本屋で何を買いますか。喫茶店で何をしますか。 　　2）女の人がタクシー乗り場にいることを確認する。 　　　　T：女の人が質問しています。L1 さん、女の人はどこにいますか。 　　　　　（L1 に指さしてもらう） 　　　　T：そうですね。（絵を指しながら）女の人はここにいます。ここはどこですか。 　　　　　タクシー……タクシー乗り場ですね。
とり組む **スキャニング** 説明	1）スタート位置を確認する。 　　T：（タクシー乗り場を指して）私たちはここにいます。 　　2）板書して例題について説明する。 　　　　T：例を聞きましょう。女の人が聞きます。 　　　　　「さくら大学はどこですか」皆さん、よく聞いてください。

	板書例）

```
れい：さくら大学
1
2
3
4
5
```

聞く 答え合わせ	3）例題を聞き、答え合わせ。 　　Ｔ：皆さん、さくら大学はどこですか。指してください。 4）1〜5の音声を聞く。様子を見て2回流す。 　　Ｔ：皆さん、1〜5まで聞いて（番号を）書いてください。 5）ペアで答え合わせ。 　　Ｔ：隣の人と答えが同じですか。 6）クラスで答え合わせ。 　　Ｔ：1番。L1さん、女の人はどこへ行きたいですか。 　　Ｔ：病院ですか（板書の1に「びょういん」と書く）。 　　　　病院はどこですか。指してください。
つなげる **ディクテー** **ション** 答え合わせ	1）（1〜3と板書して）文を3つディクテーションする。 　　問題文は必要に応じて2〜3回読み上げる。 　　Ｔ：文を3つ言います。書いてください。 　　　1．まっすぐ行ってください。　　2．1つ目の角を右に曲がります。 　　　3．左に曲がってください。 2）Lを指名しWBに書いてもらう。WBを添削しながら答え合わせ。

 ポイント＆アドバイス

　他の技能別授業なら実践の途中でも個々の質問に対応できるのですが、聴解の場合は音声が流れているので、途中で学習者の質問を受けるのはなかなか難しいと思います。全部流し終わった後で「え？　何をすればよかったんですか」と言われないようにしたいものです。地図の意味がわからない、質問の意図がわからない、問題のやり方がわからないなど、聞くこと以外の疑問は聞く前に解消しておきましょう。

　必要な語彙や状況設定を事前に理解しておくこと、音声を流す前にポイントとなることばを示しておくことなどで、難易度を調整することができます。例えば今回の場合、設問Ⅱの1〜5の目的地をあらかじめ板書しておけば、難易度は下がります。長すぎて追いつかないという学習者がいたら、2回目は地図を見ながら少しずつ区切って聞くのもいいでしょう。教科書の地図をプロジェクターなどで映し出し、クラスで位置を確認しながら進めていくとさらにわかりやすく、答え合わせもしやすくなります。

　「つなげる」では他にも次のような方法が考えられます。

・学習者同士で地図を使って道案内をするロールプレイを行う
・教師が指示するスタート地点からタクシー乗り場までの行き方を1人1文ずつ文を作り、教師を案内する

授業例2-1　推測しながら聞く「貸してもらう」　　初中級〜

『聞いて覚える話し方 日本語生中継・初中級編Ⅰ』「第 1 課 貸してもらう」くろしお出版 →別冊p.36〜38、40、41

> **学習目標**：ものを貸し借りする会話を聞き取ることができるようになる。
> 人間関係によって変わる日本語表現を意識できるようになる。

 授業の組み立て

　これはいくつかの会話文を聞き取る練習です。誰と誰が何について話しているか、会話の文脈から登場人物の関係性を推測することを意識してほしいと考えました。

起こす　**スクリプトの一部を使って／既存のプレタスクを使って**
　教科書の「ウォーミングアップ」をする前に、動機づけとして、1つの会話文から推測できることを話し合うタスクを行うことにしました。

とり組む　**内容を推測する**
　人間関係によって表現が変わる会話文を聞きます。大まかな内容から徐々に細かい部分まで聞き取れるようになっています。文脈から推測できているか確認したかったので、答え合わせのときは答えに至った理由も答えてもらうことにしました。「つなげる」で会話文を書くことと、時間配分を考えて、【4】は授業時間内に行わないことにします。

つなげる　**語彙・文型の復習**
　「とり組む」で聞き取った重要表現をおさらいし、それを使って会話文を考えるタスクを行います。自分で作った会話と会話例を聞き比べることで新たな気付きが生まれるのではないかと考えました。

 授業の流れと教師の発話例

起こす **スクリプトの一部を使って**	1）取り上げる会話文を板書する。 　板書例1） 　　　A：お金貸してくれない？ 　　　B：土曜日に返してもらえるならいいよ。 2）1）の板書から推測した意見を発表してもらう。 　　T：どんな状況での会話だと思いますか。 　　　　AとBの関係は？　どうしてそう思いますか。 　　T：もし相手が変わった場合、言い方をどう変えますか。 　　T：このようなやりとりをしたことがありますか。 　　　　誰に、どんな状況で言った（言われた）ことがありますか。 　　T：もし自分がAのように言われたら、何と答えますか。
既存の プレタスクを 使って	3）「ウォーミングアップ」を読み、枠内の問いに詳しく答えてもらう。 　　T：皆さんは友人にどんなものを貸したり借りたりしますか。 　　T：貸しましたか。借りましたか。それは誰の〇〇ですか。 　　T：貸したり借りたりして、何か困ったことはありましたか。例えば、貸したくない、とか。早く返してほしい、とか。その時、L1さんは相手に何と言いましたか。

	4）【1】を解いて答え合わせ。答えの状況についてさらに質問する。 　T：L1さん、①お願いします。これは誰に言ったことばだと思いますか。 5）【2】を解いて答え合わせ。答えの状況についてさらに質問する。 　T：「いつまでに返したらいい？」。貸す人、ですか。借りる人、ですか。……
とり組む **内容を 推測する** 説明 聞く 答え合わせ	1）「聞き取り練習」【1】（1）、（2）を読む。 2）状況を説明する。 　T：2人の人が話しています。（1）誰と誰ですか。ア～エから選んでください。 　　（2）何について話していますか。a～dから選んでください。 3）【1】の音声を聞く。1回目は問題ごとに区切って聞く。 4）【1】の答え合わせ。聞き取れたら理由も答えてもらう。Tは必要に応じ 　て枠内のことばの意味を確認する。 　T：①は誰と誰が話していますか。どうしてそう思いましたか。 　　彼らは何について話していますか。どうしてお金がありませんか。…… 5）【2】を読む。2回目は①～④を通して聞き、答える。 　T：もう一度①～④を聞きます。①は友達同士、お金について話していました。 　　友達はお金を借りられましたか。もし借りられた場合、いつ受け取りますか。 　　メモしてください。 6）Lに【2】の答えを発表してもらい、質問があれば受ける。 7）【2】の答え合わせを兼ねて設問ごとに再度音声を聞く。 8）【3】を読む。①だけクラスで解き、②～④は各自で解く。 　その後、答え合わせ。
つなげる **語彙・文型の 復習**	1）教科書p.12の重要表現「1 貸してもらうように頼む」を読んでもらう。 2）ペアになる。教科書p.12の練習①～④の中から1つ選んで1）の重要 　表現を使った会話を考える。 3）作った会話をクラスで発表する。 4）①～④の会話例を聞き、作った会話とどう違ったか話し合う。 5）教科書p.13「2 貸すのを断る」についても同様に1）～4）を行う。

 ポイント＆アドバイス

　「起こす」で使った会話例は「とり組む」で出てくる文を抜粋して作ったものです。最低限これだけは聞き取ってほしいという文を一例に挙げて細かく分析します。テーマはものの貸し借りだということ、その引き受け方、断り方の表現も学習すること、言い回しによって関係性が推測できることなどが、この一例のやりとりで理解してもらえると思います。

　「とり組む」では同じスクリプトを聞いて【1】～【3】の問いに答えます。ここでは設問ごとに区切りながら聞き、語彙を確認して通して聞き、【2】までの答え合わせと【3】へ向けてもう一度区切りながら聞きました。ただ何度も音声を流すのではなく、どんな目的で何に気を付けて聞くのか、その都度聞くポイントを伝えるようにしましょう。

　ここでは重要表現の聴解練習を、「つなげる」での会話作りの模範解答として使いました。すべての設問をこなすことも大切ですが、授業時間と学習目標、学習者のレベルに合わせて、教材の使い方や設問の取捨選択、音声を聞く回数を考えていきましょう。

授業例2-2　聞いてから話し合う「貸してもらう」　初中級〜

『聞いて覚える話し方 日本語生中継・初中級編 I』「第 1 課 貸してもらう」くろしお出版 →別冊 p.36〜39

> **学習目標**：ものを貸し借りする会話を聞き取ることができるようになる。
> 学習した会話表現を自然な速さで発することができる。

授業の組み立て

　これは授業例2-1と同じ会話文を使った授業例です。2-1はクラス全体で設問を解いていく方法でしたが、こちらは聞き取った情報を共有しながら聞き進めていく方法をとりました。

起こす　**復習しながら／既存のプレタスクを使って**

　まずは「貸す」「借りる」「返す」という3つの動詞を復習しておくことにしました。これらの動詞は混乱しやすいので、使い方でつまずかないようにしたいと考えたからです。

とり組む　**内容を推測する／正しく聞き取る（ディクテーション）**

　聞き取った答えやその理由を、ペアやグループで話し合うようにしました。聞き取りの得意な学習者もいれば不得意な学習者もいます。得意な学習者に聞き取ったことを共有してもらうことで、不得意な学習者は聞くポイントを認識することができます。その上でもう一度聞けば、不得意な学習者も 1 回目と違う聞き方をすることができると考えたからです。

つなげる　**スクリプトを読む（シャドーイング）**

　「つなげる」では【4】で書き取った文を活用してシャドーイングを行います。キーフレーズを口に出して言うことで、聞くことが苦手な学習者に最低限これだけは運用できるようになってほしいと考えました。日常会話で使える表現なので、口をついて自然な速さで発話できるようになることを目指します。

授業の流れと教師の発話例

起こす **復習しながら**	1）「貸す」「借りる」「返す」を復習する。 　　T：あ、ペンがありません。L1 さん……。（L1 にペンを借りる）ありがとうございます。 　　　L1 さんは何をしましたか。先生は何をしましたか。 　　T：L1 さん、ありがとうございました（ペンを返す）。先生は何をしましたか。 　　　（「貸す」「借りる」「返す」を使った文を言ってもらう） 2）ペアになる。実際にペンなどを使って「私はペンを貸します」ということばとともに相手にペンを渡し、ものの移動を体感してもらう。 　　T：「貸します」「借ります」「返します」と言いながら、隣の人にペンを渡してください。
既存の プレタスクを 使って	3）「ウォーミングアップ」を読み、枠内の問いに詳しく答えてもらう。 　　T：皆さんは友人にどんなものを貸したり借りたりしますか。 　　T：貸しましたか。借りましたか。それは誰の○○ですか。

	どうして貸し（借り）ましたか。 T：貸したり借りたりして、何か困ったことはありましたか。例えば、貸したくない、とか。早く返してほしい、とか。その時、L1 さんは相手に何と言いましたか。
とり組む 内容を 推測する 　説明	1）「聞き取り練習」【1】について説明する。 　　T：L1 さん、【1】を読んでください。 　　T：①を聞きます。 　　　（1）誰と誰が話していますか。（2）何について話していますか。 　　　そしてどうしてそう思ったか、聞き取れたことばや表現があったらメモしておいてください。
聞く	2）①の音声を聞く。
	3）答えとその理由をペア（またはグループ・クラス）で話し合う。
	4）クラスで発表する。答えを導き出した理由を板書しておく。 　　T：L1 さん①は誰と誰が話していますか。どうしてそう思いましたか。
答え合わせ	5）もう一度聞いて、クラスで答え合わせ。
	6）同様に②～④について行う。
聞く	7）通して聞き、【2】【3】を各自解いて答え合わせ。間違いが多かった設問についてはもう一度聞く。
正しく聞き取る （ディクテーション）	8）音声を聞いて【4】の文を書き取る。
	9）ペアで答え合わせ。早く終わったペアに WB に答えを書いてもらう。
答え合わせ	10）書いてもらった文を見て、答え合わせ。WB を見ながら必要に応じて発音や文型を解説する。
	11）「ポイントリスニング」を聞く。引き受けたか、断ったか、どうしてそう思ったかも含めて発表してもらう。
つなげる スクリプトを 読む （シャドーイング）	1）【4】で書き取った文を見ながらシャドーイングする。 　　T：では、もう一度聞きます。今度はシャドーイングです。 　　　音声と同じスピードで話してみましょう。
	2）書き取った文を見ないでシャドーイングする。 　　T：今度は文を見ないで、言ってみましょう。

 ポイント＆アドバイス

　聞き取れた情報は人によって違うかもしれません。それぞれの情報を共有しながら理解を深めていく方法です。クラスの規模に合わせて、ペアで話し合ってからクラスで共有してもいいですし、少人数であれば最初からクラス全体で行ってもいいでしょう。共倒れしないように、「とり組む」上で欠かせない最低限の知識は「起こす」でしっかり呼び起こしておくことが大切です。ここでは貸し借りの表現の定着に力を入れておきました。

　最後に、ディクテーションで書き取った文でシャドーイングを行いました。聞いたものを書き取り、書き取ったものを口に出す、このようなトレーニングは分量を調整すれば短時間で行うことができます。会話や作文でアウトプットするときに生かせるように取り入れていきましょう。

授業例3-1　物語文の大意を取る「かちかち山」　初中級〜

『できる日本語準拠 たのしい読みもの55 初級＆初中級』「第2部 日本を知る13 かちかち山」アルク →別冊p.42〜44

> **学習目標**：音声を聞いて、物語の流れを把握できる。
> 　　　　　　物語の内容を他者に伝えることができる。

 授業の組み立て

　この教材は、長めの物語文で、設問がほとんどついておらず、授業の組み立ての自由度が高いことが特徴です。物語文を授業で扱いたかったのですが、全文をただ読んだり聞いたりするには長文で、時間ばかりかかってしまう懸念がありました。そこで、絵カードを補助的に使うことで全体の流れを把握しやすくし、理解した内容を他者に伝える活動にまで発展させたいと考えました。

起こす　**他の素材を使って**

　　　　たくさんの新出語彙が出てくるので、まず自作の絵カードを使って最低限の語彙を導入することにしました。絵カードでやりとりしながら動機づけとして「おじいさんはどうすると思いますか」というような展開を予測する質問も入れていきます。

とり組む　**スキミング**

　　　　「とり組む」は全体を聞いて大意を聞き取る練習です。ただ聞いているには長いのですが、設問がほとんどないので設問の答えを探しながら聞くという形はとれません。そこで聞き取れた内容順に絵カードを並べ替えるというタスクを取り入れました。

つなげる　**ストーリーテリング**

　　　　「とり組む」で使った絵カードを使って「つなげる」でストーリーテリング（聞いた内容を再生する）を行うことで、覚えた語彙を使う練習、話す練習につなげていきます。

 授業の流れと教師の発話例

用意するもの　・絵カード複数枚（ここでは8枚1組を人数分）→別冊 p.54

起こす 他の素材を 使って	1）教科書 p.75 の「火打ち石」の挿絵を見せ、「火打ち石」「カチカチ」について説明する。 　　T：これは何かわかりますか。石と石で火をつけます。「火打ち石」と言います。 　　　　石と石の音（ジェスチャーしてみせる）、これを「カチカチ」と言います。 　　　　「かちかち山」。お話に火打ち石が出てきます。 　　　　どうやってカチカチと使いますか。聞いてください。 2）8枚1組の絵カードをLに配布する。 3）絵カードの登場人物について話す。出てきた新出語彙を板書する。 　　（①②③…動詞のグループ） 　　T：1人8枚カードがありますか。……では、Aの絵カードを見てください。 　　　　おじいさんは何をしていますか。 　　　　ここは畑です。おじいさんは畑で豆を作りたいですから、おじいさんは豆を「まきます」（「まきます」と板書）。 　　　　おじいさんの隣に誰がいますか（「タヌキ」と板書）。タヌキは何をしていますか。

タヌキは豆を食べています。困ったおじいさんはどうすると思いますか。……

板書例）

タヌキ	ウサギ	おじいさん	おばあさん
A ①(まめ)をまきます		D	G
B ふね		E	H
C ②たおれます		F	

4）同様に、B～Hの順に絵カードを見ていく。

とり組む
スキミング

説明
聞く
答え合わせ

1）音声を聞きながら、絵カードをストーリー順に並べるように指示する。
　　T：では、音声を聞きます。ストーリーを聞いて、絵カードを1番2番……と並べてください。
2）音声を聞く。Lは絵カードを順番に並べる。
3）ペアで答え合わせ。隣の人と並び順が同じか確認する。
　　T：隣の人と答えは同じですか。チェックしてください。
4）クラスで答え合わせ。絵カードに付いているアルファベットで確認する。
　　T：L1さん、1番の絵カードはA、B、C……どれですか。

内容確認

5）絵カードについて内容確認の質問をする。「起こす」で取り上げなかった語彙表現については板書に加筆する。
　　T：おじいさんは何をしていますか。それからどうなりましたか。
6）該当部分をもう一度聞く。
　　T：では、絵カード（A）の部分をもう一度聞いてみましょう。
7）次の絵カードについて質問。同様に8枚行う。
8）まとめとして最初から教科書を見ながら通して聞く。

つなげる
ストーリー テリング

1）グループまたはペアになる。
2）絵カードのストーリーを1人1枚ずつ順番に説明し合う。
3）発表。グループの代表が1人ずつ出て、絵カード1枚分のストーリーを順番に説明していく。

☞ ポイント＆アドバイス

　新出語彙の導入と練習に時間を取られて、肝心な聴解の時間がなくなってしまった、という失敗談をよく聞きます。特に長文に挑戦するときには、どの語彙をどのくらいどうやって導入するか迷うところです。今回は絵カードを見ながら必要な語彙を導入していく方法を使いました。「おじいさんは何をしていますか」というように、絵の様子を描写するように促しましょう。「描写したいけれどことばがわからない！」となれば、知りたいという気持ちが生まれますから、語彙導入のチャンスです。一度に十数個のことばを説明されるより、絵カードごとに数個ずつことばを学習したほうが学習者もゴールが見えて混乱しにくくなります。説明を多くするほど難易度は下がり、カードを並べやすくなりますが、ここは大意を取る上で必要な語彙だけにとどめましょう。

　「とり組む」は絵を使って大意を取る練習です。起承転結のある物語などに使えます。ここではまとめとして本文を見ながらもう一度聞きましたが、音読に変えてもいいと思います。

　「つなげる」のストーリーテリングでは、教科書を見ないようにし、絵カードと板書に書かれた語彙をヒントにストーリーを説明するように指示します。

授業例3-2　展開を予測しながら聞く「かちかち山」 / 初中級〜

『できる日本語準拠 たのしい読みもの55 初級＆初中級』「第2部 日本を知る13 かちかち山」アルク →別冊 p.42〜44

> **学習目標**：次の展開を予測しながら聞き進めることができる。

授業の組み立て

　これは授業例3-1と同じ物語文を使った授業例です。3-1が全体を通して大意を取る聞き方だったのに対し、こちらは3つに区切って聞き進める方法をとりました。話す時間を多く取り、少しずつゆっくり進めたいと考えたからです。

起こす **語彙リストを使って**
　物語について話しながら進めるためには、いくつかの新出語彙は事前に運用できるようにしておく必要があると考えました。そこで、必要最低限の語彙をリストにし、使い方まで練習しておくことにしました。

とり組む **展開を予測する**
　マルチタスクに慣れた世代のクラスです。1つの長文をひたすら聞くという作業は苦手なのではないかと考えました。そこで、物語を3つに区切り、絵カードを補助的に使って展開を予測しながら聞いていく方法をとることにしました。

つなげる **テーマを深掘り（ディスカッション）**
　すべてを読み終わったまとめとして、話し合いの場を設けることにしました。自分たちの予測は合っていたか、実際のお話の展開についてどう思うかなど、物語全体を通してみた意見や感想を述べてもらいます。

授業の流れと教師の発話例

用意するもの　・語彙リスト　・絵カード（ここでは8枚1組を1セット）→別冊 p.54

起こす 語彙リストを使って	1）語彙リストを配布する。（①②③…動詞のグループ） 　　語彙リスト例） 　　　　おじいさん　おばあさん　タヌキ　うさぎ 　　　　①　（豆を）まく 　　　　①　（ひもで）縛る／①　（ひもを）ほどく 　　　　①　殺す 2）Lはわからないことばに印をつける。 3）LがわかることばはLに説明してもらう。全員がわからないことばがあったら、Tが説明をする。 4）Lは語彙リストのことばを使って、質問文を3つ考えて書く。 　　質問文例） 　　　「うさぎ」…うさぎはどんな動物ですか。 　　　「殺す」…殺された夢を見たことがありますか。 5）グループ（またはクラス）で1人1つ質問する。他の人は答える。 6）質問文が作られなかったことばがあったら、Tが質問をする。

とり組む **展開を** **予測する** 絵カードで 語彙確認 聞く 内容確認 展開を 予測する 発表 フィード バック	（Ⅰ：最初〜p.74 2行目、Ⅱ：〜p.74 末、Ⅲ：〜最後） 1）最初〜3枚目までの絵カードをストーリー順にWBに貼る。 　　**T：お話の絵カードは全部で8枚あります。まず、この3枚について聞きます。** 2）3枚の絵カードからわかること（推測できること）を話す。 　　**T：では、Aの絵カードを見てください。おじいさんは何をしていると思いますか。……** 3）Ⅰに該当する音声を聞く。 　　**T：では、この3枚についてのお話を聞きましょう。** 4）3）の内容確認の質問をする。 　　**T：タヌキは豆を食べていました。** 　　**おじいさんはどうしましたか。おばあさんはどうしましたか。** 　　**タヌキはどうしましたか。** 　　**おばあさんを見つけたおじいさんはどうしましたか。** 5）その後のストーリー展開についてグループ（またはクラス）で話し合う。 　　**T：おじいさんはどうすると思いますか。ストーリーの続きをグループで考えましょう。** 6）話し合った内容を発表する。Tは発表内容の要旨を板書する。 　　板書例） 　　　　・おばあさんは生きている。 　　　　・おじいさんはタヌキを殺すかもしれない。 　　　　・タヌキはおじいさんを倒して、おばあさんと一緒に住む。 7）同様に、絵カード4〜6枚目、7、8枚目と区切りながら聞いていく。 8）先ほど話し合った内容についてフィードバックする。 　　**T：L1さんは「おじいさんはタヌキを殺すかもしれない」と言っていましたが、どうでしたか。……**
つなげる **テーマを** **深掘り** **（ディスカッ** **ション）**	1）次の項目についてグループ（またはクラス）で話し合う。 　　・ストーリーの続きは考えた通りだったか 　　・このお話のストーリーについてどう思うか 　　・このお話で言いたいことは何だと思うか 2）グループで話し合った場合、その内容をクラスで発表する。 3）まとめとして最初から最後まで8枚の絵を見ながら通して聞く。

 ポイント＆アドバイス

　少しずつ区切って今後の展開を予測しながら聞いていくこのような方法は、授業時間の都合で2回に分けなければいけないときも活用できます。その場合、次のお話の展開を予測したところで1回目の授業を終え、2回目はそれまでのお話と推測した内容を振り返り、次へ進みます。

　今回は展開を話し合いながら進めましたが、個々にメモでまとめてもいいでしょう。最後は推測と合っていた点、違っていた点など全体を振り返る時間を設けましょう。

　授業例3-1と同様、聴解後ペアになってWBに並んだ絵カードを見ながらストーリーを再現するタスクを加えれば、覚えた語彙を使う練習、話す練習になります。

授業例4-1　説明文の大意を取る「待つ時間・待たせる時間」 / 中級

『中級日本語音声教材 新・毎日の聞きとり50日 上』「7.待つ時間・待たせる時間」凡人社 →別冊p.45、46

> **学習目標**：接続詞を意識して、段落ごとの要旨を聞き取ることができる。
> 　　　　　　意識調査のデータを見て、自分の時間感覚との違いについて話すことができる。

 授業の組み立て

　説明的文章を扱った内容です。接続詞をヒントにその後の展開を予測しながら聞き進めていきます。

起こす　**既存のプレタスクを使って**
　プレタスクを使って「待ち時間」について話し合うことで、「待たせる」「待ち合わせ」などのことばに慣れることができ、またペアワークで自分と他者との違いを認識することで、日本人の場合はどうなのかという内容への関心にもつながっていくと考えました。

とり組む　**スキミング**
　接続詞できれいに構成がまとまっている教材なので、接続詞を一区切りとして各段落の要旨を聞き取る練習をすることにしました。

つなげる　**他素材で知識を深める**
　「つなげる」には日本人の時間感覚に関する最近のデータを利用しました。ここで得た情報を日本で生活する上で役立ててほしいと考えました。

 授業の流れと教師の発話例

用意するもの　・時間感覚に関する資料

起こす 既存の プレタスクを 使って	1）「はじめに」を読む。 　　T：L1さん、「はじめに」を読んでください。 2）「はじめに」の質問について手を挙げて答えてもらう。誰がどちらに挙手したかざっと把握する。どちらにも挙げなかったLは指名して答えを聞く。 　　T：皆さんはどうですか。待つことのほうが多い人、手を挙げてください。 　　T：では、待たせることのほうが多い人は？　L1さんはどうですか。 3）時間をテーマにした質問を板書する。 　　板書例） 　　　　┌─────────────────────────┐ 　　　　│ ・どのぐらい待った（待たせた）ことがある？ │ 　　　　│ ・誰を？　どこで？　・どのぐらい待てる？ │ 　　　　└─────────────────────────┘ 4）ペアになって質問し合う。 　　T：皆さんは、今までに誰を、どのぐらい待ったことがありますか。 　　　　待ち合わせをしたとき、どのぐらいなら待てますか。隣の人と話しましょう。 5）クラスで発表する。 　　T：L2さんはどのくらい待ったことがありますか。
とり組む スキミング	1）何を聞き取るか説明する。 　　T：では、音声を聞きます。「待つ時間・待たせる時間」について日本人の答え

206

説明	を聞きましょう。 2）板書をしながら、聞くポイントを説明する。 　T：音声では、このように5つのトピックについて話しています。それぞれ何について話しているか、考えてください。5つのトピックは（板書を示しながら）このように接続詞で分けられています。では、聞きましょう。 　板書例） 　　①まず、…　←（　　　　）について 　　②次に、…　←（　　　　）について 　　③では、…　←（　　　　）について 　　④これに対して、…　←（　　　　）について 　　⑤また、…　←（　　　　）について
聞く 答え合わせ	3）音声を聞く。必要に応じて2回聞く。 4）答え合わせ。正解が出たら板書する。 　T：L1さん、①は何について話していましたか。 　板書例） 　　①まず、…　←（友達を待つ時間）について 　　②次に、…　←（友達を待たせる時間）について 　　③では、…　←（恋人を待つ時間）について 　　④これに対して、…　←（恋人を待たせる時間）について 　　⑤また、…　←（遅刻をしないために気をつけていること）について
内容確認	5）1～2文ずつ区切って音声を聞き、聞いた内容について詳しく質問する。 　T：①は「友達を待つ時間について」ですが、何時間までなら待てると言っていましたか。……
細かく聞く	6）「聞きましょう」の設問Iを読み、通してもう一度聞く。 　T：I-1を読んでください。もう一度音声を聞きます。I-2は本文の後でa～dの文が流れます。それを聞いて○か×を書いてください。
答え合わせ	7）設問Iの答え合わせ。 8）設問IIを読み、Lに各自答えを書いてもらう。終わったら答え合わせ。
つなげる 他素材で 知識を深める	1）「ビジネスパーソンの待ち時間意識調査[5]」など最近のデータを読む。 2）本文のデータと最近のデータとの違い、もしくは自分の時間感覚との違いをグループで話し合う。 3）どんな意見が出たか発表してもらう。

✋ ポイント＆アドバイス

　プレタスクはあくまでも「とり組む」に向けた準備ですので、ここで時間を取りすぎないようにコントロールしていきましょう。

　接続詞に慣れることは長文読解や作文だけでなく、聴解でも役に立ちます。聴解は音声が流れていってしまうので長文の途中でつまずくと大変なのですが、接続詞を理解していれば段落の切れ目がわかり、そこから切り替えて聞き始めることができます。

---

[5]「時間に関する調査（https://www.citizen.co.jp/research/time/index.html）」（CITIZEN公式ホームページより）では、さまざまな時間感覚についての調査結果を見ることができます。

授業例4-2　特定の情報を聞き取る「待つ時間・待たせる時間」 / 中級

『中級日本語音声教材 新・毎日の聞きとり50日 上』「7.待つ時間・待たせる時間」凡人社 →別冊p.45、46

> **学習目標：**音声から特定の情報を聞き取ることができる。
> 音声を聞き、自分の時間感覚について考えを書きとめることができる。

 授業の組み立て

　これは授業例4-1と同じ説明的文章を使った授業例です。4-1は一度に聞いて大意を取るスキミングの練習でしたが、こちらは流れてくる音声の中から特定の情報だけを聞き取るスキャニングの練習にしました。読むことも聞くこともあまり得意ではないクラスだったので、絵や図表を活用して少しずつ進める授業展開を考えました。

起こす 　**教材内の絵をヒントに／設問を使って**

このクラスは読むのに時間がかかると判断し、教材中の「はじめに」は飛ばして絵と表を見てわかることから話を広げていくことにしました。

とり組む 　**スキャニング／スキミング**

できるだけ焦点を絞ったほうが聞きやすいのではないかと考え、まずは表の答えだけを聞き取るスキャニング練習をすることにしました。その後、少しずつ区切って丁寧に内容確認の質問をします。

つなげる 　**振り返りシート**

「とり組む」で日本人の時間感覚について理解した上で、「つなげる」で自分について考えて書く時間を取ることにしました。「とり組む」で使った表と同じ形式の表を使うことで、より自分についてまとめやすくなるのではないかと考えました。

 授業の流れと教師の発話例

用意するもの　・振り返りシート

起こす 教材内の絵を ヒントに	1）教科書 p.14 の挿絵からテーマについて話を広げる。 　T：絵を見てください。彼は何をしていますか。 　T：誰かを「待っています」。誰かと「待ち合わせ」をしているようですね。相手は誰だと思いますか。ビジネスシーンではなさそうですね。……
設問を使って	2）設問Ⅰの表を見る。表が何について表しているか答えてもらう。 　T：1-1の表を見てください。これは、ある日本人のデータです。17分というのは何の時間だと思いますか。 　30分というのは何の時間ですか。 　空いているところが2つありますね。何の時間ですか。

とり組む **スキャニング** 　説明 　聞く 　答え合わせ **スキミング** 　内容確認 　聞く 　答え合わせ	1）何を聞き取るか説明する。 　　T：音声を聞きます。ポイントは空いているところの2つだけです。友達を待つ時間、 　　　恋人を待たせる時間の2つだけを聞いて、書いてください。では、聞きましょう。 2）音声を聞いて、表に答えを書く。 3）答え合わせ。 　　T：どうでしたか。まず、友達を待つ時間。何時間くらいなら待てますか。 4）いくつかに区切って内容確認の質問をする。わからないことがあれば質問を受ける。 5）設問I-2を聞いて、答える。 6）答え合わせ。 7）最後に通して聞いて、設問IIに答える。書いた順にTが添削する。
つなげる **振り返り シート**	1）振り返りシートを書いて提出する。 　シート例）

・設問に答えることができましたか。
・自分だったらどんな表になるか考えてみましょう。

	待つ時間	待たせる時間
友達を		
恋人を		

・本文の表とどう違いますか。

 ポイント＆アドバイス

　スキャニングの注意点は2つあります。まず、全文を聞き取る必要はないことを学習者に伝えておくこと。そして、聞き取るべき情報をはっきりさせておくことです。この授業例では、音声の中から友達を待つ時間と恋人を待たせる時間の2点に絞って聞き取るように指示しました。後で全部聞き取る時間を取ること、まずはここだけに集中して聞くことを伝えておきます。

　この教材では、本来「はじめに」で自分のことを振り返ってから日本人のデータを聞き取るタスクを行います。しかし、ここでは「はじめに」には触れず、日本人のデータを聞き取ってから「つなげる」段階で自分について振り返る時間を作りました。口が重いクラスでは、誰に聞いても同じ答えになるような、あまり考えなくても答えられる質問から入ったほうがいいという判断です。

授業例5-1　タイトルで話を広げてから聞く「成田空港で」／中上級～

『LIVE from TOKYO 生の日本語を聴き取ろう！』「1 成田空港で」The Japan Times →別冊 p.47～52

> **学習目標**：日本語母語話者同士のやりとりを聞いて大意が取れるようになる。
> クラスメートとお互いの考えを共有することができる。

授業の組み立て

　実際の空港での会話を取り上げた教材です。日本語母語話者同士の生の声が使われているので、このクラスの学習者は少し難しく感じるかもしれないと考えました。そこで、身近な例から話を広げ、ハードルを下げてから聞き始めることにしました。

起こす　**タイトルを使って／教材内の写真をヒントに**
　　まずは来日した学習者にとってなじみ深い本文のタイトルと写真から話を広げ、「とり組む」際に必要なキーワードの耳慣らしをしておくことにしました。

とり組む　**スキミング**
　　「とり組む」ではいきなり全文を聞くのではなく、設問ごとに区切って聞くことにしました。聴き取りBの【語句解説】と【単語】を活用し、聞き取れる部分を増やしていきます。

つなげる　**テーマを深掘り（ディスカッション）**
　　ここまでで空港について思い出したことも多いと思いますので、「つなげる」では日本の空港でのエピソードや、自国の空港との違いを話し合ってもらうことにしました。

授業の流れと教師の発話例

起こす **タイトルを使って** **教材内の写真をヒントに**	1）タイトル「成田空港で」を板書する。 2）空港について質問する（①～⑦は質問する順番）。キーワードが出てきたら板書する。 　T：皆さんは日本へ来たとき、どの空港を使いましたか（①）。 　　空港に着いたとき、どんな気持ちでしたか（②）。 　　空港で何か困ったことはありましたか（③）。 　　空港を出てから、どんな交通機関を使いましたか。それを選んだのはどうしてですか（④）。 　　電車やバスの乗り方はわかりましたか（⑤）。 　　（教科書 p.1 の写真を見せ）ここはどこですか。使ったことがありますか（⑥）。　案内所では何を教えてくれますか（⑦）。…… 　板書例） 　　乗り場、～への行き方、バス、電車、○○線、値段、チケット（切符）、チケット売り場（発券所）、案内所
とり組む **スキミング** 説明	1）「聴き取り A」の 1 ～ 3 を読むように指示する。 2）会話の後に質問があることを伝え、まずは 1 の音声を聞く。 3）聞き取ったことについてクラスで話し合う。

聞く 内容確認	・生の声の印象 ・聞き取った内容 ・最後の質問は何だったか、その答えは何か 4）質問が聞き取れていなければ、質問文だけもう一度聞く。 5）会話をもう一度聞く。質問についての答えがわかった人は手を挙げて発表してもらう。
説明	6）「聴き取りB」の1の部分の説明をする。Lからの質問を受ける。 7）もう一度音声を聞く前に聞くポイントを指示する。 　　T：質問の答えがわからなかった人は、「どっちが安いですか」の後をよく聞いてください。答えがわかった人は、**観光客がバスと電車とどちらを選んだのか、その理由をよく聞いてください。**
聞く 内容確認	8）もう一度音声を聞く。 9）内容確認をする。 　　・観光客はどこへ行きますか。 　　・バスと電車とどちらが安いですか。 　　・観光客がバスを選んだのはどうしてですか。 　　・「ホテルまで座っていける」というのはどういうことですか。 10）「聴き取りC（スクリプト）」を見ながらもう一度聞く。Lからの質問を受ける。 11）同様に2、3の設問を行う。
つなげる テーマを 深掘り （ディスカッション）	1）グループになる。 2）「空港」をテーマにグループで話し合う。 　　・どこの空港に行ったことがある？ 　　・日本の空港の印象は？　初めて着いたとき、どう思った？ 　　・自分の国の空港と違うと思ったことは？ 3）2）で出た意見をクラスで発表してもらう。

 ポイント＆アドバイス

　「起こす」では、次に聞く音声の内容に沿って質問を投げかけます。学習者とのやりとりの中でキーワードが出てきたら、それを板書して「とり組む」に備えます。質問には学習者の誰もが答えられるようなものを織り交ぜます。「起こす」2）の場合、③の質問はうまくいけばキーワードを含んだエピソードが聞けるかもしれませんが、「困ったことはなかった」と言われれば、そこで話が終わってしまいます。①や④のような来日した留学生なら誰もが答えられる質問を入れながら、本題に近づくような答えが引き出せるといいですね。学習者とのやりとりから入ると、思わぬ方向に話が進むことがあります。もし話が横道にそれてしまったら、「今日はその話は出ないので、それについてはまた今度話しましょう。空港の話に戻りますね」などと言って軌道修正します。

　「とり組む」では最初からスクリプト（聴き取りC）を見て聞こうとしている学習者がいないかチェックします。もしいたら、後で見ながら聞く時間を設けることを伝え、まずは何も見ないで聞き取ることに挑戦してもらいましょう。「とり組む」6）の聴き取りBの語彙説明は、この本文を聞くためのものですので、使い方など細かい指導は不要です。理解できればOKです。

授業例5-2　自身の日本語と比べて聞く「成田空港で」 ／ 中上級〜

『LIVE from TOKYO 生の日本語を聴き取ろう！』「1 成田空港で」The Japan Times →別冊 p.47〜52

> **学習目標：**日本語母語話者同士の会話を聞いて、自分の話す日本語との違いに気付くことができる。
> 生の会話文に関する気付きを報告できる。

 授業の組み立て

　これは授業例5-1と同じ日本語母語話者同士の生の声を扱った会話文です。5-1は大意を取るスキミングの練習でしたが、こちらは主に日本語母語話者の質問のしかたに着目し、自分の発話との違いに気付いてもらう練習にしたいと考えました。実際の日本語母語話者の会話は、教科書に載っているような正しい形で展開しているわけではないということに注目して聞いてほしいと考えたからです。

起こす **実演を通して（ロールプレイ）**

　まず、本文と同じ状況設定でロールプレイを行い、学習者に自身の日本語を振り返ってもらう機会をつくることにしました。

とり組む **照らし合わせる**

　「起こす」のロールプレイで全体の流れが理解できることを想定し、「とり組む」では全体を通して聞くことにしました。できるだけ学習者からの発話を取り入れ、聞き取れたことと聞き取れなかったことをオープンにできる環境にしたいと考えています。

つなげる **振り返りシート**

　「つなげる」では振り返りシートを使って、日本語母語話者同士の会話に対する気付きを振り返ってもらいます。

 授業の流れと教師の発話例

用意するもの　・振り返りシート

起こす **実演を通して** **（ロールプレイ）**	1）ロールプレイを行うために状況を説明し、質問内容を板書する。 　　板書例） 　　　①帝国ホテルへの行き方を聞く。できるだけ安く行きたい。 　　　②ホテルまでの値段が知りたい。バスの出発時間が知りたい。 　　　③バス乗り場を知りたい。 2）ロールプレイ開始（T：案内所の人、L1：観光客）。 　　T：L1 さん、前に来てください。私（T）は、案内所の人です。①について質問してください。他の皆さんは聞いていてくださいね。 　　T（案内所の人役）：こんにちは。……
振り返り	3）ロールプレイを振り返る。出てきた質問文を板書する。 　　T：L1 さんはまず、帝国ホテルまでの行き方が知りたいとき、何と質問しましたか。皆さん、他にどんな質問のしかたがあると思いますか。 　　私（T）はどんなルートをすすめましたか。 　　電車はどんな点が良かったですか。バスはどうだと言っていましたか。 　　わからないことばはありましたか。

	4）同様に板書②③のロールプレイも行う。
とり組む 照らし 合わせる 説明 聞く 内容確認	1）「聴き取りA」の1〜3を読む。 2）会話の後に質問があることを伝え、まずは1の音声を聞く。 3）聞き取ったことについてクラスで話し合う。 　・最後の質問は何だったか、その答えは何か 　・聞き取った内容　　　・観光客の質問のしかたは？ 　（板書してあるロールプレイで出た形との違いに注目して） 4）もう一度音声を聞く前に聞くポイントを指示する 　**T：案内所の人が「バスがよろしいですか。電車がよろしいですか」と聞きます。** 　　**その後、観光客は何と聞き返したか聞いてください。** 　　**わかった人は、観光客がバスと電車とどちらを選んだのか、その理由をよ** 　　**く聞いてください。** 5）内容確認をする。 　・観光客はどこへ行きますか。　　・バスと電車とどちらが安いですか。 　・観光客がバスを選んだのはどうしてですか。 　・「ホテルまで座っていける」というのはどういうことですか。 6）同様に2、3も聞いて、内容確認。 7）「聴き取りB」の1〜3の部分の説明をする。Lからの質問を受ける。 8）「聴き取りC（スクリプト）」を見ながら1〜3をもう一度聞く。Lから 　の質問を受ける。
つなげる 振り返り シート	1）振り返りシートに記入して、提出する。 　シート例） 　┌──────────────────────────┐ 　│・3つの問題は全部聞き取れたか。│ 　│・音声の印象はどうだったか。│ 　│・他の学習者からどんな意見が出ていたか。│ 　│・聞き取れたフレーズの中で印象に残ったものは？│ 　└──────────────────────────┘

 ポイント＆アドバイス

　ロールプレイでは、教師は案内所の人役となり、できるだけ音声通りのことばを使って自然なスピードで観光客役の学習者に質問していきます。学習者は何らかの反応ができればいいので、音声通りの発話にならなくてかまいません。1つのロールプレイを複数の学習者に挑戦してもらいましょう。ロールプレイの振り返りでは、話者の感想を聞くとともに、聞いていたクラスメートからも気付きや意見を言ってもらいます。そして、今回のポイントである質問のしかたに関しては、出てきた質問文を板書しておきます。「とり組む」で流れてくる音声との比較をするためです。他にも学習者の発話の中で良いものがあったら「L1さんの〜という言い方、よかったですね」などと取り上げます。学習者が案内所の人の話を聞き取れなかったり、うまく返答できなかったりしたらそこが新しい表現を学ぶチャンスです。「音声ではどうやって言っているか聞いてみましょう」と言って、学習者がつまずいた部分を聞き取っていきます。授業例5-1の「とり組む」では設問1〜3に分けて聞き取りを行い、語彙説明もその都度行いましたが、ここでは1〜3をまとめて行いました。ロールプレイで流れが理解できていると判断したためです。難しいようであれば5-1のように区切って行ってもいいでしょう。

［終わりに］

　教え始めたばかりの頃、筆者の目標は1人で1冊の教科書を教えられる
ようになることでした。1冊教えられるようになれば、その後は楽になる
と思っていたからです。しかし実際は、担当する教科書、クラス形式、学
習者のニーズ、レベル……それらが変わるたびに右往左往する日々でした。
たとえ同じ教科書で同じ教え方をしたとしても、学習者が異なればその反
応は全く異なります。1つとして同じ授業はないし、同じ授業をしようと
してもうまくいかないということに気付くのにそう時間はかかりませんで
した。

　一方で、さまざまな状況が変わったからといって、すべてゼロから作り
直す必要はないということにも気付いていきました。そこから生まれたの
が本書です。どんな授業でも基本的な3つのステップは変えずに展開して
いくことができます。そして、授業後に自分と自分の授業をリフレクショ
ンすることで、授業内容に一喜一憂するだけでなく、結果を次の授業準備
へとつなげていくことができるはずです。

　教師も学習者もその個性やニーズは異なります。皆さんは、そして皆さ
んの学習者はどんな技能別授業を求めているのでしょうか。本書は正解で
はなく、あくまでもたたき台です。本書を1つのきっかけとして、目の前
の学習者と教師自身に合った授業を組み立てていただけたら嬉しいです。

　末筆となりましたが、本書を出版するにあたり、本当にたくさんの方に
支えていただきました。良き助言者で長きにわたり共に走り続けて下さっ
た編集者の田桑有美子さん、今野咲恵さんをはじめ出版に携わって下さっ
た方々、高木八穂子さん、東谷雅美さん、掃部知子さんをはじめ多くの示
唆と励ましを下さった日本語教育および学校教育関係者の方々、家族と友人、
そしてこれまで一緒に授業を作ってくれた学習者の皆さんに心より御礼申
し上げます。

望月　雅美

■使用教材一覧
- 牧野昭子他(2014)『みんなの日本語初級Ⅰ 第2版 初級で読めるトピック25』スリーエーネットワーク
- 公益社団法人国際日本語普及協会(AJALT)(2019)『Reading Road 多様な日本を読む』くろしお出版
- できる日本語教材開発プロジェクト(2013)『できる日本語準拠 たのしい読みもの55 初級＆初中級』嶋田和子監修, アルク
- (公財)京都日本語教育センター編(2012)『中上級学習者向け日本語教材 日本文化を読む』アルク
- スリーエーネットワーク編著(2012)『みんなの日本語 初級Ⅰ 第2版 本冊』スリーエーネットワーク
- スリーエーネットワーク編著(2013)『みんなの日本語 初級Ⅱ 第2版 本冊』スリーエーネットワーク
- 釜渕優子(2008)『しごとの日本語 ビジネスマナー編』アルク
- できる日本語教材開発プロジェクト(2011)『できる日本語 初級 本冊』嶋田和子監修, アルク
- 文化外国語専門学校編著(2013)『楽しく聞こうⅡ』文化外国語専門学校
- ボイクマン総子他(2006)『聞いて覚える話し方 日本語生中継・初中級編Ⅰ』くろしお出版
- 宮城幸枝他(2007)『中級日本語音声教材 新・毎日の聞きとり50日 上』凡人社
- 浅野陽子(2009)『LIVE from TOKYO 生の日本語を聴き取ろう！』嶋田和子監修, The Japan Times

■参考文献一覧
- 伊集院郁子・髙野愛子(2020)『日本語を学ぶ人のためのアカデミック・ライティング講座』アスク
- 岡まゆみ(2013)『中・上級者のための速読の日本語 第2版』The Japan Times
- 金水敏(2011)「役割語と日本語教育」『日本語教育』 150号
- 門脇薫・西馬薫(1999)『みんなの日本語初級 やさしい作文』スリーエーネットワーク
- 川口さち子他(2003)『上級の力をつける聴解ストラテジー 上巻』凡人社
- 国際交流基金(2006)『国際交流基金 日本語教授法シリーズ7 読むことを教える』ひつじ書房
- 国際交流基金(2008)『国際交流基金 日本語教授法シリーズ5 聞くことを教える』ひつじ書房
- 小松麻美(2016)「比べ読みを軸にした絵本の翻訳活動―韓国の大学生の気づきに着目して」（口頭発表）日本語教育学会春季大会（目白大学）
- 斎藤仁志他(2006)『シャドーイング日本語を話そう！ 初〜中級編』くろしお出版
- 武田信子・金井香里・横須賀聡子編著(2016)『教員のためのリフレクション・ワークブック―往還する理論と実践―』学事出版
- 牧野成一他(2001)『ACTFUL-OPI入門 日本語学習者の「話す力」を客観的に測る』アルク
- 松岡昇(2011)『「英語の壁」はディクテーションで乗り越える！』アルク
- 宮川俊彦(2011)『1行からはじめる子どもの頭をきたえる「5分作文」』PHP研究所
- 吉田新一郎(2010)『「読む力」はこうしてつける』新評論
- F. コルトハーヘン編著・武田信子監訳(2010)『教師教育学―理論と実践をつなぐリアリスティック・アプローチ』学文社
- NPO多言語多読 多読のはじめかた　https://tadoku.org/japanese/what-is-tadoku/
- CD「チャンツでポン！リズムで覚える英会話」けこりん英語教室

望月 雅美（もちづき まさみ）

カイ日本語スクールをはじめ複数の日本語学校や大学、企業で留学生やビジネスパーソン、その家族に日本語を教える。日本語教師養成講座及び新人研修も担当。現在埼玉大学日本語教育センター非常勤講師。
著書に大森雅美名義で『日本語教師の7つ道具シリーズ1授業の作り方Q&A78編』『日本語教師の7つ道具シリーズ2漢字授業の作り方編』（共に共著、アルク）などがある。

どう教える？日本語教育
「読解・会話・作文・聴解」の授業

発行日	2021年 9 月16日（初版）
	2024年 8 月 6 日（第3刷）

著者	望月雅美
編集	株式会社アルク日本語編集部、今野咲恵
本文デザイン・DTP	洪永愛（Studio H2）
装丁デザイン	早坂美香（SHURIKEN Graphic）
イラスト	岡村伊都
印刷・製本	萩原印刷株式会社
発行者	天野智之
発行所	株式会社アルク
	〒141-0001
	東京都品川区北品川6-7-29　ガーデンシティ品川御殿山
	Website：https://www.alc.co.jp/

地球人ネットワークを創る

アルクのシンボル
「地球人マーク」です。

授業例での使用教材と資料例

※掲載の教材は、品切れとなっている場合がございます。

■使用教材

読解授業例　1-1、1-2
出典　牧野昭子、澤田幸子、重川明美、田中よね、水野マリ子著
　　　『みんなの日本語初級I 第2版 初級で読めるトピック25』スリーエーネットワーク（2014）
　　　「第10課　美術館」p.16、17

▶ 第10課 本文

美術館
（びじゅつかん）

　きのう　友達と　「みんなの　美術館」へ　行きました。
おもしろい　絵が　たくさん　ありました。

1．窓の　近くに　男の　人と　女の　人が　います。女の　人の
　　うしろに　地図が　あります。ヨーロッパの　地図です。

2．絵の　真ん中に　町が　あります。町の　左に　男の　人が、右に
　　女の　人が　います。町の　右の　上に　木が　あります。木の
　　中に　男の　人と　女の　人が　います。
　　この　女の　人は　男の　人の　奥さんです。

3．テーブルの　上に　果物や　ナイフや　グラスが　あります。
　　でも、ワインは　ありません。

4．ピアノの　上に　花が　あります。ピアノの　前に　女の　人が
　　います。女の　人の　そばに　猫が　います。猫は　目が
　　ありますが、女の　人は　目が　ありません。

5．高い　山が　あります。山の　上に　白い　雲が　あります。
　　山と　山の　間に　川が　あります。川の　近くに　桜の　木が
　　たくさん　あります。

16

I

出典　『Reading Road 多様な日本を読む』くろしお出版(2019)
　　　「Chapter 1 Lesson 1　たすきをつなぐ」p.3〜7
　　　公益社団法人国際日本語普及協会(AJALT)著／イラスト：なかしまじゅんこ
　　　写真：築田純／アフロ

Chapter 1・和

Lesson 1

たすきをつなぐ

写真：築田純／アフロ

イグナシオ　フジモリ
3区では、天気がよければ、
富士山を見ながら、走るんだよ。

金太郎
箱根の山では、長いのぼりざかや
くだりざかを走らなくちゃならなくて、
たいへんだね。

ボルト
日本人はグループワークがとくいですね。

3

Lesson1 　たすきをつなぐ

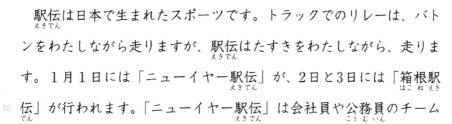

　日本では、お正月に駅伝というリレー
　　　　　しょうがつ　えきでん
マラソンが行われます。テレビで始めか
ら終わりまで12時間以上も生中継しま
　　　　　　　　　　　　　なまちゅうけい
5　す。ごちそうを食べながら、テレビで駅
　　　　　　　　　　　　　　　　　　　　えき
伝を見るのが、お正月の楽しみの一つです。
でん　　　　　しょうがつ

　駅伝は日本で生まれたスポーツです。トラックでのリレーは、バト
　えきでん
ンをわたしながら走りますが、駅伝はたすきをわたしながら、走りま
　　　　　　　　　　　　　　　えきでん
す。1月1日には「ニューイヤー駅伝」が、2日と3日には「箱根駅
　　　　　　　　　　　　　えきでん　　　　　　　　　　　　はこねえき
10　伝」が行われます。「ニューイヤー駅伝」は会社員や公務員のチーム
でん　　　　　　　　　　　えきでん　　　　　　　　　こうむいん
が走ります。

　「箱根駅伝」は大学生の駅伝です。約100年の歴史があって、人気が
　　はこねえきでん　　　　　えきでん　　やく　　　れきし　　　にんき
あります。東京から箱根※を2日間かけて、おうふくします。
　　　　　　　　　　はこね

WORDS

☐ たすき：reley race sach which a runner wear across his chest/
　接力帯；斜挂在肩上的窄布条 / băng vải đeo chéo người

☐ つなぐ：to relay / 接；接合 / nối, truyền

☐ 駅伝：*ekiden* a short for *ekiden* race / 长跑接力赛，"驿传竞走"的略称 /
　えきでん　　Ekiden (môn chạy tiếp sức ở Nhật)

☐ ～という：called ～ / 叫做～ / cái được gọi là, có tên là

☐ リレー：relay / 接力赛 / tiếp sức

☐ マラソン：marathon / 马拉松 / marathon

☐ 行われる：to be held / 举行，进行 / được tổ chức
　おこな

☐ 12時間以上も：12 hours, more / 超过12小时 / hơn 12 tiếng
　じかんいじょう

☐ 生中継する：to broadcast live / 实况转播 / truyền hình trực tiếp
　なまちゅうけい

☐ ごちそう：feast / 饭菜，好吃的东西 /
　　món ăn ngày Tết (nghĩa trong bài)

☐ ～ながら：while doing ～ / 一边～一边～ / vừa... vừa...

☐ トラック：track / 跑道 / đường đua

☐ バトン：baton / 接力棒 / gậy ba tông, dùi cui

☐ チーム：team / 组，团体，队 / đội

☐ 約：approximately, around / 大约 / khoảng
　やく

☐ かける：to take (time) / 花费 / mất (thời gian)

☐ おうふくする：back and forth / 往返 / khứ hồi, hai chiều

　1月2日の朝8時に1人目の学生が東京を出ます。箱根（はこね）まで約（やく）108km（キロメートル）を5人の学生で走ります。5人目の学生は、高低差（こうていさ）が約（やく）834mもある箱根（はこね）の山道（やまみち）をかけあがるので、たいへんです。午後1時ごろ、山の上に着きます。道ではたくさんの人がはたをふりながら、「がんばれ」と言って、おうえんします。

　次（つぎ）の日の1月3日には箱根（はこね）から東京まで、また別の5人の学生で走ります。前の日に一番（いちばん）だった大学から走り始（はじ）めます。きのうのぼった山を一気（いっき）に下（くだ）ります。100mを13秒台（びょうだい）で走る学生もいます。最後（さいご）の学生は午後1時ごろ東京に帰って来ます。全部（ぜんぶ）で10人の学生が協力（きょうりょく）して、走ります。おうふくのきょりは217.9kmですから、1人の学生は平均（へいきん）約（やく）20km走ります。一番（いちばん）早く東京に着いた大学がゆうしょうです。

　お正月（しょうがつ）の後も3月から10月まで、日本全国（ぜんこく）で中学生や高校生の駅伝（えきでん）や車いすの駅伝（えきでん）が行われます。

□ 高低差（こうていさ）：difference in altitude／高低差／độ cao từ chân núi đến đỉnh núi

□ かけあがる：to run up／往上跑／chạy lên

□ はた：flag／旗帜／cờ

□ ふる：to wave／挥，摇，摆／vẫy

□ おうえんする：to cheer／声援，从旁助威／ủng hộ, cổ vũ

□ 走り始める（はしはじ）：to start running／开始跑／bắt đầu chạy

□ 一気に（いっき）：in a rush, at a stretch (without a rest, without stopping)／一口气／một mạch

□ 下る（くだ）：to climb down／下／chạy xuống

□ ～秒台（びょうだい）：in ～ seconds／N秒到（N＋1）秒间／từ ... giây trở lên

□ 協力する（きょうりょく）：to work together as a team, to join forces／合作／hỗ trợ, hợp lực

□ きょり：distance／距离／cự ly, khoảng cách

□ 平均（へいきん）：average／平均／bình quân

□ ゆうしょう：win／冠军，第一名／vô địch, chiến thắng

□ 全国（ぜんこく）：all over Japan／全国／toàn quốc

□ 車いす（くるま）：wheelchair／轮椅／xe lăn

※箱根（はこね）：An area located in the southwest of Kanagawa prefecture, which is surrounded by the mountain range having Mt.Hakone as a center. It has been known as hot spring area for a long time.
位于神奈川县为西南部。以箱根山为主的群山所包围的区域。自古以来以温泉胜地而闻名。
là khu vực nằm ở Tây Nam của tỉnh Kanagawa được bao quanh bởi núi mà trung tâm là núi Hakone.

5

Check! ✏️

たしかめよう

Ⅰ　（　　）の中に、○か×かを書きなさい。

1.（　　）箱根駅伝は大学生と高校生が協力して、走ります。

2.（　　）箱根駅伝は1人の学生が42.195kmを走ります。

3.（　　）箱根駅伝は1日目に箱根から東京まで走って、2日目に東京から箱根まで走ります。

4.（　　）箱根駅伝は約108kmを5人の学生が走ります。

5.（　　）箱根駅伝は2日間で東京から箱根をおうふくします。

Ⅱ　質問に答えなさい。3. は自分の答えを書きなさい。

1. リレーと駅伝は、どこがちがいますか。

_____

2. 1月2日の5人目の学生は、どうしてたいへんですか。

_____

3. 1人でするスポーツとチームスポーツと、どちらが好きですか。それはどうしてですか。

_____

_____

グラマーノート　Grammar Note

1.　V₁-ながら、V₂

・ごちそうを食べ<u>ながら</u>、テレビで駅伝を見ます。(p.4, l.5 simp.)

・はたをふり<u>ながら</u>、おうえんします。(p.5, l.19 simp.)

Two activities, V₁ and V₂, are taking place at the same time.　The main activity is V₂（"見る""おうえんする"）at the end of the sentence.　V₁ before "ながら" is in -ます form.

表示 V₁ 和 V₂ 两个动作同时进行。主要动作的 V₂，如 "见る"、"おうえんする" 置于句末。"ながら" 前面的 "V₁" 用动词的ます形。

Diễn tả ý hai hành động V₁ và V₂ cùng diễn ra đồng thời tại một thời điểm. Động tác chính ở V₂ như "xem"（見る）và "ủng hộ"（おうえんする）, được đặt ở cuối câu. Động từ V₁ ở trước "nagara" được chia ở thể nguyên mẫu bỏ "masu".

2.　N₁ という N₂

・駅伝<u>という</u>リレーマラソンが行われます。(p.4, l.2)

・箱根<u>という</u>町に行きました。

N₁ is what N₂ is called.　A speaker uses an expression that includes "という," instead of more straightforward phrases like "駅伝を見ました" or "箱根に行きました," when people participating in the conversation are not very familiar with *ekiden* and Hakone.　In more casual conversations, phrases like "駅伝<u>って</u>リレーマラソン""箱根<u>って</u>町" may be used often.

N₁ 表示 N₂ 的名字。比起只说 "駅伝を見ました"、"箱根に行きました"，"という" 隐含说话者和听话者双方都不太知道驿传和箱根之意。口语常常使用"って"，如"駅伝<u>って</u>リレーマラソン"、"箱根<u>って</u>町"。

N₁ là tên của N₂. So với việc sử dụng đơn thuần cách nói "đi xem Ekiden"（駅伝を見ました）hay "đi Hakone"（箱根に行きました）thì cách dùng "toiu" còn hàm chứa ý nghĩa người nói hoặc người nghe hoặc cả hai không biết nhiều về Ekiden hay Hakone. Trong văn nói, người ta thường dùng thể "tte" như "Ekiden tte relay marathon"（cuộc đua tiếp sức có tên là Ekiden）hay "Hakone tte machi"（thành phố có tên là Hakone）

出典 『Reading Road 多様な日本を読む』くろしお出版(2019)
　　　「Chapter 2 Lesson 1 もったいない」p.27〜31
　　　公益社団法人国際日本語普及協会(AJALT)著／イラスト:なかしまじゅんこ
　　　写真提供:毎日新聞社

Lesson 1

もったいない

写真提供：毎日新聞社

マータイ
何かをかえようとしたら、
まず自分をかえなければならない。

ウッディ
マータイさんは、「私を木のおかんに
入れないでください」と言った。
すごいよ。

さくら
3Rって、何？Rが3つあるけど。

27

9

Lesson1 もったいない

難しさ ♣

子どものころ、私が短くなったえんぴつを捨てると、祖母は「もったいない、キャップをつけて使いなさい」と言いました。茶わんにごはんつぶをのこすと、「もったいないよ、全部食べなさい」と言いました。そして、祖母は一度使ったつつみ紙もリボンも、もったいないので、とっておきました。祖母だけでなく、昔の日本人はものを大切にしてよく「もったいない」と言いました。

でも、今はどうでしょうか。物がたくさんあるので、まだ使えるものでもどんどん捨てています。日本人は「もったいない」と言わなくなりました。「もったいない」は、もともと仏教の言葉で、本来の価値を十分に活かしていない、むだになっているという意味です。

ケニアのワンガリ・マータイさんは、長年、木を植える活動を続けて、ノーベル平和賞をもらいました。

WORDS

- [ ] もったいない：*mottainai* / 可惜，浪费 / phí phạm
- [ ] 短い：short / 短 / ngắn
- [ ] 捨てる：to throw away / 扔掉 / vứt, bỏ
- [ ] つける：to stuck / 安上 / gắn, cài
- [ ] ごはんつぶ：rice grains / 饭粒 / hột cơm
- [ ] のこす：to leave / 留下 / để dư
- [ ] 一度：once / 一次，一遍 / một lần
- [ ] つつみ紙：wrapping paper / 包装纸 / giấy gói quà
- [ ] とっておく：to save / 留着 / để lại
- [ ] 昔：a long time ago / 以前 / ngày xua
- [ ] もともと：originally / 本来，原来 / vốn dĩ
- [ ] 仏教：Buddhism / 佛教 / Phật giáo
- [ ] 本来：originally / 本来，原来 / vốn dĩ
- [ ] 価値：value / 价值 / giá trị
- [ ] 十分に：fully / 充分地，十分 / đủ
- [ ] 活かす：to make use of / 活用 / tận dụng
- [ ] むだになる：to be wasted / 徒劳，白费，浪费 / vô ích
- [ ] 植える：to plant / 种植 / trồng
- [ ] 活動：activity / 活动 / hoạt động
- [ ] 続ける：to continue / 继续，持续 / tiếp tục
- [ ] ノーベル平和賞：Nobel Peace Prize / 诺贝尔和平奖 / giải Nobel hòa bình

15　　その翌年、日本に来て「もったいない」という日本語に出会いました。この「もったいない」という言葉が、3R(Reduce, Reuse, Recycle)を表すだけではなく、命や地球の資源を大切にする敬意がこめられている言葉だと知って、感動しました。命や資源を大切にするという考えをもった「もったいない」という言葉を世界に広めたい

20　と思いました。ほかの言語に訳したかったですが、ぴったりの言葉が見つかりませんでした。それで日本語の「もったいない」をそのまま使って、キャンペーンを始めました。日本語の「もったいない」が、世界の"MOTTAINAI"になりました。

Reduce　⇒　ごみを減らすこと
Reuse　⇒　くりかえして使うこと
Recycle　⇒　形を変えて使うこと
　　　例：ペットボトルからTシャツを作るなど。

□ 翌年：a year later / 隔年 / năm sau
□ 出会う：to encount / 遇到，碰上 / gặp
□ 表す：to represent / 表示 / thể hiện
□ 命：life / 生命 / sinh mạng
□ 地球：earth / 地球 / địa cầu
□ 資源：resources / 資源 / tài nguyên
□ 敬意：respect / 敬意 / tôn trọng
□ こめる：to put (meaning into) / 包括在内，计算在内 / thể hiện, chất chứa
□ 感動する：to be touched, to be moved / 感动 / cảm động
□ 考え：philosophy / 想法 / suy nghĩ

□ 世界：global / 世界 / thế giới
□ 広める：to spread / 普及，推广 / mở rộng
□ 言語：language / 语言 / ngôn ngữ
□ 訳す：to translate / 翻译 / thông dịch, dịch
□ ぴったり：exact match / 恰好，合适 / vừa khéo
□ キャンペーン：campaign / 宣传活动 / hoạt động tuyên truyền
□ 減らす：to reduce / 重复减少 / giảm
□ くりかえす：to repeat / 反复，重复 / lặp đi lặp lại
□ ペットボトル：plastic bottle / 宝特瓶 / chai nhựa

Check! ✏
たしかめよう

Ⅰ （　）の中に、○か×かを書きなさい。

1. （　） 昔の日本人はえんぴつが短くなると、捨てていました。

2. （　） 今、日本人は、もう「もったいない」と言いません。

3. （　） マータイさんは長年木を切る活動を続けました。

4. （　） マータイさんはケニアで、「もったいない」という日本語を知りました。

5. （　） マータイさんは「もったいない」という日本語を外国語に訳せませんでした。

Ⅱ 質問に答えなさい。3. は自分の答えを書きなさい。

1. 「もったいない」はもともとどういう意味ですか。

_____

2. マータイさんはこの言葉の何に感動しましたか。

_____

3. 「もったいない」と思うのはどんなことですか。

_____

_____

グラマーノート　Grammar Note

1. い A- くなります／{N / な A} になります

・短くなったえんぴつ （p.28, l.2）

・日本人は「もったいない」と言わなくなりました。（p.28, l.10）

・日本語の「もったいない」が、世界の "MOTTAINAI" になりました。（p.29, l.22）

・この川は前よりずっときれいになりました。

This ending represents a transformation from one state to another. -い adjective ends with "〜くなる", while a noun and -な adjective end with "〜になる". In the second example, "言わなくなりました" is a -ない form of a verb conjugated in a similar way as -い adjective.

表示事物产生变化，变得跟以前不一样。如上所示，い形容词变成"〜くなる"、名词和な形容词变成"〜になる"。第二个例句的"言わなくなりました"里的动词的"ない形"的活用跟"い形容词"相同。

Diễn tả ý nghĩa khi sự vật hiện tượng thay đổi, trạng thái thay đổi so với trước. Giống như cấu trúc trên, tính từ "-I" chuyển thành "~ku naru", còn danh từ và tính từ "-na" chuyển thành "~ni naru". Ngoài ra, ở ví dụ thứ 2, đây là ví dụ thể hiện hình thức phủ định của động từ (thể ~nai), có cách dùng giống như cách dùng của tính từ "-i", "iwanakunarimashita" (trở nên không nói).

2. V- ておきます

・祖母は紙もリボンも、もったいないので、とっておきました。（p.28, l.6, simp.）

・子どもの学費のために、貯金をしておきます。

・お客さんが来るので、お菓子を買っておきました。

This ending is used on an action taken for a purpose or in anticipation of a later event. A conversational form has no "e" and ends with "〜とく", as in "とっとく" "しとく" "買っとく."

表示接下来会发生的事情，或为了某个目的事先准备时所用的表现。在口语里"e"被省略，变成"…とく"，如"とっとく"、"しとく"、"買っとく"。

Đây là cách nói được dùng để thể hiện ý chuẩn bị trước, làm trước vì một mục đích hay cho một việc gì xảy ra sau đó. Trong văn nói, thì "e" được lược bỏ trở thành "~toku", giống như "tottoku" (lấy sẵn), "shitoku" (làm sẵn), "kattoku" (mua sẵn).

読解授業例　4-1、4-2

出典 『できる日本語準拠 たのしい読みもの55 初級＆初中級』アルク（2013）
「第1部 日本で暮らす26 今度行くならこんなとこ！」p.50～53
できる日本語教材開発プロジェクト　澤田尚美、高見彩子、有山優樹、小林学、田坂敦子、森節子著
嶋田和子監修／イラスト：岡村伊都

秋田

夏の「竿燈まつり」　冬の「かまくら祭り」

秋田県には春夏秋冬、一年中、祭りがあります。特に夏の「竿燈まつり」「大曲花火大会」と冬に開かれる「かまくら祭り」「なまはげ」などは全国でも有名です。

夏、8月3日～6日に行われる「竿燈まつり」は東北三大祭りの1つで、約260年前からある伝統行事です。秋にたくさんおいしい米ができるように夏に祭りをして祈るのです。

「かまくら」は雪で作った小さな家のようなものです。「かまくら祭り」ではこのかまくらが街の通りにたくさん並びます。かまくらの中でもちを焼いたり甘酒を飲んだりすることができます。ライトアップされた夜のかまくらはとてもきれいです。

白神山地

白神山地は世界最大級のブナの原生林が残っている世界自然遺産です。初級者用の手軽なトレッキングコースから、上級者用の登山コースなどさまざまなコースがあります。ブナの木や季節の花、滝などを見ながら自分のペースで歩きましょう。決められた道を歩くなどルールやマナーを守って自然を楽しんでください。

「ご当地グルメ！」横手やきそば

安くておいしくて地元の人に愛されている料理のことをご当地グルメといいます。秋田の横手やきそばもご当地グルメの一つです。麺は太く、ソースは少し甘いです。焼きそばの上に目玉焼きが載っています。いちばんの特徴は麺がもちもちしていることです。「おいしい」は秋田弁で「んめ」。ぜひ横手やきそばを食べて、「んめ」と言ってみて！

写真提供／白神山地ビジターセンター、横手やきそば暖簾会

51

金沢（かなざわ）

兼六園（けんろくえん）

日本三大庭園（にほんさんだいていえん）の1つ。17世紀中期（せいきちゅうき）に作（つく）られました。どの季節（きせつ）に行（い）ってもきれいな景色（けしき）を見（み）ることができます。春（はる）は梅（うめ）や桜（さくら）などの花（はな）、夏（なつ）は木々（きぎ）の緑（みどり）、秋（あき）は紅葉（こうよう）、特（とく）に冬（ふゆ）の雪景色（ゆきげしき）は最高（さいこう）です。園内（えんない）で抹茶（まっちゃ）を飲（の）んだり和菓子（わがし）を食（た）べたりすることもできます。とても広（ひろ）いので、ゆっくり散歩（さんぽ）すると1時間（じかん）以上（いじょう）かかります。

写真提供／兼六園管理事務所

伝統文化体験（でんとうぶんかたいけん）－クラフト・ツーリズム－

城下町（じょうかまち）として発展（はってん）した金沢（かなざわ）は、伝統文化（でんとうぶんか）が今（いま）も生活（せいかつ）の中（なか）に残（のこ）っています。文化体験（ぶんかたいけん）をしながら、観光地（かんこうち）を回（まわ）ることができるツアーがいろいろあります。伝統工芸（でんとうこうげい）の作品作（さくひんづく）りを体験（たいけん）したり、茶室（ちゃしつ）でお茶（ちゃ）やお菓子（かし）を味（あじ）わったりします。作家（さっか）や職人（しょくにん）の作品（さくひん）を鑑賞（かんしょう）したり、作（つく）っているところを見学（けんがく）したり、自分（じぶん）で作（つく）ったりすることもできるツアーもあります。

観光（かんこう）ボランティア「まいどさん」

ボランティアガイド「まいどさん」は金沢（かなざわ）を観光案内（かんこうあんない）してくれるガイドさんです。現地（げんち）の人（ひと）とおしゃべりしながら観光（かんこう）したい人（ひと）にはおすすめです。申（もう）し込（こ）みは金沢市観光協会（かなざわしかんこうきょうかい）まで！「まいどさん」は金沢弁（かなざわべん）で「こんにちは」のような意味（いみ）です。

写真提供／本州四国連絡高速道路株式会社

高松（たかまつ）

瀬戸大橋（せとおおはし）

本州（ほんしゅう）と四国（しこく）の間（あいだ）に瀬戸内海（せとないかい）という海（うみ）があります。瀬戸大橋（せとおおはし）は瀬戸内海（せとないかい）に架（か）かっている橋（はし）です。瀬戸大橋（せとおおはし）は電車（でんしゃ）も車（くるま）も通（とお）ることができる珍（めずら）しい橋（はし）です。島（しま）と橋（はし）の景色（けしき）はとてもすばらしいです。

52

讃岐うどん

「讃岐」というのは香川県の昔の名前です。ですから、讃岐うどんというのは香川県のうどんという意味です。讃岐うどんは他のうどんとは全然違います。つるつるしていてとてもおいしいです。今は日本全国で人気があって、日本中に讃岐うどんの店があります。

島めぐり

瀬戸内海には小さい島がたくさんあります。高松から船に乗って、いろいろな島へ行くことができます。おすすめの島は小豆島と直島です。小豆島では海のスポーツを体験したり、キャンプをしたりすることができます。直島は古い町と芸術の両方を楽しむことができるところです。古い町のいろいろなところに芸術作品が飾ってあってとてもおもしろいところです。

鹿児島

桜島

桜島の真ん中にある御岳は火山で、今もしばしば噴火しています。火山ガイドツアーに参加すると、間近で火山を見たり自分で温泉を掘ったりして、大自然を体で感じることができます。

写真提供／桜島ミュージアム

芋焼酎

鹿児島でたくさんの焼酎が作られていますが、中でも芋焼酎が有名です。芋焼酎は鹿児島県の特産品、サツマイモから作られています。昔、鹿児島県は薩摩という名前でした。サツマイモは薩摩で取れる芋なのでサツマイモと呼ばれるようになりました。芋焼酎には鹿児島県産の薩摩黒豚がとてもよく合います。一緒にぜひ黒豚も食べてみてください。

温泉天国

鹿児島は温泉がとても有名です。中でも指宿温泉と霧島温泉はおすすめの温泉です。指宿温泉はお湯に入る温泉ではありません。「砂蒸し温泉」といって、砂の中に入る温泉です。10分くらい入ると汗がたくさん出てきます。霧島温泉は自然の中にある温泉で、ハイキングをしたあとで入ると、とても気持ちがいいです。

❓ どこか行きたいところはありましたか。

😊 ガイドブックやインターネットでいろいろな地方の観光地を見てみましょう。

読解授業例　5

出典　『中上級学習者向け日本語教材 日本文化を読む』アルク（2012）
　　　「7 大根を半分 沢木耕太郎」p.32〜37　（『彼らの流儀』朝日新聞社（1991）より）
　　　（公財）京都日本語教育センター　西原純子、吉田道子、桑島卓男編／イラスト：石川えりこ

7 大根を半分

①/14

るることがいやなのではなかった。譲るべきかどうか悩まなくてはならないこと、席を立っても相手が素直に座ってくれずバツの悪い思いをすること、さらに自分が譲ることでその近辺に座っている人たちに小さな罪悪感を覚えさせてしまうことがいやだったのだ。だから、彼は電車の中でもめったに座ることがなかった。

彼は降車口の近くに立って、壁面に貼られている結婚式場やエステティック・サロンの広告を眺めていた。

その時、不意に声がした。

「これ、もらっていただけませんか」

それはごく穏やかな声だったが、静かなバスの中ではことさら大きく響いた。

彼が声のする方に眼をやると、降車口より少しうしろの二人掛けの席に品のよさそうな老女が座っており、手に半分に切られた太い大根が握られていた。

そして、その隣には、すぐ前の一人掛けの席にいる少女の母親と思われる女性が座っていた。どうやら、老女がその若い母親に大根をあげようとしているらしい。

唐突なことに若い母親が戸惑っていると、老女は弁解するように言った。

15　　　10　　　5　　　1

問3
どうして「めったに座ることがなかった」のか。
～べき
悩む
席を立つ
バツが悪い
近辺
罪悪感
～を覚える
めったに～ない

問4
「老女」、「母親」、「少女」は、それぞれどこに「座ってい」るか。
降車口
壁面
貼る
式場
エステティック・サロン
不意に
声がする
ごく～
穏やかな
ことさら
響く
眼をやる
～人掛け
品がよい
握る

問5
どうして「戸惑っている」のか。
どうやら
唐突な
戸惑う

33

大根を半分

日常の光景から自分の生き方を問い直した文章

沢木耕太郎

その日、彼は夕方というには少し間がある時刻にバスに乗っていた。取引先の重役の家に不幸があり、彼は出入り業者の営業責任者として、通夜の準備の手伝いに行くところだったのだ。

ターミナル駅からはタクシーで行くつもりだったが、時間に多少余裕があったこともあり、ファクシミリで送ってもらった略図がバスの停留所からになっていたこともあって、バスで行くことにした。

バスに乗るのは久しぶりだった。都内のマンションに住む彼は、通勤には電車を使うだけであり、仕事ではタクシーと地下鉄でほとんど用が足りていた。

乗客の大半は女性か老人で、あとは制服姿の中、高校生がいるだけだった。彼がバスに乗り込んだ時、席はまだ二つ、三つ空いていたが、あえて座らなかった。座ったあとで、席を譲らなければならなくなるのがいやだったからだ。譲

⑬

10

5

1

問1 どうしてその時刻に「バスに乗っていた」のか。

取引先
重役
不幸
出入り業者
営業
通夜
ターミナル駅
余裕がある
ファクシミリ
略図
〜こともあって

問2 どうして「バスで行くことにした」のか。

久しぶり
都内
用が足りる
大半
制服
〜姿
乗り込む
あえて
席を譲る

⑮

*母親は東京から一時間ほど離れた地方都市に住んでいた。父が死んでからは古い借家にひとりで暮らしている。狭いマンションで一緒に暮らすよりは気楽だろうと思い、また、母親自身もそう言うのでひとりで暮らしてもらっている。

しかし、ひとりで暮らすということは、日々の生活の中で、この老女のように大根の半分をどうしようかと悩むことでもあったのだ。彼は初めて母親がひとりで暮らしているということの意味が理解できたように思えた。これまでは、あえてそのことは*考えないようにしてきたところがあったのだ。

「もらっていただけませんか」

老女がまた言った。

「ええ、でも……」

若い母親のためらいの言葉を耳にしながら、なんとかもらってくれればいいが、と彼はひそかに*願っていた。

「ひとりだとこんなには食べ切れないんですよ」

若い母親は、ようやくもらうべきだと判断したらしく、どういうことになる

1

5

10

15

問9　「母親」は、どんな暮らしをしているのか。
　　　地方都市
　　　借家
　　　気楽な

問10　何を「考えないようにしてきた」のか。

問11　ためらう
　　　耳にする
　　　ひそかに
　　　何を、どうして「願っていた」のか。
　　　食べ切る
　　　判断する

「ひとりなもので、一本では多すぎるんですよ。でも、一本でなければ買えないし……」

若い母親があいまいに頷くと、老女はまた言った。

「これ、もらってくださると助かるんですけど」

「いえ、でも……」

＊

たぶん、その老女はターミナル駅のどこかの食料品売り場で買い物をしてきたのだろう。そこで大根を一本買った。それはひとり暮らしの生活ではもてあますほど太くて長い大根だったが、その売り場には一本単位でしか売りに出ていなかった。いや、もしかしたら、その老女は、たとえ半分売りがあったとしても、大根は一本で買いたいという思いがある人だったのかもしれない。そして、ビニール袋に入れる際、あまりにも長いため半分に切ってもらっておいた……。

彼はすぐに視線をまた広告に戻したが、その老女を見て母親を思い出さないわけにいかなかった。彼の母親もまた、＊大根は一本でしか買いそうもないタイプだったからだ。

1
5
10
15

問6 「あいまいに頷」いた母親は、どんな気持ちか。
　弁解する
　あいまいな
　頷く

問7 老女と母親のやり取りから、彼はどのような想像をしたか。
　もてあます
　～単位

　視線
　～際

問8 「大根は一本でしか買いそうもないタイプ」とは、どんな人だと考えられるか。
　～しないわけにはいかない
　タイプ

その瞬間、彼の胸が痛んだ。自分にも十歳の息子がいる。その老女が自分の
母親でもよかったのだ。

あるいは、自分の母親も買い物をするたびに大根の半分に心を悩ませている
かもしれない。そうした意味では、自分が親子三人で送っている安定した東京
での生活も、離れて住む母親にいくつもの小さな悩みを押しつけることで成り
立っているといえなくもないのだ。

もちろん、母親は一緒に暮らそうと言っても断るだろう。しかし……とバス
の中で彼は思っていた。自分は、席を譲るべき人が眼の前に立っているにもか
かわらず、気づかぬふりをして狸寝入りをするような男とほとんど同じことを
しているのではあるまいか、と。

出典　『彼らの流儀』（朝日新聞社・一九九一年刊）

著者紹介　沢木　耕太郎（さわき　こうたろう）
一九四七年、東京都生まれ。ノンフィクション作家、エッセイスト。著書に、『一瞬の夏』『深夜特急』（以上新潮文庫など）など。

10

5

1

問13　どうして「胸が痛んだ」のか。

　　胸が痛む

　　安定する
　　押しつける
　　成り立つ
　　いえなくもない
　　断る
　　〜にもかかわらず
　　〜ふりをする
　　狸寝入り

問14　誰が、どんなことをしているのか。

まとめ

バスの光景を見て、彼は母親に対してどんな思いを抱いたのか。

のかと振り返って見つめていた少女に、いただこうかしら、と相談するように

言ってから、老女に向かって訊ねた。

「ほんとにいただいちゃって、いいんですか？」

「どうぞ、どうぞ」

「それじゃ遠慮なく」

すると、老女は嬉しそうに言った。

「無駄にならなくてよかったわ」

そのやりとりを聞いて、彼だけでなく、バスの中にホッとした空気が流れた

のがわかった。

　＊

老女は前の席に座っている少女に声を掛けた。

「おいくつ？」

「九歳」

「まあ、大きいのね」

老女はそう言うと、ひとりごとのようにつぶやいた。

「うちの孫の方がひとつお姉ちゃんだわ」

1

5

10

15

振り返る
見つめる
訊ねる

空気が流れる
ホッとする
やりとり
無駄な

問12
どうして「ホッとした空気が流れた」のか。

つぶやく
ひとりごと

36

出典　『中上級学習者向け日本語教材 日本文化を読む』アルク（2012）
　　　「8 隣人訴訟事件 後藤昭」p.38〜41
　　　（『新版 わたしたちと裁判』岩波ジュニア新書（2006）より）
　　　（公財）京都日本語教育センター　西原純子、吉田道子、桑島卓男編／イラスト：石川えりこ

8　隣人訴訟事件

市、県、国、建設業者に対する訴えは退けました。しかしBさん夫婦には、不注意があったと認めて、損害賠償の支払いを命じました。ただし、Bさん夫婦の落度が軽いなどの理由で、損害額のすべてではなく、その三割に当たる約五二七万円の支払いだけを命じた判決でした。判決が出たのは、一九八三年のことでした。

この判決は、各新聞で報道されました。そのときの見出しは、「隣人の好意につらい裁き」などというふうに、被告であるBさん夫婦に同情を示すものでした。

このような報道で事件を知ったたくさんの人たちが、Aさんの家に電話をかけたり手紙を出したりして、Aさん夫婦を責めました。

それらの電話や手紙のほとんどは、匿名で、Aさん夫婦をののしるものでした。たとえば「おまえは、死んだ子どもを種にして金をゆするのか」といった内容です。Aさん宅には、数日の間に六〇〇本くらいの電話がかかったそうです。

そのうえ、Aさんは、取引先から仕事を断られてしまいました。Aさんの子どもは、学校でいじめられたそうです。Aさん夫婦は、判決に対して控訴をしていましたが、訴えそのものを取り下げざるを得ない気持ちに追い込まれました。

15

10

5

1

問5　どんな「判決」が出たか。
　　退ける
　　認める
　　〜を命じる
　　ただし
　　落度が軽い

問6　「この判決」を、新聞はどう「報道」したか。
　　報道する
　　見出し
　　つらい
　　裁き

問7　「たくさんの人たち」は、どういう反応をしたか。
　　同情を示す

問8　「それら」は、どんな内容のものか。
　　匿名
　　ののしる
　　〜を種にする
　　金をゆする
　　責める

問9　「Aさん夫婦」は、どんな状況になったか。その結果、どうしなければならなくなったか。
　　取引先
　　断る
　　いじめる
　　〜そのもの

隣人訴訟事件

実際の事件を通して裁判とは何かを問いかけた文章

後藤　昭

（前略）

＊Aさんとｂさんの家は近くにあり、同じ幼稚園に通う子どもがいたために親しくつきあっていました。ある日、Aさんの子どもがＢさんの家に遊びに来ていました。Aさんの家のお母さんは、Ｂさんの家に寄って、子どもを連れて買い物に出かけようとしました。でも子どもがＢさんの子どもと遊んでいて、行きたくないと言うので、Ｂさんに頼んで、子どもを置いて出かけました。Ｂさんが掃除で忙しくしている間に、子どもたちは家の裏のため池に遊びに行きました。そこでAさんの子どもは、＊溺れて死んでしまいました。

その後、Aさん夫婦は、Ｂさん夫婦のほか、市、県、国それから池を掘った＊建設業者を被告として、損害賠償の訴えを起こしました。第一審の裁判所は、

1

5

10

問1　「AさんとＢさん」の二人の関係は、どんなものか。
　　つきあう

問2　誰が、何を「頼ん」だのか。
　　～を置いて出かける
　　ため池
　　溺れる
　　寄る
　　頼む

問3　どうしてこのようなことが起こったか。

問4　Aさん夫婦は、誰に対して「損害賠償の訴え」を起こしたか。

世の中でわたしたちは安心して暮らして行けません。しかも、裁判所もAさん
夫婦の請求を一部は認めているくらいですから、非常識な訴えだったともいえ
ません。Aさん夫婦が裁判を続けられないように追い込んだ匿名の嫌がらせは、
許されません。多くの法律家が、この事件の経過を見て、裁判を受ける権利を
尊重すべきだと指摘したのは、当然です。

1

被告（←→原告）：訴訟において訴えられた人。
損害賠償：他人に与えた損害を埋め合わせ、損害がないのと同じ状態にすること。
控訴：第一審の判決に対して不服がある場合に、上級の裁判所に新たな判決を求めること。
訴えの取り下げ：原告が訴えをやめること。
裁判を受ける権利：日本国憲法に定められた基本的人権の一つ。誰もが裁判所による裁判を受けられること。

5

出典　『新版　わたしたちと裁判』（岩波ジュニア新書・二〇〇六年刊）

著者紹介　後藤　昭（ごとう　あきら）
一九五〇年、東京都生まれ。法学者。著書に、『捜査法の論理』（岩波書店）など。

紛争
〜限り
保障する
請求する
非常識な
追い込む
嫌がらせ
経過
権利
尊重する
指摘する

まとめ

この文章を通して、筆者が最も主
張したかったことは何か。

41

訴え取り下げの結果、第一審の判決も、無効となりました。これが隣人訴訟事件と呼ばれる事件のあらすじです。

*この事件について、読者はそれぞれ感想や疑問を持つでしょう。Bさん夫婦は好意で近所の子を預かり、遊ばせてやっただけなのに、そんな重い責任を負わせるのはおかしい、と考える人もいるでしょう。逆に、子どもを預かった以上、責任をもって見守るべきで、三割ではなく一〇割の賠償を命じられても仕方がないと考える人もいるでしょう。意見が分かれました。法律の専門家の間でも、この判決の善し悪しについては、意見が分かれました。*それだけ難しい事件でした。また、当事者の間での話し合いで事件を解決することを試みずに、すぐに裁判に訴えたことが、弁護士の事件解決の方法として適切だったかどうかも、*問題にできるでしょう。

しかし、判決が良かったかどうか、また弁護士の方針が最善だったかどうかにかかわらず、Aさん夫婦が訴えを起こしたことそのものは、*非難すべきことではありません。どんなもめ事でも、法律に関わる紛争である限り、裁判所に解決を求める道が、保障されていなければなりません。そうでなければ、この

1
5
10
15

問10 「この事件について」、どんな感想があり得るか。
　～を預かる
　責任を負う
　～した以上
　見守る
　仕方がない
　善し悪し

問11 「それだけ」とあるが、どれぐらい難しい事件だったのか。
　当事者
　解決する
　試みる
　適切な

問12 何が「問題」か。
　方針
　最善
　～にかかわらず

問13 どうして「非難すべきこと」ではないのか。
　非難する
　～べき
　もめ事
　～に関わる

27

会話授業例　1-1

出典　スリーエーネットワーク編著『みんなの日本語 初級Ｉ 第２版 本冊』スリーエーネットワーク（2012）
　　　「第6課 練習C-1」p.53

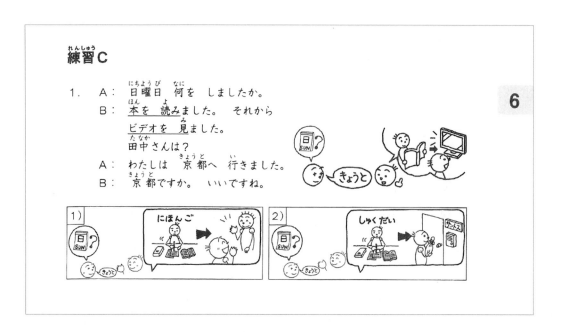

会話授業例　1-2

出典　スリーエーネットワーク編著『みんなの日本語 初級Ｉ 第２版 本冊』スリーエーネットワーク（2012）
　　　「第9課 練習C-1」p.79

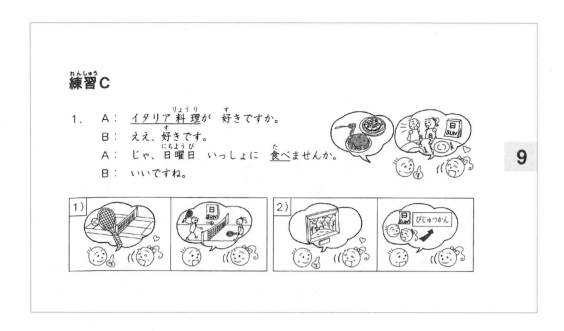

会話授業例　3

出典　スリーエーネットワーク編著『みんなの日本語 初級Ⅱ 第2版 本冊』スリーエーネットワーク（2013）
「第37課 練習B-4」p.99

出典　『しごとの日本語 ビジネスマナー編』アルク（2008）
　　　「第1章 日本の一般マナー ②社会人らしい言葉遣い」p.67～69
　　　釜渕優子著／イラスト：秋本麻衣

どこが、社会人らしくない言葉遣いだったでしょう？

h.「お腹が痛いので、休みます」のように、「〜だから〜します」
と言い切りの形を使っている

i.「全然、大丈夫じゃありません」のように、後ろ向きの言葉を
選んでいる

j.「病院には行ってません」と、相手の気遣いの言葉をそこで終
わらせている

k.「会社に行けない」などの重要なことを、自分で勝手に決めて
いる

l.「仕事をやっておいてください」と、周りに迷惑を掛けることを堂々と言っている

では、どう言えばよかったのでしょう？

m.「お腹が痛いので休みます」→「少しお腹が痛いので、休ま
せていただきたいんですが……」
休むことは決まっていても、「休みます」ではなく、「休みたいんですが」
と上司に尋ねるのがポイント。

n.「全然、大丈夫じゃありません」→「ちょっと大丈夫じゃな
さそうな……」
相手は心配しているのですから、「大丈夫ではないかも」と、断言しな
いでおきましょう。

「病院にはまだ行ってません」→「実は、まだ病院には行ってないんです」

o. 理由の説明→「昨日、なにか悪いものを食べたみたいで……」
体調不良などの原因を説明するときは、あまり細かく説明したり報告したりする必要はありません。

p.「しばらく、会社に行けないと思います」→「しばらく、お休みしなければいけなく
なるかもしれません」
休みたくないけれど「休まなければいけないかも」というところが重要。

q.「仕事をやっておいてください」→「皆さんにご迷惑をお掛けするかもしれません」
何かを頼むということは、誰かに迷惑が掛かる、ということを忘れずに。

h. 就像说"我肚子疼需要休息"那样和同事说话时生硬地使用"因为……所以……"这种强调个人意志的表达方式

i. "这还用问，问题明摆着吗！"这种咱人的话你听了感觉舒服吗？

j. 冒出一句"我还没去医院呢！"就算回答了问话。

k. 自己想不上班就不上班。

l. "今天我上不了班，活儿你干吧！"这种给别人添麻烦的话也能轻松说出口。

m. 定下来要请假，征求上司意见时要说"我有点事可以请假吗？"而不要说"我今天必须请假……"

n. 看出对方表示担心时，也不要马上下结论说"自己身体不会有问题的"。

o. 说明自己身体不好的原因时，没有必要细说详情。

h. Ends sentence by using the pattern *dakara...shimasu*, as in *onaka ga itai node yasumimasu* (I have a stomachache so I'll be absent).

i. Chooses negative words such as *zenzen, daijobu ja arimasen* (not at all, not okay).

j. Answers by repeating part of the other party's solicitation: *byoin ni wa itte-imasen* (I haven't been to the hospital).

k. Decides on his own something as important as not being able to go to work.

l. Brazenly puts others out by asking them to do his work for him.

m. Even if you know you will be absent, tell your boss that you want to take off work rather than that you will be absent.

n. Your listener is worrying about you so don't assert as fact that you aren't okay.

o. You needn't go into too much detail about the cause if you're feeling indisposed.

社会人らしい言葉遣いのポイント

r. うまくあいまい表現を使う

社会人らしい言葉遣い、ということでいうと、日本語の場合、「あいまい表現」をうまく使えれば、怖いものはありません。これが使えるかどうかで、同じ内容のことを言っていても、相手のあなたに対する印象は、かなり違ったものになるでしょう。

例）「困ります」→「困るんですが……」、「わかりません」→「わかりかねます」

s. 前向きな言葉を使う

同じ物事を話すのでも、前向きなプラスの言葉を使うのと、後ろ向きな言葉を使うのとでは、印象が大きく違います。なるべくポジティブな言葉を選んで話すようにしましょう。指示を受けるときなども同じです。

例）「できません」→「努力してみます」、「自信がありません」→「頑張ります」

t. 順序よく話す

仕事上の会話はわかりやすいことも重要です。でも、皆さんにとっては外国語である日本語でわかりやすく話すことは、とても大変なことだと思います。

そんな時は5W3Hを思い出しながら話してみてください。

5W		3H	
When	いつ	How	どのように
Where	どこで	How many	いくつで
Who	誰が	How much	いくらで
What	何を		
Why	なぜ		

p. 表达出自己本来不想请假却不得不请假的遗憾心情很重要。

q. 求人办事本身就是给人添麻烦，这一点一定要牢记在心里。

r. 学会婉转表达意见
学会成人表达方式是很重要的，掌握了日语含期其辞的表达方式你会畅通无阻。说明同一件事情，是否能够婉转表达意见，无疑会直接左右别人对你的印象。

s. 用积极向上敢舞斗志的语言表达自己的意见
讲述同一件事情，用积极向上的词汇来表达还是用消极泄气的词汇来表达，给人带来的感觉完全不同。你应该尽可能选用明快的词汇，接受上司安排工作时更应如此。

t. 注意叙事次序
工作中语言交流应简明易懂。我想，对大家来讲，用母语以外的语言日语来简明地表达自己的意见是一件相当困难的事情。每当此时，请你想一想5个W和3个H，然后再慢慢陈述。

p. The idea is to convey that you don't want to be absent but that you have to be.

q. Don't forget that you are putting someone to trouble by asking a favor.

r. Using vague expressions well.
In adult Japanese society you have nothing to fear if you master vague expressions. Impressions about you will vary drastically depending on how well you learn this technique.

s. Use positive expressions.
Impressions vary greatly depending on whether you use positive or negative expressions. Try to use positive expressions, including when receiving directives.

t. Speak logically.
It's important to speak intelligibly at work, although this is certainly not easy since it isn't your native language. Try using the five Ws.

作文授業例　2-1、2-2

出典　『できる日本語 初級 本冊』アルク(2011)
　　　第10課 バスツアー「好きなところ」p.182
　　　できる日本語教材開発プロジェクト　澤田尚美、高見彩子、立原雅子、濱谷愛著／嶋田和子監修

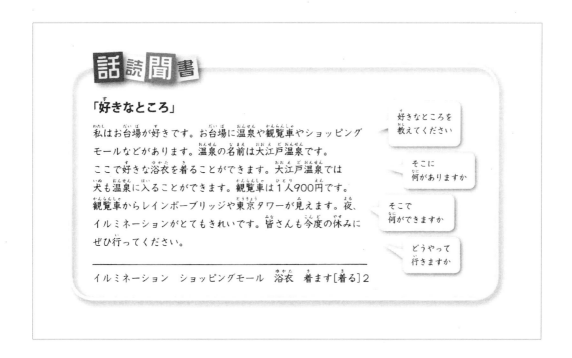

出典　『楽しく聞こうⅡ』文化外国語専門学校（2013）
　　　「第19課2　まっすぐ行ってください。」p.10、11
　　　文化外国語専門学校編著

第19課 2　まっすぐ行ってください。

Ⅰ. 番号を書きなさい。

例1

例2

II. 正しい場所はどこですか。番号を書きなさい。

11

35

出典　『聞いて覚える話し方 日本語生中継・初中級編Ⅰ』くろしお出版（2006）
　　　「第1課 貸してもらう」p.8〜13
　　　ボイクマン総子、宮谷敦美、小室リー郁子著

1 貸してもらう

Borrowing
请对方借给你
빌리다
Emprestar

ウォーミングアップ

友人にどんなものを貸したり借りたりしますか。
そのとき困ったことがありますか。

What kinds of things do you lend or borrow between you and your friends? Have you had any problems?

你平时借给朋友或向朋友借哪些东西？遇到过麻烦吗？

친구에게 어떤것을 빌려주거나 빌립니까？그럴때에 곤란했던 적이 있습니까？

O que você empresta ou pega emprestado dos amigos? Já teve problemas com isso?

【1】適当な言葉を選んでください。

① その傘、使ってもいいけど、あとで（返して・くれて）ね。
② 郵便局に行きたいんだけど、自転車、（貸しても・借りても）いい？
③ 雑誌を読んだら、元のところに（あげて・戻して）おいてください。
④ 給料前でお金がないから、友人に少し（貸して・借りて）もらった。
⑤ 先生、この本、（貸して・借りて）いただきたいんですが。

Please choose the appropriate word.

请选择恰当的词语。

적당한 문구를 선택하십시오.

Escolha a palavra apropriada.

【2】次のa〜eを言っているのは、貸す人、借りる人、どちらですか。

a. いつまでに返したらいい？
b. 私から借りたっていうのは、内緒ですよ。
c. 貸してもらえると助かるんだけど。
d. えっ、今日はだめ。山田さんが借りたいって言ってたから。
e. できるだけ早く返してね。

① 貸す人　　（　　　　　　　）
② 借りる人　（　　　　　　　）

Which person, either a lender or a borrower, would say the following (a-e)?

下列a~f各句分别是谁说的话？①借出的人 ②借人的人

아래의 a-e를 말하고 있는 사람은、빌려주는 사람과 빌리는 사람중에 어느쪽입니까？

A pessoa ques esta falando em "a"~"e" é a pessoa que "emprestou" ou a que "pegou emprestado"?

8

36

聞き取り練習
き と れんしゅう

【1】スキットを聞いて、(1)誰と誰が、(2)何について話しているか、
き　　　だれ　だれ　　　　　なん　　　　　　　はな
下から選んでください。
した　えら

	(1) 誰と誰が	(2) 何について
①		
②		
③		
④		

(1)誰と誰が話していますか。　　(2)何について話していますか。

　ア. 先輩と後輩　　　　　　　　a. DVD
　　　せんぱい　こうはい
　イ. 友人同士　　　　　　　　　b. ハンドバッグ
　　　ゆうじんどうし
　ウ. 同僚同士　　　　　　　　　c. お金
　　　どうりょう　　　　　　　　　　かね
　エ. きょうだい　　　　　　　　d. ノートパソコン

▶▶▶ 一度聞いて、わからなかった人は、次の言葉を確認してから、
いちど　き　　　　　　　　　　　　ひと　　つぎ　ことば　かくにん
もう一度聞きましょう。(☞別冊に単語の訳があります。)
いちど　き　　　　　　　　　　　べっさつ　たんご　やく

① めし	財布	定期	持ち合わせがない
	さいふ	ていき	も　あ
② スターウォーズ	先約	無理	
	せんやく	むり	
③ 持つところ	パール	結婚式	早め
	も		けっこんしき	はや
④ ノートパソコン	新人生	勧誘	イベント	宣伝
	しんにゅうせい	かんゆう		せんでん
スライド	でっかい	待ち合わせる	
		ま　あ	

Please listen to the skits and figure out (1) who are talking and (2) on what subject.

请听短剧，并从下列选项中选择：(1)谁和谁的会话 (2)会话的内容

스키트를 듣고, (1) 누가 누구와, (2) 무엇에 대하여 이야기하고 있는지, 아래에서 선택하십시오.

Ouça a conversação e escolha abaixo o seguinte: "(1) Quem conversou com quem?" e "(2) qual é o assunto?"

If you do not know the answers by listening to the skits once, please listen to them one more time after checking the following words/phrases. (☞You will find the translation of the vocabulary in the attached booklet.)

听了一遍没听明白的人，请确认以下词语后再听一遍。(☞附册里有单词的中文翻译)

한번 듣고 이해하지 못한 사람은, 다음의 단어들을 확인한 후에 다시 한번 들어봅시다. (☞별책에 단어들의 뜻이 나와있습니다.)

Se não entendeu ouvindo apenas uma vez, verifique as seguintes palavras para ouvir novamente. (☞A tradução das palavras encontra-se na brochura separada)

9

Is the person in each skit able to borrow what s/he wants to? In the case of borrowing, when can s/he have the item?

他（她）能借到想借的东西吗？如果能借到，他（她）什么时候可以拿到手？

빌리고 싶은 물건을 빌릴 수 있습니까? 빌릴 수 있을 경우, 언제 그것을 얻을 수 있습니까?

É possível pegar emprestado o que deseja? Caso possível quando poderá pega-lo?

【2】借りたいものが、借りられますか。借りられる場合、いつそれを受け取ることができますか。

	借りることができますか	いつ受け取ることができますか
①	借りられる・借りられない	
②	借りられる・借りられない	
③	借りられる・借りられない	
④	借りられる・借りられない	

Please listen to the CD again before you choose the correct word/phrase.

请再听一遍 CD，并根据 CD 的内容进行选择。

다시 한번 CD를 들은 후에 옳은 문구를 선택하십시오.

Ouça o CD novamente e escolha a alternativa correta.

【3】もう一度 CD を聞いて、正しいものを選んでください。

① 財布を a.なくした 男の人は、友人にお金を借りようと思った。
　　　　 b.忘れた

その友人は、 c.お金がない ので、お金を貸すことができない。
　　　　　　 d.バイトがある

② DVD を借りたいのは、 a.妹 だ。
　　　　　　　　　　　　 b.妹の友人

その DVD を、兄は、今 c.見ている。
　　　　　　　　　　　 d.友人に貸している。

③ 女の人は、 a.友人の結婚式 のために、ハンドバッグを借りたいと
　　　　　　 b.自分の結婚式

思っている。

ハンドバッグが買えなかったのは c.お金がなかった からだ。
　　　　　　　　　　　　　　　　 d.買いに行く時間がなかった

④ 男の人は、クラブについて a.宣伝する ために、パソコンを
　　　　　　　　　　　　　　 b.レポートを書く

使おうと思っている。

女の人は、パソコンを c.月曜日まで使っている。
　　　　　　　　　　　 d.月曜日に使う予定だ。

10

【4】 CDを聞いて、＿＿＿に書いてください。 ディクテーション ●1-6

① ＿＿＿＿＿＿＿＿、お金、＿＿＿＿＿＿＿＿＿＿＿＿＿？

② ＿＿＿＿＿＿＿＿＿＿＿＿＿＿＿、今、持ち合わせがないんだよ。

③ 友達が貸してほしい＿＿＿＿＿＿＿＿＿＿＿、借りられるかな。

④ ＿＿＿＿＿＿＿＿＿＿＿＿＿、山田さん、黒のハンドバッグ、持ってますよね。

⑤ ＿＿＿＿＿＿＿＿＿、先輩のパソコン、＿＿＿＿＿＿＿＿。

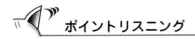

ポイントリスニング

ポイントリスニング ●1-7

話をしている人は、お願いを(a)引き受けましたか、それとも、(b)断っていますか。

①	②	③	④	⑤	⑥

11

重 要 表 現

1 貸してもらうように頼む

Asking someone to lend you something

请对方借给你东西

빌려달라고 부탁하다

Peça emprestado

例

悪いけど、お金貸してくれない？　　　　　　　　　（スキット1　友人に）

もしよかったら、次の週末、貸していただけませんか。

　　　　　　　　　　　　　　　　　　　　（スキット3　同僚に）

お願いなんですが、先輩のパソコン、貸してもらえませんか。

　　　　　　　　　　　　　　　　　　　　（スキット4　先輩に）

できたら、1000円、貸してくれない？

悪いけど、この辞書、明日まで貸してもらいたいんだけど。

申し訳ないんだけど、ちょっと自転車、使わせてくれない？

だめだったらいいんだけど、このパソコン、明日まで貸して
もらってもいい？

よろしかったら、この説明書、明日まで貸してもらえませんか。

できれば、ここのプロジェクター、使わせていただけませんか。

難しいとは思うんですが、このパソコン、貸していただくわけ
にはいきませんか。

練習 次のような場合に、あなたならどう言いますか。　　練習 C 1-8

What would you tell the people below in the following situations?

下列场合，你怎么说？

다음과 같은 경우에 당신이라면 어떻게 말하겠습니까?

Como responderia nas circunstâncias abaixo?

① 〈友人に〉　財布にお金が200円しかない

② 〈友人に〉　先日買ったDVDを見せてほしい

③ 〈同僚に〉　出張に持って行くノートパソコンがない

④ 〈上司に〉　釣りに持って行くクーラーボックスがない

12

2 貸すのを断る

Declining someone's request to borrow something from you

拒绝借给对方东西

빌려달라는 부탁을 거절하다

Recuse a emprestar algo

例

貸してあげたいんだけど、今、持ち合わせがないんだよ。

（スキット1　友人に）

先約があって、今すぐは無理なんだけど。　　　（スキット2　妹に）

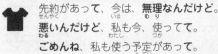

先約があって、今は、**無理**なんだけど。

悪いんだけど、私も今、使ってて。

ごめんね、私も使う予定があって。

すみません。今、それ、他の人に貸している**ん**ですよ。

あいにく、今、使ってまして。

あ、今から使おうと思っていたんです。

練習

次のお願いを断ってください。

練習 ◎1-9

Please decline the requests to borrow something from you below.

请你拒绝对方的下列要求.

다음과 같은 부탁을 거절하십시오.

Recuse os seguintes pedidos.

①
週末に、デジカメ、貸してもらえない？ ―友人

週末、デジカメを使う予定がある ―あなた

②
CD、貸してもらいたいんだけど。 ―友人

今、友人に貸している ―あなた

③
車、貸してもらえますか。近くの郵便局に行くので。 ―同僚

今日はバスで会社に来た ―あなた

④
このプリンター、貸していただけますか。うちの、壊れてまして。 ―同僚

今から使う　30分後ならOK ―あなた

13

聴解授業例　3-1、3-2

出典　『できる日本語準拠 たのしい読みもの55 初級＆初中級』アルク（2013）
　　　「第2部 日本を知る13 かちかち山」p.73～75
　　　できる日本語教材開発プロジェクト　澤田尚美、高見彩子、有山優樹、小林学、田坂敦子、森節子著
　　　嶋田和子監修／イラスト：岡村伊都

日本を知る⓭

悪いことをしたら、どうなるの？

かちかち山

　むかし、むかし、とても仲のいいおじいさんとおばあさんがいました。おじいさんはまじめで一生懸命に働く人、おばあさんは優しくて料理が上手な人でした。

　ある日、おじいさんが畑で豆をまいていました。そのとき、変な音が聞こえました。

「ガリガリ、ボリボリ」

　おじいさんの後ろで、タヌキが豆を食べていました。そのタヌキは、近くの山に住んでいるとても悪いタヌキでした。おじいさんは「コラー！」と大きい声を出しましたが、タヌキは逃げません。タヌキはおじいさんが畑にまいた豆を全部食べました。おじいさんはとても怒って、タヌキを捕まえてひもで縛りました。

　おじいさんはタヌキを背負って、家へ帰りました。

「おばあさん、おばあさん、悪いタヌキを捕まえましたよ」

　おじいさんは、タヌキを高い木にぶらさげて、また、畑に出かけました。おばあさんは家で晩ご飯を作っていました。

「エーン、エーン」

　外から声が聞こえました。タヌキが泣いていました。

「エーン、エーン……、痛い、痛い」

　タヌキは「おばあさん、助けてください。もう悪いことはしませんから」と言いました。おばあさんは、タヌキを木から下ろして、ひもをほどきました。でも、タヌキはおばあさんをたたいて殺しました。おじいさんが家へ帰ってきました。おばあさんが家の中で倒れていました。

73

「おばあさん！　おばあさん！」

おばあさんは何も言いませんでした。おじいさんは悲しくて、毎日泣いていました。

ある日。

「トントン、トントン」

誰かが家の戸をたたいていました。それは森に住んでいるウサギでした。ウサギは「おじいさん、おじいさん、どうして泣いているのですか」と聞きました。おじいさんは「悪いタヌキがおばあさんを殺しました」と言って、また泣きました。ウサギは「おじいさん、僕はその悪いタヌキを探しに行きます」と言って、出かけました。

ウサギは山でたくさん木の枝を拾いました。それから、「ガリガリ、ボリボリ」と豆を食べました。悪いタヌキは豆が大好きですから、すぐに出てきました。タヌキは「ウサギさん、こんにちは。私にもその豆を少しください」と言いました。ウサギは「この木の枝を全部持って山を下りたら、あげますよ」と答えました。タヌキは「はい、わかりました。私がこれを全部持って行きます」と言って、すぐ、木の枝を持って歩きました。

「カチカチ、カチカチ」

ウサギは火打ち石*をたたきました。タヌキは「ウサギさん、変な音が聞こえます。何の音ですか」と聞きました。ウサギは「あれは、かちかち山のカチカチ鳥の声ですよ」と言いました。ウサギは火打ち石で、木の枝に火をつけました。

「ボウボウ、ボウボウ」

　木の枝が燃えています。タヌキは「ウサギさん、変な音が聞こえます。何の音ですか」と聞きました。ウサギは「あれはボウボウ鳥の声ですよ」と言いました。タヌキの背中で、木の枝が燃えています。「熱い！　熱い！」タヌキは走って山へ帰りました。タヌキは背中にひどいやけどをしました。

　ある日、ウサギが森で木の舟を作っていました。そのとき、また、あの悪いタヌキが来ました。「ウサギさん、何を作っているんですか」とタヌキが聞きました。「木の舟です。舟に乗って、川で魚を釣るんです」とウサギは答えました。タヌキは魚が食べたいと思いました。そして、「ウサギさん、私の舟も作ってください」と言いました。「タヌキさんは僕よりも大きいから、土で大きい舟を作りましょう」とウサギは答えました。そして、大きい土の舟を作りました。タヌキとウサギは川へ魚を釣りに行きました。

　ウサギは木の舟、タヌキは土の舟に乗りました。しかし、土の舟はすぐに川の中に沈みました。タヌキも舟と一緒に川の底に沈んで行きました。

＊火打ち石

❓ 1．タヌキはどんなことをしましたか。

　2．おじいさんの話を聞いて、ウサギはどんなことをしましたか。

　3．ウサギとタヌキが川へ釣りに行ったとき、タヌキはどうなりましたか。

🙂 この話を読んで、どう思いましたか。みんなで話しましょう。

聴解授業例　4-1、4-2

出典　『中級日本語音声教材 新・毎日の聞きとり50日 上』凡人社（2007）
　　　「7．待つ時間・待たせる時間」p.14、15
　　　宮城幸枝、太田淑子、柴田正子、牧野恵子、三井昭子著

 待つ時間・待たせる時間

 はじめに

　友達や恋人と待ち合わせをしたとき、あなたは待つことのほうが多いですか。
待たせることのほうが多いですか。

🎧 **聞きましょう**　（ＣＤ14）

Ⅰ-1　話を聞きながら、あいているところに書きなさい。

	待つ時間	待たせる時間
友達を		17分
恋人を	30分	

Ⅰ-2　話の内容と合っているものに○、違っているものに×をつけなさい。（ＣＤ15）

　　　a （　　　） b （　　　） c （　　　） d （　　　）

14

Ⅱ　もう一度聞いて、次の質問の答えを完成しなさい。（ＣＤ14）

1．この話は日本人のどんな考え方を表していると言っていますか。

　　　自分に＿＿＿＿＿＿＿＿＿＿、時間を＿＿＿＿＿＿＿＿＿＿＿＿日本人の考え方を

　　　表しています。

2．違刻をしないように、どんなことをしている人がいますか。

　　　時計を＿＿＿＿＿＿＿＿＿＿＿＿人がいます。

聴解授業例　5-1、5-2

出典　『LIVE from TOKYO 生の日本語を聴き取ろう！』The Japan Times（2009）
　　　「1　成田空港で」p.1〜6
　　　浅野陽子著／嶋田和子監修
　　　提供：成田国際空港㈱

1 成田空港で
なりたくうこう

都内へ移動して、
とない　　　いどう

東京観光の始まり！
とうきょうかんこう　　はじ

成田空港に到着して、東京ツアーの始まりです。まず、ホテルへの行
なりたくうこう　とうちゃく　　　　とうきょう　　　　　　はじ
き方を聞いてみましょう。案内所の人は外国人に説明することに慣れ
かた　き　　　　　　　　あんないじょ　ひと　がいこくじん　せつめい　　　　　な
ていますが、話し方が速かったり、丁寧すぎたりするかもしれません。
　　　　　　はな　かた　はや　　　　　ていねい
わからなかったら、何度でも聞き直してください。
　　　　　　　　　なんど　　　き　なお

聴き取り A　まず、聴いてみましょう。
き

1. ホテルまでの行き方を尋ねる　💬 `1-02`　❓ `1-03`
い　　かた　たず

2. 時間や値段の違いを聞く　💬 `1-04`　❓ `1-05`
じかん　ねだん　ちが　き

3. 乗り場を地図で確認する　💬 `1-06`　❓ `1-07`
の　ば　ちず　かくにん

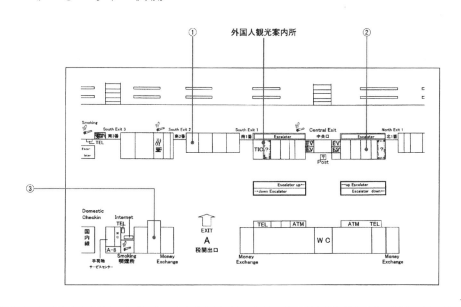

1

1. ホテルまでの行き方を尋ねる ················· 1-02
い　かた　たず

【話している人】
はな　ひと

👤 観光客
かんこうきゃく

🧑 観光案内所の人
かんこうあんないじょ　ひと

【語句解説】
ごく　かいせつ

❶ すみません

人に声を掛けるときの言い方。
ひと　こえ　か　　　い　かた
Expression for calling someone's attention. ／跟人打招呼时用的措词。／모르는 사람에게 말을 걸 때 사용하는 표현.

❷ 行くんです／安いんです
い　　　　　　やす

＝「行くのです」「安いのです」。

「〜のです」は、会話では「〜んです」と言
かいわ
うことが多い。
おお
〜 no desu is often contracted to 〜 n desu in conversation. ／「〜no desu」在口语中一般说成［〜n desu］。／「〜no desu」를 회화에서는「〜n desu」로 말하는 경우가 많다.

❸ よろしいですか

「いいですか」の丁寧な言い方。
ていねい　　い　かた
Polite expression for "Is (something) OK?" ／"可以吗？" 的礼貌表达方式。／「좋습니까?」의 정중한 표현.

❹ どっち

＝「どちら」。くだけた会話でよく使う。
かいわ　　　つか
= "Which." Often used in casual conversation. ／="哪一个"。在亲昵的会话中经常使用。／「어느 쪽」. 격이 없는 대화에서 자주 사용.

❺ ございます

「あります」の丁寧な言い方。
ていねい　い　かた
Polite expression for "there is." ／"有的"的礼貌表达方式。／「있습니다」의 정중한 표현.

❻ 参ります
まい

「行きます」の丁寧な言い方。
ていねい　い　かた
Polite expression for "go." ／"去的"的礼貌表达方式。／「갑니다」의 정중한 표현.

【単語】
たんご

☐ バス　bus ／公共汽车／버스

☐ 電車　train ／电气列车／전철
でんしゃ

☐ ルート　route ／路线／경로

☐ （お）乗り換え　transfer ／换乘／환승
の　か

☐ 駅　railway station ／车站／역
えき

☐ 直通　direct service ／直达／직통
ちょくつう

2. 時間や値段の違いを聞く ················· 1-04
じかん　ねだん　ちが　き

【話している人】
はな　ひと

👤 観光客
かんこうきゃく

🧑 観光案内所の人
かんこうあんないじょ　ひと

【語句解説】
ごく　かいせつ

❶ なんとも言えない
い

＝「はっきり言えない」

= "Can't say exactly" ／"不能完全这么说" ／「확실하게 말할 수 없다」

❷ JR／京成電車
けいせいでんしゃ

鉄道会社の名前。
てつどうがいしゃ　なまえ
Names of railway companies. ／铁路公司的名字。／철도회사의 이름.

❸ 成田エクスプレス
なりた

成田空港と都心を結ぶ特急列車の名前。
くうこう　としん　むす　とっきゅうれっしゃ　なまえ
Name of an express train service linking Narita Airport and downtown Tokyo. ／从成田机场到市中心的特快列车的名字。／나리타(成田) 공항과 도심을 연결하는 특급열차의 이름.

❹ 乗られて／出られて

= 「乗って」「出て」。「～れる／られる」の
形で尊敬を表している。

= "Ride/go (as far)." The ～ reru/rareru form expresses respect. ／
= "请乘""请出去"。用 "～ reru/rareru" 的形式来表达敬意。
／=「타서」「나와서」。「～ reru/rareru」의 형태로 존경을 나타낸다.

❺ 東京／日暮里／有楽町

駅の名前。帝国ホテルはＪＲの有楽町駅から
近い。

Names of railway stations. The Imperial Hotel is near JR Yurakucho
Station. ／车站的名字。从 JR 的有乐町站到帝国宾馆很近。／
역이름. 데이코쿠 (제국) 호텔은 JR 유라쿠초 (有楽町) 역에서 가깝다.

❻ 山手線

ＪＲの路線の名前。

Name of a JR line. ／ JR 的路线的名字。／ JR 노선의 이름.

❼ お安くなります／お待ちになります

= 「安くなる」「待つ」。「お～になる」の形
で尊敬を表している。

= "Be cheaper/wait." The pattern o ～ ni naru expresses respect. ／
= "便宜""等待"。用 "o ～ ni naru" 的形式来表达敬意。
／=「싸지다」「기다리다」。「o ～ ni naru」의 형태로 존경을 나타낸다.

❽ よろしいかと思います

「いいと思います」の丁寧な言い方。控えめ
に「～のほうがいいですよ」と勧めている。

Polite expression for "I think (something) is better." Used to gently
suggest something. ／"我觉得行"的礼貌用语。用"我觉得
～的话会比较好"来委婉地劝说对方。／「좋다고 생각합니다」
의 정중한 표현. 조심스럽게「～하는 것이 좋습니다」라고 권하고 있다.

【単語】

- ☐ （交通）渋滞　traffic jam ／堵车 ／차량 정체
- ☐ いくら　how much ／多少钱 ／얼마
- ☐ 片道　one way ／单程 ／편도
- ☐ タクシー　taxi ／出租车 ／택시
- ☐ 料金　fare ／费用 ／요금
- ☐ 荷物　luggage ／行李 ／짐

---

3. 乗り場を地図で確認する ········· 1-06

【話している人】

👤 観光客

👥 観光案内所の人

【語句解説】

❶ 10 メートルほど

= 「10 メートルぐらい」

= "About 10 meters" ／ = "10 米左右" ／ = "10 미터 정도"

❷ 行っていただきます

「～ていただく」は「～てもらう」の謙譲表現。

-te itadaku is a humble expression for -te morau. ／「～ていただく」
是 [-te morau] 的谦逊用语。／「-te itadaku」는「-te morau」
의 겸양표현.

❸ お求めください

= 「買ってください」。店員などが客に言う

丁寧な表現。

= "Please buy (something)." Polite expression used by store staff,
etc. ／ = "请买。"店员等对客人用的礼貌用语／ =「사세요」. 점
원 등이 손님에게 말하는 정중한 표현.

❹ ご案内いたします

「知らせます／道案内をします」の丁寧な言
い方。

Polite expression for "tell/show the way." ／"通知 · 陪同带路"的
礼貌表达方式。／「알려 줍니다 · 길 안내를 합니다」의 정중한
표현.

【単語】

- ☐ カウンター　counter ／柜台 ／카운터
- ☐ 切符　ticket ／票 ／표
- ☐ バス乗り場　bus stop ／公共汽车上车点 ／버스승강장
- ☐ 発券所　ticket office/counter ／发票处 ／발권소
- ☐ チケット売り場　ticket office/counter ／卖票处 ／티켓판매소

3

スクリプトを読みながら聴いて、内容を確認しましょう。

1. ホテルまでの行き方を尋ねる ··································· `1-02`

👤 **(観光客)** ①すみません。

👤 **(案内所の人)** はい。

👤 帝国ホテルに②行くんですけど。

👤 はい、**バス**が③よろしいですか、**電車**がよろしいですか。

👤 ええと、いろんな**ルート**があるんですか。④どっちにしようかな。どっちが安いですか。

👤 電車のほうが⑤安いんですけれども、**お乗り換え**が1回⑥ございますし、**駅**からやはり少し歩くようになります。バスですと、**直通**のバスがございますので、ホテルの前まで⑦参ります。

👤 ホテルまで、じゃあ、座っていけるわけですね。

👤 そうですね。

❓ 安いのは、バスですか、電車ですか。 `1-03`

2. 時間や値段の違いを聞く ·································· `1-04`

👤 **(観光客)** バスと電車と、どっちが早いですか。

👤 **(案内所の人)** **渋滞**がなければ、バスのほうが早いんです。だいたい1時間半ぐらいかかりますが、渋滞があると2時間以上かかる場合もございますので、①なんとも言えないんですけども。

👤 **いくら**ぐらいかかります?

👤 バスは**片道**3,000円になります。

👤 ほかには、どういうルートがありますか。

👤 もしくは②JRの③成田エクスプレスに④乗られて、⑤東京駅まで行って、そちらから**タクシー**。または、⑥京成電車で⑦日暮里まで⑧出られて、そちらから⑨山手線で⑩有楽町。そのほうが、乗り換えもございますし、時間もかかりますが、**料金**は⑪お安くなります。

4 ┃ 成田空港で

🧑 **荷物**が多いから、楽なほうがいいんですけど、楽なのはどっちでしょう。

👤 バスのほうが、ホテルの前まで<u>参ります</u>ので、バスでいらっしゃるのが⑧<u>よろしいかと思います</u>が。

🧑 バスは、今でいちばん早いのは、何分ぐらいですか。

👤 はい、次のバスがですね……、次、4時になります。

🧑 はい。

👤 あと30分ほど⑦<u>お待ちになります</u>が、よろしいですか。

🧑 はい、いいです。

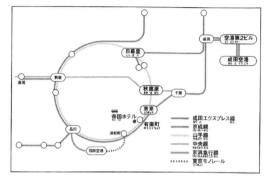

② 客は何時のバスに乗りますか。　`1-05`

3. 乗り場を地図で確認する
（の　ば　ち　ず　かくにん）
1-06

（観光客）じゃあ、ええと、バスは、どうすればいいんですか。
（かんこうきゃく）

（案内所の人）はい、こちら、❶10メートルほど❷行っていただきますと、右側にバス
（あんないじょ　ひと）　　　　　　　　　　　　　　　　　　　　　　　　（みぎがわ）
の発券カウンターがございますので、そちらのほうで、切符を先に❸お求めください。
（はっけん）　　　　　　　　　　　　　　　　　　　　　　　（きっぷ）（さき）　（もと）
バス乗り場は外になりますので、発券所のほうで❹ご案内いたします。
（の　ば）（そと）　　　　　　　（はっけんじょ）　　　（あんない）

じゃあ、そのチケット売り場に行けばわかりますか。
（う　ば）

はい。

はい、わかりました、ありがとうございました。

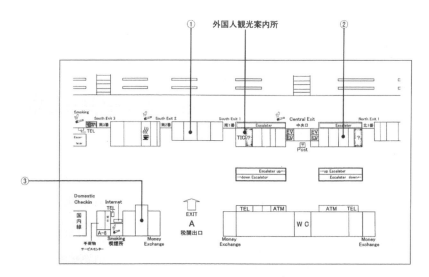

① 外国人観光案内所

②

③

❓ チケット売り場の場所は何番ですか。 1-07
（う　ば　ばしょ　なんばん）

■資料例

読解授業例　4-2

タスクシート例)

グループA　秋田1

質問①　「竿燈まつり」はいつ行われますか。　　＿＿＿＿＿＿＿＿＿＿＿＿＿＿＿

質問②　「かまくら」というのは何ですか。　　＿＿＿＿＿＿＿＿＿＿＿＿＿＿＿

質問③　「かまくら」の中で何をすることができますか。　＿＿＿＿＿＿＿＿＿＿＿＿＿

グループB　秋田2

質問①　「ご当地グルメ」というのは何ですか。　　＿＿＿＿＿＿＿＿＿＿＿＿＿＿＿

質問②　秋田のご当地グルメは何ですか。　　＿＿＿＿＿＿＿＿＿＿＿＿＿＿＿

質問③　秋田弁で「んめ」というのは、どんな意味ですか。　＿＿＿＿＿＿＿＿＿＿＿

グループC　金沢

質問①　「兼六園」はいつ作られましたか。　　＿＿＿＿＿＿＿＿＿＿＿＿＿＿＿

質問②　「兼六園」では、何を見ることができますか。

　　　　春(　　　　　　　　　　　　　)　　秋(　　　　　　　　　　　　　　)

　　　　夏(　　　　　　　　　　　　　)　　冬(　　　　　　　　　　　　　　)

グループD　高松

質問　正しい答えに〇、間違っている答えに×をつけましょう。

①(　　)本州と北海道の間に瀬戸内海という海があります。

②(　　)瀬戸大橋は、瀬戸内海に架かっている橋です。

③(　　)瀬戸大橋は、電車は通ることができません。

グループE　鹿児島

質問①　鹿児島は何が有名ですか。　　＿＿＿＿＿＿＿＿＿＿＿＿＿＿＿

質問②　「砂蒸し温泉」というのはどんな温泉ですか。　＿＿＿＿＿＿＿＿＿＿＿＿＿

質問③　霧島温泉はどんなところにありますか。　＿＿＿＿＿＿＿＿＿＿＿＿＿

会話授業例　4

ロールカード例）

> Ａ：あなたはレストランの客です。注文した料理のお皿が汚れていました。
>
> 　　　店員に言ってください。

> Ｂ：あなたはレストランの店員です。お客さんからクレームを言われました。
>
> 　　　対応してください。

作文授業例　6-1

資料例）　「子どもにスマホを持たせるメリット・デメリットとは？」LINE MOBILE 公式ホームページより

　　　　　（http://mobile.line.me/guide/article/20190801-0018.html#exStyle4）

メリット	デメリット
・GPSで子どもの居場所がわかる ・子ども同士、親とのコミュニケーションにつながる ・ITリテラシーが身につく ・ゲームやネット動画を楽しめる	・スマホ依存症になる可能性がある ・勉強の邪魔になる場合がある ・費用がかかる

聴解授業例　3-1、3-2

絵カード例）